프랜차이즈
가맹점관리론

성백순 · 서정석

청목출판사

머리말

국내 프랜차이즈시장이 커지고 경영과 운영기법이 발전하면서 해외로 진출하는 프랜차이즈기업이 있는 요즘이 더욱 더 프랜차이즈 전문가가 필요한 시점인 것이다. 또한 현재의 국내 경제는 취업이 힘들어지고 명예퇴직 및 정년퇴직 등으로 인하여 인력 및 자금이 창업시장으로 유입되고 있다. 일자리 창출과 연관하여 정부차원에서도 프랜차이즈 전문가 양성을 위하여 지원을 하고 있다.

한편 대부분의 업종이 프랜차이즈화되고 있는 상황에서 프랜차이즈 전문가의 부족으로 인한 여러 가지 문제점, 소위 프랜차이즈 갑질 논란이 나타나고 있어 사회에 큰 이슈가 되고 있는 것이 현실이다. 이를 해결해야 할 프랜차이즈 전문가의 필요성이 절실하게 대두되고 있다.

이러한 점은 우리나라 산업 속에서 프랜차이즈가 차지하고 있는 비중이 커졌다는 의미이다. 이러한 변화에 맞춰 본서는 프랜차이즈에 대한 이해와 가맹점 관리방법, 창업 및 경영에 대하여 기술하였다. 특히, 가맹점을 창업하고자 하는 예비창업자들에게 도움이 될 수 있도록 구성하였다. 따라서 본서가 프랜차이즈 가맹점 창업 및 경영에 도움이 될 수 있는 지침서가 되었으면 한다.

마지막으로 본서가 나오기까지 도움을 주신 주변의 모든 분들께 감사를 드리며, 본서를 출판할 수 있게 해주신 청목출판사에도 감사의 마음을 전한다.

2017년 8월

저자

차 례

제2부 프랜차이즈 시스템

제 1 부

프랜차이즈의 이해

제 1 장

프랜차이즈사업의 정의

제1절 프랜차이즈의 역사

현재의 프랜차이즈(Franchise)시스템과 유사한 방법의 역사를 살펴보면 아라비아 상인의 영업활동에서 비롯되었다고 하기도 하고, 중국의 상인들로부터 시작되었다고도 하나, 대부분의 견해는 중세 유럽에서 비롯되었다고 보는 주장이 더 설득력이 있다고 할 수 있다. 그 이유는 기록되어 있는 두 개의 역사적 사실에 기초하고 있다. 그 중 하나는 유럽 중세시대에 막강한 권한을 행사하던 교황이 세금 징수권을 위임하고, 거두어들인 세금 중 일정부분을 위임의 대가로 받았으며, 당시 세금 징수권을 갖고 있던 사람들을 "franchisee"라고 한 사실이 프랜차이즈 방식과 유사하다고 보는 견해이다. 또 다른 사실은 중세시대의 국왕이 시장에서 상가운영 권리나 배 운송권리 및 사냥을 할 수 있는 권리를 허락한 사실을 프랜차이즈 방식이라고 보는 견해이다. 이는 권한의 위임이라는 측면에서 프랜차이즈의 시작이라고 할 수도 있다. 즉, 국왕이 어떠한 사업을 독점할 수 있는 권리를 타인에게 위임하고 법 조항을 만들어 관리하게 되었던 것이다.

"Franchise"란 말은 특권(Privilege) 또는 자유(Freedom)라는 의미로

고대 프랑스어로부터 유래되었다.

그러나 이러한 개념을 기업들이 적극적으로 수용하고 적용하여 발전시킨 것은 19세기 미국에서 비롯되었다. 프랜차이즈시스템을 통한 최초의 상업적 소매 프랜차이즈기업은 1858년 이삭 싱어(Isaac Singer)에 의해 개발된 싱어 재봉 회사(Singer Sewing Center)이다. 당시 이 회사는 많은 연구와 노력 끝에 재봉틀을 개발하였으나, 그것을 대량생산하여 판매하기에는 두 가지 문제점이 있었는데, 그 하나는 고객들이 재봉틀을 구입하기 전에 고객들에게 재봉틀의 사용방법을 가르치는 것이었고, 다른 하나는 재봉틀기계를 대량생산 하는데 필요한 자금을 확보하는 것이었다. 이러한 문제에 직면한 이삭 싱어는 그의 기계 사용방법을 가르칠 수 있는 교육자를 파견하고 상품을 판매할 수 있는 권리를 지역 사업가들에게 판매하는 아이디어를 생각해 냈다. 그 결과 싱어 재봉 회사의 재봉틀 판매는 엄청나게 증가하였고, 그의 사업 또한 엄청나게 성장하게 되었다. 재봉틀의 판매와 교육자 파견에 대한 권리의 대가로 받은 권리 허가 수수료(Fee)는 그가 상품을 대량으로 제조할 수 있는 자금을 제공하였고, 자신의 비용으로 사업을 운영하는 사업자의 자발적인 참여와 노력은 싱어 재봉 회사의 제품판매 증대에 큰 역할을 하였다. 고객에게 재봉틀 기계 사용법을 가르치고 특정지역에 대한 판매독점권을 부여한 것으로 이는 프랜차이즈 개념을 도입한 시초라 할 수 있다.

19세기에는 SINGER사를 모델로 하여 코카콜라(Coca Cola)사 등 여러 기업들이 벤치마킹을 하였다. 코카콜라의 발명자는 원래 약제사였으며, 코카콜라는 처음에는 두통과 숙취제거를 위한 약으로 사용되었다. 흔들리는 역마차를 타고 여행하는 승객의 피로회복을 위하여 제공하는 진정제인 멀미약으로 사용되어진 코카콜라의 효과가 점차 입증되면서, 컵을 사용하여 판매하기 시작하였고 점차 일상생활의 음료수로 보급되기 시작하였다. 동시에 코카콜라를 판매하여 돈을 벌고자 하는 지역사업자들의 판매요청이 쇄도하자 코카콜라의 두 번째 CEO인 아사 캔들러(Asa Condler)는 '보틀러(Bottler)'라는 프랜차이지(Franchisee)들에게 단돈 1달러의 수수료(Fee)를 받고 제품의 유통과 판매 권리를 허용하였다. 즉 코카콜라는 코카콜라 농축액만 제공하면 보틀러가 원액에 탄산수로를 섞어서 병에 담아 슈퍼마켓 등 소매점에 판매함으로써 코카콜라는 급속도로 미국 전역에 판매하기 시작하였다.

위 사례에서 확인되듯이 프랜차이즈 역사 초기에는 주로 자동차 관련 산업, 음료수 유통업, 편의점업 등에서 동일한 상표를 사용하게 하는 정도로만 운영하고 규제가 그리 많지 않았다. 이는 가맹본부가 그들의 가맹점사업자들의 자율성이나 독립성을 통제하려고 하지 않았다는 점이다. 초기 소매중심 가맹점사업자(Retail Franchisee)들은 같은 상품명에 의해 판매를 하였지만 그들은 자신의 사업 방법에 따라 운영할 수 있었다.

제2차 세계대전이 끝난 후 미국사회는 정치적, 사회적으로 많은 변화가 일어나기 시작했다. 젊은 층의 중산층이 늘어나고 생활이 윤택해지면서 교외에 살면서 자동차를 타고 생활하기 시작했다. 이에 따라 고속도로는 급속하게 발전하였고, 고속도로 주변에는 숙박업소와 대형화된 레스토랑, 호텔 등이 생겨나기 시작했다.

이러한 문화의 생성과 함께 등장한 것이 맥도날드이다. 맥도날드는 리처드(Richard)와 모리스(Morice)라는 맥도날드 형제가 1937년에 캘리포니아의 산 버나디노(San Bernardino)에서 시작한 드라이브 인 레스토랑에서 비롯되었다. 이 햄버거 가게는 많은 양의 쉐이크와 프라이는 물론이고 스피드 서비스시스템을 통해 주문 후 바로 나오는 신속한 제공 때문에 매우 영업이 잘 되었다. 이러한 독특한 시스템을 발견한 레이 크록(Ray Kroc)이 경영에 참여하면서 맥도날드는 새롭게 변신을 하게 된다. 레이 크록은 밀크쉐이크 제조기계(milk shake mixing)를 판매하는 성공적인 영업사원이었는데, 대단한 성공을 거두고 있는 맥도날드의 사업시스템을 전국적으로 확산시킬 수 있는 가능성을 확신하였다. 1955년 시카고에 1호점을 개점함으로써 본격적인 프랜차이즈사업을 시작하게 되었고, 2년 후에는 37개점, 4년 후에는 100개점, 1961년에는 288개점, 1980년대 5,000개점, 그 이후에는 세계로 진출하여 2013년 현재 35,429개의 매장을 운영하고 있는 세계에서 가장 큰 햄버거왕국을 건설하였다. 레이 크록의 이론이 성공을 거두면서 패스트푸드산업의 프랜차이즈화는 빠르게 확산되었다.

프랜차이즈시스템은 유럽에서 시작되었지만 비즈니스의 형태로 시작된 곳은 미국이었고 미국의 산업발전과 함께 프랜차이즈도 성장하였다. 미국의 프랜차이즈 기업들은 세계 2차 대전 초기 아시아 및 유럽의 시장으로 진출하기 위하여 프랜차이즈시스템을 활용하였으며, 이러한 점이 프랜차이즈가 세계 각국으로 진출하여 자리 잡을 수 있는 계기가 되었다.

한편, 한국 프랜차이즈산업의 태동기는 1970년대로 말할 수 있다. 우리나라 근대 유통 선구자는 1964년 설립된 한국수퍼마켓 주식회사이며, 그로부터 13년이 지난 후 프랜차이즈 형태의 기업인 림스치킨이 1977년 신세계백화점 안에 1호점을 개점하면서 프랜차이즈산업의 첫 장을 열었다. 1979년에는 난다랑이라는 커피전문점이 서울 동숭동 샘터빌딩에 점포를 열면서 프랜차이즈 태동기가 형성된다. 하지만 국내 프랜차이즈가 본격 시작된 것은 1979년에 설립된 롯데리아를 말하는 게일반적이다. 일원화 물류시스템, 로열티를 기반으로 한 수익구조 등 프랜차이즈 특징을 잘 갖춘 최초 사례이기 때문이다. 1979년 10월 25일 (주)롯데리아가 설립됐고, 같은 날 소공동 1호점이 문을 열었다. 따라서 롯데리아의 개점을 기업형 프랜차이즈의 시작으로 보고 있다. 비슷한 시기에 도입 및 창업된 브랜드로는 KFC, 피자헛, 파리바게뜨, 투다리, 맥도날드, 놀부 상도점 등이 대표적이라고 할 수 있다. 국내의 프랜차이즈는 외식 관련 업종을 중심으로 발달하였으나, 최근에는 외식업뿐만 아니라 숙박, 주유소, 교육, 편의점, PC방 등 다양한 분야로 확장・발전하고 있으며 세계적인 규모로 성장한 가맹본부도 나타나고 있으며, 소규모로 시작하여 커가던 프랜차이즈산업에 대기업이 뛰어들어 지금은 그 경쟁이 가열되어 가고 있다. 2016년 말 현재 한국 프랜차이즈 가맹본부 수는 4,268업체, 브랜드 수는 5,273개, 2015년 말 기준 가맹점 수는 218,997개, 직영점 수는 16,854개로 확인되고 있다(공정거래위원회 가맹정보제공시스템).

그러나 양적인 면에서는 많은 발전을 이룩한 국내 프랜차이즈산업이지만, 아직까지도 프랜차이즈라는 용어자체가 익숙하지 않고, 학문적으로도 아직은 제대로 정립되지 않아 많은 오해와 남용의 소지를 내포하고 있어 많은 피해사례가 발생함에 따라서 공정거래위원회에서 가맹사업자들의 보호와 건전한 상거래 질서를 위하여 프랜차이즈사업의 해석과 규제사항을 1997년 4월 유통산업발전법과 2002년 5월 가맹사업거래의 공정화에 관한 법률을 제정 및 공포・시행하여 공정한 프랜차이즈 시장을 형성・발전시키고자 노력하고 있다. 한편, 프랜차이즈산업에 대한 지원은 중소벤처기업부(구 중소기업청)와 소상공인시장진흥공단에서 실시하고 있다.

한편 프랜차이즈 이론 정립과 프랜차이즈산업의 학문적 발전을 위하여 2007년 한국프랜차이즈학회가, 2009년 한국프랜차이즈경영학회가 발족・운영되고 있다.

프랜차이징의 사회적 인식과 지위 향상을 위한 중추적 역할을 담당하고, 회원의 경제적 지위 향상과 지역경제의 활성화 및 국민경제 발전에 기여함을 목적으로 1999년 한국프랜차이즈산업협회(구 한국프랜차이즈협회)가 발족되었으며, 중소규모의 프랜차이즈 기업이라도 동등한 제도적 기반 하에 상생할 수 있게 하자는 중소벤처기업부(구 중소기업청)의 상생 정책에 부합하여 2016년 한국중소기업프랜차이즈협회가 설립되어 한국프랜차이즈산업 발전에 노력하고 있다.

〈표 1-1〉 국내 프랜차이즈 발전사

시대별	구 분	특 징	내 용
1970년대	태동기	· 프랜차이즈사업모델 국내 첫선 · 기업형 프랜차이즈 탄생	· 1976년 림스치킨 · 1979년 7월 난다랑(동숭동) · 1979년 10월 롯데리아(소공동)
1980년대	도입·성장기	· 해외 프랜차이즈 국내 진출 · 88서울올림픽 개최	· 1984년 KFC · 1985년 피자헛 · 1986년 파리바게뜨 · 1987년 투다리 · 1988년 맥도날드 국내진출 · 1989년 놀부(상도점)
1990년대	성숙기	· 국내 프랜차이즈 기반 구축 · 98년 외환위기	· 1990년 도미노피자 · 1991년 원할머니보쌈, 교촌치킨 · 1992년 맥도날드 사업개시 · 1993년 한솥도시락 · 1994년 던킨도너츠 · 1995년 BBQ · 1996년 김가네, 해피리아 · 1999년 쪼끼쪼끼 (사)한국프랜차이즈협회 설립인가
2000년대 ~	해외 진출기	· 중국 등 해외진출 가속화	· 2000년 투다리 중국 청도 진출 · 2002년 분쟁조정협의회 설치(가맹사업거래의 공정화에 관한 법률 제정) · 2003년 BBQ 중국진출 · 2004년 (주)제너시스 BHC인수/합병

자료 : 지식경제부(2008)

제2절 프랜차이즈의 정의

우리나라는 '가맹사업 공정화에 관한 법률'에서 프랜차이즈를 다음과 같이 정의하고 있다.

'가맹사업'이라 함은 '가맹본부가 가맹점사업자로 하여금 자기의 상표·서비스표·상호·간판 그 밖의 영업표지를 사용하여 일정한 품질기준이나 영업방식에 따라 상품(원재료 및 부재료를 포함) 또는 용역을 판매하도록 함과 아울러 이에 따른 경영 및 영업활동 등에 대한 지원·교육과 통제를 하며, 가맹점사업자는 영업표지의 사용과 경영 및 영업활동 등에 대한 지원·교육의 대가로 가맹본부에 가맹금을 지급하는 계속적인 거래관계'를 말한다.

미국 연방거래위원회(Federal Trade Commission, FTC)는 프랜차이즈를 다음과 같은 계속적 상거래관계로 정의하고 있다.

"가맹점은 가맹본부의 상표, 서비스표, 상호, 광고 등의 영업표지에 의해 식별되는 상품이나 서비스를 제3자에게 공급, 판매, 배급하거나, 위와 같은 영업표지로 영업을 함에 있어 가맹본부가 정한 품질관리기준에 따라 상품이나 서비스를 제3자에게 공급·판매·배급하여야 하고, 가맹본부는 가맹점의 사업체 구성, 판촉, 경영, 마케팅 계획, 기타 영업행위 등의 영업방법에 대하여 실질적으로 통제하고, 가맹점의 사업체 구성, 판촉활동, 경영, 마케팅계획, 기타 영업행위 등의 영업방법에 대하여 중대한 도움을 주는 관계, 또는 가맹점은 가맹본부나 가맹본부가 지정하는 제3자(예컨대 공급자) 또는 가맹본부와 특수관계에 있는 제3자(예컨대 공급자)가 공급하는 상품이나 서비스를 제3자에게 공급·판매·배급할 것이 가맹본부에 의해 직·간접적으로 요구되고, 가맹본부는 가맹점에 대하여 위 상품이나 서비스의 판매를 위한 소매점포나 그 계좌 또는 위 상품이나 서비스의 공급·판매·배급에 사용되는 자동판매기나 상품진열장 기타 판매전시대의 입지와 위치를 확보해 주거나 이들의 확보에 필요한 서비스를 제공하는 관계로서, 가맹점이 가맹점운영권의 취득 또는 가맹점운영의 시작을 조건으로 가맹본부나 그의 특수관계인에게 일정한 대가를 지급하기로 약정하는 관계"

우리나라 공정거래위원회는 정의규정을 세분화하여 아래의 5가지 조건을 모두 만족하여야 가맹사업에 해당된다고 하고 있다.

첫째, 가맹본부가 가맹점사업자에게 영업표지 사용을 허락해야 하고(영업표지의 상표 등록 여부와 관계없이 제3자가 독립적으로 인식할 수 있을 정도면 가능),

둘째, 가맹점사업자는 일정한 품질기준이나 영업방식에 따라 상품 또는 용역을 판매해야 하며(가맹본부가 가맹점사업자의 주된 사업과 무관한 상품 등만 공급하는 경우에는 가맹사업이 아님),

셋째, 가맹본부는 경영 및 영업활동 등에 대한 지원, 교육, 통제를 수행해야 하며(가맹본부의 영업방침을 따르지 않는 경우 아무런 불이익이 없다면 가맹사업이 아님),

넷째, 영업표지 사용 및 경영·영업활동 등에 대한 지원·교육에 대가로 가맹금 지급해야 하며(가맹본부가 가맹점사업자에게 도매가격 이상으로 물품을 공급하는 경우도 가맹금 지급에 해당)

다섯째, 계속적인 거래관계이어야 한다(일시적 지원만 하는 경우는 가맹사업이 아님).

〈표 1-2〉 각 나라별 프랜차이즈 협회의 프랜차이즈에 대한 정의

구 분	정 의
국제 프랜차이즈 협회 (IFA)	프랜차이즈는 "가맹본부는 가맹점의 영업에 대하여 노하우나 연구 등의 분야에서 계속적으로 이익을 제공하기로 약정하고, 가맹점은 자기자본으로 가맹본부가 보유 또는 통제하는 상호, 양식, 기타 절차에 따라 영업하기로 약정함으로써 성립하는 계약관계이다.
미국 프랜차이즈 협회 (AFA)	프랜차이즈는 법률적으로 독립적인 프랜차이저와 프랜차이지 간의 관계를 기초로 한 마케팅 및 유통시스템의 조합이라 할 수 있다. 프랜차이즈사업이란 가맹본부와 가맹점 사업자 사이의 계약관계이고, 가맹본부는 노하우와 훈련 등의 업무에 관하여 계속적으로 이익을 제공하고 또는 이를 유지할 의무를 지며, 가맹점 사업자는 가맹본부의 소우 또는 관리 하에 있는 공통의 상표 및 기준에 따라 영업을 하며 프랜차이즈사업에 대하여 자신의 자본을 실질적으로 출자하는 것을 말한다.
일본 프랜차이즈 협회 (JFA)	프랜차이즈란 사업자가 다른 사업자와의 사이에 계약을 체결하고 자기의 상표, 서비스, 마크, 상호 및 영업의 상징이 될 만한 것과 경영 노하우를 사용하여 동일한 이미지의 상품 판매 및 사업을 운영할 권리를 부여하는 대가로 프랜차이저에게 일정한 수수료를 지불하며, 프랜차이지는 사업에 필요한 자금을 투입하여 가맹본부의 지도 및 지원하에 사업을 영위하는 양자 간의 지속적인 관계를 의미한다.
한국 프랜차이즈 산업협회 (KFA)	프랜차이즈는 가맹본부가 프랜차이즈를 구매한 사람에게 프랜차이즈 회사의 이름, 상호, 영업방법 등을 제공하여 상품과 서비스를 시장에 판매하거나 기타 영업을 할 수 있는 권리를 부여하며, 영업에 관하여 일정한 통제·지원을 하고 이러한 포괄적 관계에 따라 일정한 대가를 수수하는 계속적 관계를 의미한다.

제3절 프랜차이즈의 특성

1. 프랜차이즈산업의 특성

(1) 가맹점의 독립성

프랜차이즈시스템은 가맹본부와 가맹점의 자율성이 인정되고 각자는 독립된 이윤의 흐름을 보장받는다는 점에서 일반적인 제품이나 용역의 거래와는 다른 특징을 보인다. 가맹본부가 가맹점에게 허가하는 상호나 기술전수, 경영기법은 계약기간동안 언제든지 사용할 수 있다. 단지 가맹점이 가맹본부에게 수수료를 지급하고 가맹본부가 제공하는 독점적인 재료사용을 한다는 것이다.

(2) 제품의 동질성

프랜차이즈시스템은 독립적인 경영자와 사업 주체들로 구성되어 있지만 소비자들은 시스템 전체를 동질적인 것으로 인식하고 있다. 소비자들이 전체 시스템을 동질적으로 인식하므로 마케팅 활동에서 얻어지는 효과 역시 일반적인 기업의 경우보다 훨씬 높다고 할 수 있다. 여러 지역에서 영업활동을 하지만 본부는 모든 지역에서 품질의 동질성을 유지하려는 노력을 계속적으로 기울이기 때문에 소비자들은 어느 지역에서 구매를 하든지 동일한 품질에 대한 확신을 가지고 구매행위를 할 수 있다.

(3) 파트너십

프랜차이즈시스템은 가맹본부와 가맹점간의 파트너십(동반자적 관계)을 근간으로 하고 있다. 일반적으로 프랜차이즈관계가 장기계약에 의해 이루어지며, 파트너십의 형성에는 신뢰와 몰입이 필수적이고, 환경변화를 적절히 반영하여 유연한 관계를 유지해야 한다.

(4) 낮은 불확실성

가맹본부에서 영업을 지속적으로 확장하고자 할 때, 해당 지역의 시장성 및 문화적 특성 등을 정확하게 예측할 수가 없다. 이러한 경우 해당 지역의 가맹점들을 모집하여 영업활동을 허가해 줌으로써 정보의 부족에서 생기는 전반적인 불확실성을 감소시킬 수 있다. 즉, 가맹본부에서는 원칙적인 광고 및 브랜드 이미지 확립을 위한 노력을 하고, 지역의 가맹점 및 지점에서 지역에 맞는 영업 전략을 확립하게 된다면, 각각의 지역에 따른 불확실성을 해소할 수 있는 방법이 될 것이다.

(5) 소자본 창업

프랜차이즈시스템은 자본보다는 아이디어와 네트워크 구축능력이 핵심인 사업이다. 가맹본부는 가맹점의 자본투자가 이루어지므로 프랜차이즈시스템을 구축하고 확장하는데 있어 요구되는 자본투자가 크지 않다. 가맹점은 가맹본부 시스템이 지니고 있는 브랜드자산이나 경영 노하우 등을 자신의 사업을 위해 활용할 수 있어, 특별한 경험이나 기술이 없어도 가맹본부로부터 교육을 통하여 이를 전수받을 수 있으므로 점포를 개설할 수 있는 자본만으로 창업이 가능하다.

(6) 시스템적 관리

프랜차이즈시스템은 가맹본부의 자원과 역량이 핵심성공요인이다. 독립적인 가맹점으로 구성된 전체 시스템의 유지·관리해야 하며, 환경변화에 신축적인 마케팅전략이나 교육훈련 프로그램의 개발해야 한다. 또한 가맹점의 활동을 계획하고 통제능력이 있어야 하며, 가맹점의 기회주의적 행동에 대한 감시감독 능력도 있어야 한다.

2. 프랜차이즈 계약의 특성

프랜차이즈 계약은 계약형 경로의 한 형태로써 프랜차이즈의 특성을 반영하고 있으며, 판매와 관련된 단순한 권리만 부여하는 것이 아니라 가맹점 경영과 영업활동 등 포괄적인 복합계약의 특성을 지니고 있다.

(1) 부합계약성

프랜차이즈 가맹계약은 전형적인 부합계약성이다. 계약의 형식을 취하고 있으나, 당사자 간의 교섭이나 상호 협력 하에 계약의 내용이 결정되는 것이 아니라 가맹본부가 일방적으로 계약내용을 미리 정한 상태에서 이를 포괄적으로 수용하는데 동의하는 다수의 가맹희망자가 동일한 계약을 체결하는 방식이다. 가맹희망자는 가맹본부가 제시하는 계약내용의 수정을 요구하는 것이 불가능하며, 그 계약을 체결할지 여부만을 결정하는 것이다. 또한 한번 만들어진 계약관계는 잘 변경되지 않으며, 이러한 사유로 가맹본부는 각각의 가맹점들에게 가맹계약의 조건을 같게 해야 한다.

(2) 장기성

가맹계약은 가맹점사업자에 대해 일정한 규모의 투자를 장기간 지속할 것을 요구한다. 따라서 한번 체결된 계약이 상당기간 당사자를 구속한다.

(3) 의존성

계약체결 후 가맹점의 성공이 가맹점사업자의 노력 이외에도 가맹본부의 지원과 노력에 크게 의존하게 된다. 가맹본부가 브랜드자산을 높이기 위해 얼마나 노력하고 유효한 노하우를 제공하는지에 따라 가맹점의 성과가 결정된다.

3. 프랜차이즈의 역할

(1) 선진 유통구조 실현

프랜차이즈시스템이 유통 및 서비스업계에 지각변동을 일으킬 정도로 변화를 추구하고 있다. 해마다 매출액이 증가하여 소규모 개인 상점은 쇠퇴하고 가맹점이 등장하는 상쇄효과(trade-off effect)가 일반화되고 있다. 이와 같은 변화는 국제화시대에 있어 공동물류시스템과 공동마케팅 등으로 유통시스템을 개선시켜 유통비용을 감소시킴으로써 국제경쟁력을 강화시키는 역할을 한다.

(2) 창업기회 확대와 실업의 감소

국제경제의 침체와 국내에서는 저성장시대로 인하여 청년 일자리 창출과 경제력이 준비되지 않은 베이비부머 세대의 은퇴는 중요한 문제로 대두되고 있다. 프랜차이즈시스템은 소자본으로 큰 경험 없이 위험에 대비한 창업이 가능하며, 점포에 필요한 고용 인력을 늘려 실업을 줄이는 데 기여한다.

(3) 국민후생의 증대와 지역 간 격차해소

지역에 관계없이 소비자들에게 동질적인 가격과 서비스를 받을 수 있어 소비자의 만족도가 높아지며, 유통비용의 감소로 제품가격이 하락하게 되어 소비자의 후생을 증대시키는 역할을 한다. 또한, 지역 간 소비의 품질이나 가격 격차가 없어짐에 따라 지역 간 후생의 차이가 감소하여 지방경제를 활성화시킬 수 있다.

(4) 경기안정 역할

경기불황 및 저성장시대에 프랜차이즈산업은 대부분 소매업, 외식업, 서비스업 등 경기변화에 크게 영향을 받지 않는 업종에서 이루어지고 있으며, 이러한 업종들은 소비자들과 직접대면하기 때문에 고객의 욕구에 대응이 빠르고 경영시스템 그 자체가 본부와 가맹점의 공동사업으로 혁신하기가 용이하기 때문이다.

(5) 신 유통기법 개발에 기여

신 경영기법의 창출에 큰 기여를 한다. 다수에 의한 공동 사업경영으로 아이디어 및 신 경영기법의 지속적 발전을 가져올 수 있다. 또한, 동업종의 다양한 경쟁에 의한 선의의 경쟁효과도 배가시킬 수 있다.

(6) 제조업과의 연계로 연관 산업 발달

프랜차이즈산업은 모든 산업과 연계가 가능하다. 프랜차이즈시스템은 제조업, 유통업, 서비스업 등 모든 업종과 업태에 적용이 가능하다. 최근 다양한 산업으로 확장하고 대기업에서도 프랜차이즈산업에 뛰어들어 경쟁이 심화되고 있다.

(7) 수출증대에 기여

프랜차이즈산업은 21세기 유망한 수출산업의 역할을 충분히 수행할 수 있다는 점이다. 맥도널드, 스타벅스 등 세계 유수의 프랜차이즈가 우리나라에 들어와 성업 중에 있다는 사실만 보아도 우리나라 프랜차이즈시스템을 해외로 수출할 수 있는 가능성은 얼마든지 존재한다고 볼 수 있다.

4. 프랜차이즈의 장점 및 단점

(1) 프랜차이즈의 장점

1) 프랜차이즈 가맹본부에 유리한 점

① 가맹본부가 시장에서 검증을 통한 성공한 시스템과 제품 및 서비스를 적은 비용으로 빠르게 확산시킬 수 있다.

② 가맹본부가 사업을 하는데 있어서 발생할 수 있는 여러 가지 위험(Risk) 즉, 자금문제와 제품과 서비스를 판매할 수 있는 판매채널의 확보들이 다른 사업 확장 방법에 비해 많이 분산이 된다. 프랜차이즈는 가맹사업자의 자금과 동기부여가 높은 노동력으로 상대적으로 리스크가 적은 편이다.

③ 규모의 경제 효과가 크다. 프랜차이즈는 생산과 유통에서 규모의 경제 이익을 누릴 수 있으며, 여러 가지 면에서 합리화와 상승효과 등을 가져다주므로 경영상의 유효한 효과를 발휘하고 있다.

④ 집중과 선택을 할 수 있다. 가맹본부는 영업활동보다 마케팅과 신제품 개발에 집중하여 시장 환경 조사에 필요한 비용과 시간절약을 할 수 있고, 소비자의 욕구변화에 정확하고 신속하게 대응할 수 있다.

⑤ 판매 점포의 사원관리 문제가 적어진다.

⑥ 지역사정에 밝은 자가 판매점을 관리하므로 영업성과가 더 커지게 된다.

2) 프랜차이즈 가맹점에 유리한 점

① 일관성 있는 제품과 고객지원 서비스이다. 대부분의 소비자들은 같은 상표와 인테리어 등 같은 느낌을 주는 일정한 수준의 품질과 일관성에 익숙해져 가고 있다. 소비자들은 제품과 서비스의 종류나 성격에 상관없이 브랜드화된 점포에서 자신이 원하는 제품과 서비스를 구매함으로써 자신이 받게 될 일정 기준 이상의 품질을 기대하며 실제로 그것을 원한다.

② 영업지식이나 경험이 없어도 창업이 가능하다. 프랜차이즈 창업을 시작하는데 수수료(가맹비, 로열티, 보증금, 초도상품비 등)를 지불해야 하지만 가맹본부로부터 받게 될 훈련과 교육, 운영매뉴얼, 점포 위치선정, 디자인, 비품구입, 등을 지원받게 된다. 또한 가맹본부를 사업의 파트너로써 든든한 조언자 및 후원자로 이용할 수도 있고 같은 시스템의 가맹점사업자들과 네트워크를 통해 좋은

아이디어나 관련 정보를 공유할 수도 있다.

③ 지속적으로 지원을 받을 수 있다. 가맹본부에 로열티를 지불하는 대신에 가맹점사업자들은 정기적인 교육과 광고, 지속적인 시장조사 보고서나 상품개발을 지원 받게 된다.

④ 가맹점사업자들은 일정 수준의 독립성을 보장받는다. 물론 독립점포창업에 비해 지켜야 할 기준과 규정이 생기며 본부의 관리와 통제를 받지만 이것은 시스템의 일관성을 유지 및 경영능력 향상을 하기 위해 필요할 조치이지 경영을 간섭하거나 규제하지는 않는다.

⑤ 비교적 적은 비용으로 자신의 사업을 시작할 수 가 있다. 프랜차이즈창업이 독립창업에 비해 창업자금이 더 많이 소요된다고 주장하기도 하지만 독립창업 시 발생할 수 있는 시행착오와 불필요한 비용 그리고 정보부재나 경험부족에서 비롯된 잘못된 가격협상으로 인한 비용들이 검증과 공동마케팅으로 절감되기 때문에 창업비용이 적게 들어간다.

⑥ 가맹점사업자들은 시장에서 이미 검증된 상품이나 서비스를 판매하는데, 대개 이러한 상품과 서비스들은 일반 소비자들에게 많이 알려져 있어 곧바로 고객을 확보할 수가 있다.

⑦ 검증되고 입증된 가맹점 운영 절차들을 지원받고 교육받으며, 지속적인 관리와 경영지원, 전국적인 또는 지역적인 광고, 공동구매의 혜택들 여러 가지 운영 지원들을 받는다.

⑧ 부족한 창업자금을 유리한 조건으로 융자 받을 수 있다.

(2) 프랜차이즈의 단점

1) 프랜차이즈 가맹본부에 불리한 점

① 직영점의 경우 부진점포는 경영진의 판단에 따라 폐점조치하거나 점장을 교체하면서 쉽게 해결방안을 모색할 수 있는데 반해, 가맹점인 경우는 쉽지 않다.

② 직영점의 경우 철저한 경영관리가 가능하고 용이하며 표준이나 품질관리가 철저할 뿐만 아니라 점포의 개장, 신기술의 도입, 새로운 방침의 전환 등을 쉽게 추진하고 시행할 수 있다. 그러나 가맹점은 본부의 관리와 통제에 매우 부담스러워 할 수도 있으며, 표준이나 규정의 준수가 쉽지 않을 소도 있다

③ 가맹계약서의 내용이나 가맹점의 위치에 따라서 가맹본부의 마케팅시스템에 대한 관리가 약해질 수도 있다. 가맹본부의 품질과 효율성 확보에 어려움을 줄 수 있다.

④ 미래의 잠재적 경쟁자를 열심히 지도해 주는 상황이 될 수 있다. 프랜차이즈 가맹점은 어느 정도 경험과 자금 및 운영방법을 축적하면 스스로 독립하려고 하므로 이에 충분히 대처하여야 한다.

⑤ 시스템 전체 품질향상을 위하여 실시하는 시설이나 장비의 개선에 관하여 프랜차이즈 가맹점과 의견대립이 있을 수 있다.

⑥ 수입액에 따라 프랜차이즈 사용료 즉, 로열티를 정할 경우 프랜차이즈 가맹점이 수입액을 조작하는 경향이 있으므로 대책을 강구해야 하는 어려움이 있다.

2) 프랜차이즈 가맹점에 불리한 점

① 제한적인 독립성을 유지할 수 있다. 프랜차이즈는 가맹본부가 만들어 놓은 매뉴얼과 절차 및 과정에 따라 사업을 운영하도록 만들어져 있다. 따라서 가맹본부는 시스템의 일관성을 유지하기 위해 가맹점사업자들을 관리하거나 통제할 밖에 없다.

② 프랜차이즈 가맹본부의 여러 가지 지원과 조력에 대해 대가로 로열티 등 프랜차이즈 사용료를 정기적으로 지급하여야 한다.

③ 가맹본부의 능력과 자질을 평가하기 어려워 가맹점 개설 후 손해를 입을 가능성이 있다.

④ 가맹본부에 대한 의존율이 높아 자신의 노력과 무관하게 가맹본부의 영업실적에 따라 영향을 받는다. 가맹본부가 잘 못하는 경우 가맹점과는 무관하여도 영업에 큰 영향이 있을 수 있다.

제4절 프랜차이즈의 유형

1. 사업구조에 따른 분류

(1) 제품유통형 프랜차이즈(Product distribution franchises)

제품유통을 목적으로 하는 프랜차이즈시스템은 상품 제조업자 또는 도매업자가 자사의 상품을 유통시키기 위하여 채택하는 가맹사업으로 본부가 되는 기업은 어떤 지역에 존재하는 소매업자에게 그 지역에서의 상품 판매권을 부여하는 형식으로 가맹점을 운영한다. 이러한 시스템은 상품의 판매가 효과적일 수 있는 방향으로 개발되어 이를 바탕으로 가맹본부가 각종 지도·지원을 하게 되며 통일된 상표, 상호 아래 가맹점이 영업을 하게 된다. 대표적인 예로는 주유소, 청량음료, 자동차 딜러십, 가전제품 대리점 등을 들 수 있다. 제품유통 가맹사업의 중요한 점은 가맹점주에게 본부의 상호와 로고 등을 사용하는 것을 허락하지만, 그들의 사업운영 시스템 전부를 제공하지는 않는다는 것이다.

제품유통 프랜차이즈는 공급자-판매자 관계(supplier-dealer relationships)라고 할 수 있으며, 그 차이는 상호 관계의 수준에 있다. 제품유통 가맹사업에서 가맹점주는 독점 혹은 준 독점기준으로 본부사업자의 상품을 취급하게 되며, 이는 몇 개의 상품만을 취급하는 공급자-판매자와 반대되는 것으로 때로는 경쟁의 관계가 되기도 한다. 즉, 여러 가지의 브랜드를 판매하는 가전 대리점이나 자동차 딜러가 성장함으로써 그 유통업자가 어렵게 되기도 하는 경우를 말한다. 그러나 상품 유통 가맹사업자의 입장에서는 여러 공급자로부터 공급을 받는 것보다 좋은 가맹본부 한 곳의 회사 브랜드명을 사용하면 그 본부로부터 더 많은 지원과 서비스를 받을 수 있다.

(2) 사업형 프랜차이즈(Business format franchise)

미국 맥도널드, KFC 등의 사업형태(Business format)인 사업형태 프랜차이즈는 가맹본부가 가맹점들에 대하여 상품이나 용역뿐만 아니라 가맹본부가 개발한 특정의 비즈니스에 대한 노하우까지 전수해 주는 것이다. 즉, 가맹본부는 가맹점을 경영하기 위하여 필요한 컨셉을 설계하고, 이를 구체화한 매뉴얼을 교부하며, 연수와 훈련을 실시하여 노하우를 익히게 하고, 본부의 숙달된 전문 슈퍼바이저(Supervisor)를 파견하여 현장지도를 실시하며, 상품구매에서 판매, 운영 등의 업무 전반에 걸친 지도 및 관리를 실시하는 것이다. 따라서 가맹본부는 개발된 기준품질을 유지하기 위하여 상품 발주 방법과 장소, 상품을 준비하는 방법, 상품을 고객에게 제공하는 방법 등의 시스템을 일관성 있고 동일한 수준으로 기술을 유지하는 것이 필요하여 운영의 최소수준을 유지하는 일관성 있는 표준화가 요구된다. 결국, 사업형태 프랜차이즈는 이러한 표준화된 상품이나 서비스를 제공하며 특정 영업방식, 즉 프랜차이즈시스템 자체의 판매를 목적으로 한다.

가맹본부는 특정상품을 유통시킴으로써 생기는 이익을 얻는 것이 아니라 프랜차이즈 패키지(Franchise package)라 불리는 상표나 상호의 제공, 각종원조, 상품 및 자재 등을 포함하는 경영전반의 노하우(Know-how)를 포괄적으로 엮은 프로그램을 개발하여 이를 근거로 가맹점을 모집하고 관리하며 가맹점이 지불하는 가맹금, 로열티 등의 매출에 의해 이익을 얻는다. 예를 들면, 패스트푸드, 레스토랑 등의 외식업과 계속적인 증가세에 있는 편의점 등이 이 유형에 속한다고 할 수 있다.

사업형 프랜차이즈가 전체 프랜차이즈산업에서 차지하는 비중이 크며, 프랜차이즈시스템의 성장을 주도하고 있다. 통상적으로 프랜차이즈산업은 사업형 프랜차이즈를 의미한다고 할 수 있다.

(3) 전환형 프랜차이즈(Conversion franchise)

두 형태 이외에도, 독립적으로 운영되던 점포를 프랜차이즈시스템으로 끌어들여 형성된 프랜차이즈사업을 전환형 프랜차이즈(Conversion franchise)라도 한다. 대체적으로 시장이 성숙하고 경쟁이 치열한 경우 독립점포들은 더 이상 성장이 어렵게 된다. 이 경우 독립점포들은 프랜차이즈 본부의 상표가 지닌 명성이나 고객확보 능력, 강력한 구매력이나 시스템화된 운영기술에 의한 비용절감 등의 장점을 활용하여 성장하길 원한다. 본부의 입장에서는 이러한 독립점포를 자신의 프랜차이즈 시스템에 가맹점으로 확보하여 단기간에 사업을 성장시킬 수 있는 기회를 가지게 된다. 독립적으로 각각 운영되는 독립점포를 가맹본부의 시스템에 통합하여 고객을 통합 관리함으로써 본부와 가맹점 모두 성장할 수 있는 기회가 된다. 느슨한 형태의 프랜차이즈시스템이라고 할 수 있다. 미국의 숙박업체인 Best Western은 독립숙박업소를 가맹점으로 확보함으로써 단기간에 업계 2위로 부상하였던 사실이 있다.

2. 체인의 성격에 따른 분류

(1) 직영점(Regular chain)

가맹본부가 점포에 직접 투자하여 운영하는 형태이다. 일관성 있는 브랜드이미지를 유지하고 강력한 점포 운영 계획에 따라 성과를 극대화하기 위하여 실시하는 사업 운영 형태로서 직영점 운영에 자금이 많이 소요된다는 단점이 있으나 점포의 운영 계획이 본사의 통제아래 운영됨으로 효율성이 뛰어나다는 장점이 있다.

(2) 자발적 체인(Voluntary chain)

독립점포와 프랜차이즈 체인의 중간 형태로 공동 브랜드나 동일 업종을 조합하여 운영하는 형태로서 가맹본사는 최소한의 기능만 하고 점포주가 자기만의 특성을 살려 융통성 있게 경영할 수 있다. 이 형태는 지역의 특성에 맞는 점포이미지를 만들어 갈 수 있고 가격 책정이나 상품 취급 등의 한계를 극복할 수 있는 장점이 있지만, 체인본부의 매뉴얼화 된 운영방법과 통제가 어려워 획일화된 브랜드 이미지를 만들어 갈 수 없다는 단점이 있다.

(3) 프랜차이즈 체인(Franchise chain)

프랜차이즈의 대표적인 사업형태로서 가맹본부와 가맹점이 결활되어진 상호보완적인 형태이다. 가맹본부는 자신의 성공적인 사업 노하우를 전수해 주는 대가로 가맹점주로부터 일정한 수수료를 받으며, 가맹점주는 창업의 불완전한 면을 보장받음으로 보다 쉽게 안정적인 사업 기반을 구축할 수 있다.

프랜차이즈시스템은 유통경로와 활용목적 및 서비스 형태에 따라 다양하게 나누어지는데 프랜차이즈시스템의 유형을 보면 〈표 1-3〉과 같다.

〈표 1-3〉 프랜차이즈시스템의 유형

유형	종류
계약 내용에 따른 유형	- 상품 판매형 프랜차이즈 - 영업형 프랜차이즈 - 생산 및 공정플랜트 프랜차이즈
권한에 따른 유형	- 단일 프랜차이즈 방식 - 복수 프랜차이즈 방식
목적에 따른 유형	- 상품유통형 프랜차이즈시스템 - 사업형 프랜차이즈시스템
유통 단계에 따른 유형	- 도매 프랜차이즈 - 소매 프랜차이즈
체인 형태에 따른 유형	- 일반연쇄점 - 임의연쇄점 - 프랜차이즈 체인
서비스 제공에 따른 유형	- 상품 및 상호형 프랜차이즈 방식 - 사업형 프랜차이즈 방식
기타 업종·업태별 유형	- 서비스 프랜차이즈 - 소매업 프랜차이즈 - 외식업 프랜차이즈

제 2 장

국내 프랜차이즈산업 현황

제 1 절 프랜차이즈산업의 지속적인 성장

국내에 프랜차이즈시스템이 소개된 이후 프랜차이즈는 혁신적 아이디어(가맹본부)와 소자본(가맹점)이 결합하여 소자본 자영업자의 경쟁력을 제고할 수 있는 시스템으로 생계형 창업의 증가와 함께 지속적인 양적 성장 추세를 보이고 있다.

〈표 2-1〉은 공정거래위원회 가맹정보시스템에 등록되어 있는 현황이다. 국내에서는 2008년 8월부터 등록을 시작하였다. 국내 가맹본부 수는 2012년 2,678개에서 2016년 4,268개로 증가하여 연평균 9.2%의 증가율을 보였다. 브랜드 수는 2012년 3,311개에서 2016년 5,273개로 연평균 8.9%의 증가율을 나타내고 있다. 가맹점 수는 2011년 176,788개에서 2015년 218,997개로 연평균 5.2%의 증가율을 보였다. 직영점 수는 2011년 11,326개에서 16,854개로 연평균 9.0%의 증가율을 나타내고 있다.

2016년 기준 통계자료에 의하면 가맹본부 당 평균 가맹점 수는 51.3개이며, 브랜드 수 기준으로는 평균 41.5개로 확인되었다.

〈표 2-1〉 국내 가맹본부 및 가맹점 현황

구분	2012년	2013년	2014년	2015년	2016년	증감률
가맹본부 수	2,678	2,973	3,482	3,910	4,268	9.20%
브랜드 수	3,311	3,691	4,288	4,844	5,273	8.90%
가맹점 수	176,788	190,730	194,199	208,104	218,997	5.20%
직영점 수	11,326	12,619	12,869	15,459	16,854	9.00%

* 가맹점수 · 직영점수는 해당 연도 등록된 가맹본부의 전년도 가맹점수 및 직영점 수임.

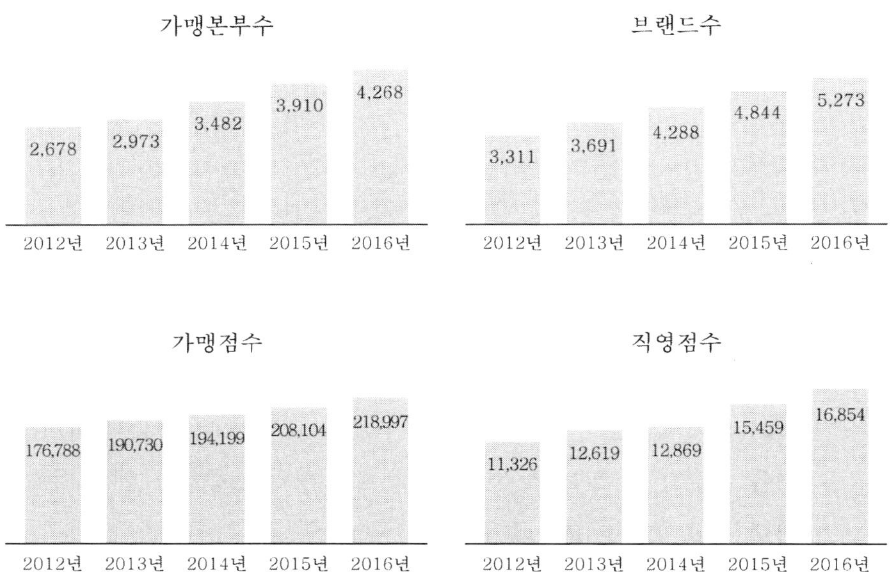

자료 : 공정거래위원회 가맹정보시스템

제 2 절 프랜차이즈산업 구성 현황

국내 프랜차이즈는 산업구성 측면에서 외식업에 과도하게 편중되어 있어 경쟁이 심하고, 대부분의 가맹본부는 영세하여 지속성장에 어려움을 겪고 있는 것이 현실이다.

가맹본부 수 기준으로 2012년 외식업은 1,810개로 전체 가맹본부 수에서 67.5%였으나, 2016년 3,219개로 75.4%로 높아지고 있다. 매년 외식업의 비중은 2012년 67.5%, 2013년 70.3%, 2014년 72.4%, 2015년 73.3%, 2016년 75.4%로 나타나 외식업의 편중현상이 점차 심화되고 있다.

〈표 2-2〉 프랜차이즈산업 업종별 구성비

구분		2012년	2013년	2014년	2015년	2016년
가맹 본부수	외식업	1,810 (67.5%)	2,089 (70.3%)	2,521 (72.4%)	2,865 (73.3%)	3,219 (75.4%)
	서비스업	513 (19.2%)	601 (20.2%)	648 (18.6%)	691 (17.7%)	769 (18.0%)
	도·소매업	355 (13.3%)	283 (9.5%)	313 (9.0%)	354 (9.0%)	280 (6.6%)
	전체	2,678	2,973	3,482	3,910	4,268
브랜드수	외식업	2,246 (67.8%)	2,623 (71.1%)	3,142 (73.3%)	3,587 (74.0%)	4,017 (76.2%)
	서비스업	631 (19.1%)	743 (20.1%)	793 (18.5%)	862 (17.8%)	944 (17.9%)
	도·소매업	434 (13.1%)	325 (8.8%)	353 (8.2%)	395 (8.2%)	312 (5.9%)
	전체	3,311	3,691	4,288	4,844	5,273
가맹점수	외식업	72,903 (41.3%)	84,046 (44.1%)	88,953 (45.8%)	99,544 (47.8%)	106,890 (48.8%)
	서비스업	60,535 (34.2%)	65,107 (34.1%)	61,374 (31.6%)	62,134 (29.9%)	67,200 (30.7%)
	도·소매업	43,350 (24.5%)	41,577 (21.8%)	43,872 (22.6%)	46,426 (22.3%)	44,907 (20.5%)
	전체	176,788	190,730	194,199	208,104	218,997
직영점수	외식업	3,235 (28.6%)	3,959 (31.4%)	4,432 (34.4%)	5,131 (33.2%)	5,506 (32.7%)
	서비스업	3,251 (28.7%)	3,006 (23.8%)	2,534 (19.7%)	3,194 (26.0%)	4,181 (24.8%)
	도·소매업	4,840 (42.7%)	5,654 (44.8%)	5,903 (45.9%)	7,134 (20.8%)	7,167 (42.5%)
	전체	11,326	12,619	12,869	15,459	16,854

* 가맹점수·직영점수는 해당 연도 등록된 가맹본부의 전년도 가맹점수 및 직영점 수임.

이는 브랜드 수 기준에서도 확인되고 있다. 2012년 외식업은 2,246개로 전체 브랜드 수에서 67.8%였으나, 2016년 4,017개로 76.2%로 높아졌다. 매년 외식업의 비중은 2012년 67.8%, 2013년 71.1%, 2014년

73.3%, 2015년 74.0%, 2016년 76.2%로 나타나 외식업의 편중현상이 점점 더 증가하고 있다.

한편 브랜드 당 평균 가맹점 수는 2016년 외식업은 26.6개, 서비스업은 71.2개, 도·소매업은 143.9개로 확인되어, 외식업은 타 산업업종에 비해 규모의 영세성이 확인되고 있다.

국내 프랜차이즈시장에서 외식업의 비중이 다른 산업업종에 비해 지나치게 높다는 것은 외식프랜차이즈시장에 대한 진입장벽이 낮고, 사업에 대한 아이디어만 있으면 타 산업업종에 비해 소자본 가맹본부 창업이 가능하다고 할 수 있으며, 이러한 외식업 편중심화 현상은 국내 외식프랜차이즈산업의 안정적 성장을 저해할 가능성이 높음을 의미한다.

제3절 국내 프랜차이즈산업의 주요 환경변화

1. 프랜차이즈사업 영역의 지속적인 확대

프랜차이즈사업은 거의 모든 산업으로 사업영역으로 넓혀가는 추세이다. 프랜차이즈사업 초기에는 주로 외식산업, 커피전문점, 베이커리점, 의류, 팬시, 치킨 생맥주집 등에 국한되었으나, 최근에는 생과일 주스, 세탁점, 액세서리, 귀금속, 피부 관리, 스포츠클럽, 실버산업, 편의점, 건강식품, 포장 이삿짐, 어학 교재, 스포츠용품, 실내골프장, 실내야구장, 수입품 전문점, 주방용품, 토털 패션, 가요주점, 홈인테리어, 자동차용품, 꽃집, 주택청소 및 보수, 세무 및 회계 서비스, 의료 및 건강 분야 등 산업 전분야로 확산되어 다양화하는 추세이다. 향후에는 상품판매보다 서비스판매 부문에서 크게 성장할 것으로 기대된다.

2. 대기업의 프랜차이즈 수용 확대

프랜차이즈는 다른 사업방식에 비해 많은 장점을 지니고 있는 것이 사실이다. 자본조달이나 상품의 판로개척에 애로가 있는 기업의 경우에는 프랜차이즈시스템을 유효한 사업방식으로 선택할 가능성이 높다. 성장목표의 달성, 자본조달과 영업망의 구축, 위험의 분산 등에 있어 많은 장점을 지니고 있다. 대기업이 직접 프랜차이즈사업으로 진출하거나 소규모 프랜차이즈 기업을 적극 인수하는 전략을 구사하고 있다. 대기업이 참여하면서 점차 대형화 및 전문화하는 추세이다.

3. 비용절감의 강조

기업은 전산화 시스템을 활용하여 조직 내 인력을 슬림화하고 가치사슬 분석에 의해 물류와 마케팅 등 다양한 기능을 효율화하기 위해 노력하고 있다. 시장이 안정되고 평판이 높은 브랜드의 경우에는 새로운 재고관리 소프트웨어를 활용하여 매일 매일의 판매 자료를 분석하여 마케팅전략의 수립과 재고관리에 활용하고 있으며, 이는 가맹본부나 가맹점의 현금흐름을 관리하는데 매우 유용하게 쓰이고 있다.

4. 혁신적 정보기술의 확산과 수용

지난 수년간 프랜차이츠산업이 소매분야에서 선도적인 산업으로 발전한 배경에는 POS, 물류, 교육, 의사소통, 고용과 같은 분야에서 정보기술의 확산과 적극적 수용이 있었기 때문이다. 정보기술의 발전은 다양한 솔루션을 기업에 제공하고 있으며 프랜차이즈 기업은 이를 매우 빠르게 수용하고 있다. 많은 프랜차이즈 기업이 경쟁우위와 수익성 확보를 위해 비용절감에 노력하고 있고, 경기침체로 소비자 가격을 인상

할 수 있는 여건이 아니기 때문에 정보기술 투자에 어려움을 겪고 있기는 하지만, 머지않아 기술적 솔루션을 업그레이드하여 사업모형을 개선시키기 위해 이들 기업이 기술투자를 확대할 가능성이 크다.

5. 인터넷의 확산

다른 산업분야와 마찬가지로 프랜차이즈산업에 있어서도 인터넷은 성장의 지렛대로 크게 활용되고 있다. 웹기반 인트라넷 시스템을 통한 판매데이터 보고, 내부 이메일 시스템, 채팅방, 인트라넷 포탈, e-미팅, 게시판 등 의사소통수단, 웹기반 교육훈련, 인트라넷 데이터 웨어하우징, 인트라넷 사이트를 통한 광고물, 로고, 마케팅계획, 개점소개, 가맹본부로부터의 마케팅 및 POS 자료 요청, 과거 주문자료 추적 및 재고관리, 가맹희망자 대상 UFOC, 판매실적, 입지 등 가맹본부 정보제공, POS 자료에 대한 분석 및 가맹점에의 피드백 등을 활용하여 성장을 이루고 있다.

6. 아웃소싱과 전략적 제휴의 강화

아웃소싱과 전략적 제휴를 통해 R&D 비용 및 위험의 공유, 규모의 경제 실현, 신기술의 신속한 개발 및 확보, 시장 진입의 속도 단축 및 확대, 경쟁방식의 조정, 유연성의 확보 등을 꾀하고 있다. 전략적 제휴를 통해 가맹본부는 자신의 핵심 사업에 전념하는 한편 부가서비스나 부차적 기능은 제휴기업이 제공하고 있다. 전략적 제휴의 증가는 관계형 마케팅의 출현과 다수 기업 간 네트워킹의 증가를 가져다 준다.

7. 복합브랜드전략의 채택

복합브랜드전략은 프랜차이즈에 있어 하나의 건물에 별도의 매장을 가지면서 여러 개의 브랜드가 입점하는 경우를 말한다. 복합브랜드전략은 상이한 업종에서도 이루어지고 있다. 상이한 업종에서의 복합브랜드 전략은 이미 다른 업종이 위치하고 있는 좋은 입지를 확보하고, 공간을 보다 효율적으로 활용하는 것을 목적으로 한다. 숍인숍(shop-in-shop)은 매장의 일부를 개조하여 기존 가게의 상품과는 다른 상품을 파는 또 하나의 점포를 말한다. 이는 일본에서 성행하였으며, 갈수록 점포 구하기가 힘든 상황에서 적은 투자비용으로 적절한 입지를 확보할 수 있으며, 상품간의 시너지와 기존점포의 고객 활용을 통해 매출을 높일 수 있다.

8. 프랜차이즈사업의 글로벌화

각국의 경제 및 인구통계학적 환경이 프랜차이즈사업에 적합한 환경으로 변화하고 있다. 문화의 범세계화, 글로벌 소비패턴, 국제 수송 및 의사소통 수단의 발달, 도시로의 인구 집중이 빠르게 진행됨에 따라 점차 국제프랜차이즈사업을 수행하기에 용이한 환경으로 변화하고 있다. 국내시장의 경우, 많은 브랜드의 과당 경쟁과 외국 프랜차이즈기업의 국내 진출이 확대로 인하여 많은 가맹본부들은 해외진출을 모색하고 있다. 많은 국내기업의 해외진출은 처음에는 중국시장을 중심으로 진출하였으며, 지금은 점차 아시아 지역을 벗어나 전 세계로 확대하고 있다.

제 2 부

프랜차이즈 시스템

제 3 장

가맹본부 이해

제 1 절 가맹본부의 역할

프랜차이즈 가맹본부를 가장 간단하게 정의한다면 프랜차이즈 가맹점사업자에게 가맹점 운영권을 부여하는 사업자라고 말할 수 있겠다. 가맹본부의 의무를 좀더 자세하게 살펴보기 위하여 가맹사업거래 공정화에 관한 법률에서 규정하는 내용을 살펴보면 다음과 같다.

2002년 제정되었고, 2017년 4월 법률 제14812호로 10차례 개정된 “가맹사업거래 공정화에 관한 법률”에서 가맹사업 당사자는 신의성실의 원칙에 따라 각자의 업무를 성실하게 수행해야 하며(제4조),

이를 위해 가맹본부는 1. 가맹사업의 성공을 위한 사업구상, 2. 상품이나 용역의 품질관리와 판매기법의 개발을 위한 계속적인 노력, 3. 가맹점사업자에 대하여 합리적 가격과 비용에 의한 점포설비의 설치, 상품 또는 용역 등의 공급, 4. 가맹점사업자와 그 직원에 대한 교육·훈련, 5. 가맹점사업자의 경영·영업활동에 대한 지속적인 조언과 지원, 6. 가맹계약기간중 가맹점사업자의 영업지역 안에서 자기의 직영점을 설치하거나 가맹점사업자와 유사한 업종의 가맹점을 설치하는 행위의 금지, 7. 가맹점사업자와의 대화와 협상을 통한 분쟁해결 노력을 준수한다(제5조)고 규정하고 있다.

가맹점 사업자는 1. 가맹사업의 통일성 및 가맹본부의 명성을 유지하기 위한 노력, 2. 가맹본부의 공급계획과 소비자의 수요충족에 필요한 적정한 재고유지 및 상품진열, 3. 가맹본부가 상품 또는 용역에 대하여 제시하는 적절한 품질기준의 준수, 4. 제3호의 규정에 의한 품질기준의 상품 또는 용역을 구입하지 못하는 경우 가맹본부가 제공하는 상품 또는 용역의 사용, 5. 가맹본부가 사업장의 설비와 외관, 운송수단에 대하여 제시하는 적절한 기준의 준수, 6. 취급하는 상품·용역이나 영업활동을 변경하는 경우 가맹본부와의 사전 협의, 7. 상품 및 용역의 구입과 판매에 관한 회계장부 등 가맹본부의 통일적 사업경영 및 판매전략의 수립에 필요한 자료의 유지와 제공, 8. 가맹점사업자의 업무현황 및 제7호의 규정에 의한 자료의 확인과 기록을 위한 가맹본부의 임직원 그 밖의 대리인의 사업장 출입허용, 9. 가맹본부의 동의를 얻지 아니한 경우 사업장의 위치변경 또는 가맹점운영권의 양도 금지, 10. 가맹계약기간중 가맹본부와 동일한 업종을 영위하는 행위의 금지, 11. 가맹본부의 영업기술이나 영업비밀의 누설 금지, 12. 영업표지에 대한 제3자의 침해사실을 인지하는 경우 가맹본부에 대한 영업표지침해사실의 통보와 금지조치에 필요한 적절한 협력을 준수해야 한다고 규정하고 있다(제6조).

가맹본부는 프랜차이즈 가맹희망자에게 제공할 정보공개서를 공정거래위원회에 등록하여야 한다(제6조의2). 정보공개서에는 가맹본부의 일반 현황, 가맹본부의 가맹사업 현황, 가맹본부와 그 임원의 법 위반 사실, 가맹점사업자의 부담, 영업활동에 관한 조건과 제한, 가맹사업의 영업개시에 관한 상세한 절차와 소요시간, 가맹본부의 경영 및 영업활동 등에 대한 지원, 가맹점사업자에 대한 교육, 훈련에 관한 사항 등 가맹사업과 관련된 중요사항이 포함되어야 한다. 가맹본부는 가맹희망자에게 등록 또는 변경등록한 정보공개서를 내용증명우편 등 제공시점을 객관적으로 확인할 수 있는 대통령령으로 정하는 방법에 따라 제공할 의무가 있다(제7조). 가맹본부는 1. 사실과 다르게 정보를 제공하거나 사실을 부풀려 정보를 제공하는 행위(허위·과장의 정보제공행위), 2. 계약의 체결·유지에 중대한 영향을 미치는 사실을 은폐하거나 축소하는 방법으로 정보를 제공하는 행위(기만적인 정보제공행위) 등 허위 또는 과장된 정보를 제공하거나 중요정보를 누락하여서는 아니 된다(제9조).

가맹본부는 가맹희망자가 가맹계약의 내용을 미리 이해할 수 있도록 가맹계약의 체결일 또는 가맹금의 최초 수령일 중 빠른 날 전에 가맹희망자에게 제공하여야 한다(제11조 ①). 가맹계약서 내용으로는 1. 영업표지의 사용권 부여에 관한 사항, 2. 가맹점사업자의 영업활동 조건에 관한 사항, 3. 가맹점사업자에 대한 교육·훈련, 경영지도에 관한 사항, 4. 가맹금 등의 지급에 관한 사항, 5. 영업지역의 설정에 관한 사항, 6. 계약기간에 관한 사항, 7. 영업의 양도에 관한 사항, 8. 계약해지의 사유에 관한 사항 등을 포함하여야 한다(제11조 ②). 가맹본부는 가맹계약서를 가맹사업의 거래가 종료된 날부터 3년간 보관하여야 한다(제11조 ③).

또한 가맹본부는 불공정거래행위의 금지(제12조), 부당한 점포환경개선 강요 금지(제12조의2), 부당한 영업시간 구속 금지(제12조의3), 부당한 영업지역 침해금지(제12조의4)를 해야 할 의무가 있다.

가맹사업거래 공정화에 관한 법률은 총칙, 가맹사업거래의 기본원칙, 가맹사업거래의 공정화, 분쟁의 조정 등, 공정거래위원회의 사건처리절차, 벌칙 등의 6장으로 나누어진 전문 44조와 부칙으로 되어 있으며, 가맹사업거래의 공정화에 관한 법률시행령이 있다.

제2절 국내 가맹본부 주요 통계 현황

한국공정거래조정원이 2017년 7월 발표한 2016년 기준 가맹본부 정보공개서 등록 현황의 국내 가맹본부 주요 통계 현황을 살펴보면 다음과 같다. 2016년 프랜차이즈산업은 가맹본부 수, 영업표지 수, 가맹점 수, 직영점 수 등 양적인 면에서 모두 지속적으로 성장하는 추세이다. 2016년 가맹본부 수는 전년 대비 9.2% 증가한 4,268개이고, 영업표지(브랜드) 수는 전년 대비 8.9% 증가한 5,273개로 나타났다. 여러 브랜드의 가맹사업을 영위하는 가맹본부로 인해 영업표지(브랜드)수가 가맹본부 수보다 많으며, 가장 많은 영업표지(브랜드)를 보유한 가맹본부는 ㈜더본코리아로 2016년 기준 19개의 영업표지(브랜드)를 보유하고 있다.

업종별 영업표지(브랜드)수는 외식업이 4,017개(76.2%), 도소매업이 312개(5.9%), 서비스업이 944개(17.9%)로서 외식업 부문 영업표지 비중이 현저히 높다. 부문별 영업표지가 가장 많은 업종을 보면, 외식업은 한식(1,261개), 도소매업은 의류/패션(42개), 서비스업은 이·미용(149개)으로 확인되었다.

2015년 가맹점 수는 전년 대비 5.2% 증가한 218,997개로 나타났다. 외식업이 106,890개(48.8%), 도소매업 44,906개(20.5%), 서비스업 66,200개(30.7%)로서 외식업 부문 영업표지 비중이 가장 높다. 부문별 가맹점수가 가장 많은 업종을 보면, 외식업은 치킨(24,678개), 도소매업은 편의점(30,846개), 서비스업은 외국어 교육(17,183개)로 확인되었다.

2016년 말 기준 가맹본부의 평균 가맹사업기간은 4년 8개월이며, 도소매업이 6년 3개월로 가장 길고, 외식업이 4년 3개월로 가장 짧았다.

대기업이 운영하는 영업표지는 총 43개이고, 그 중 롯데 그룹이 11개로 가장 많음을 확인하였다.

1. 영업표지(브랜드) 현황

2016년 기준 영업표지(브랜드) 수는 5,273개로, 2015년 4,844개에서 429개(8.9%) 증가하였다. 업종별로는 외식업이 4,017개(76.2%)로 가장 많고, 서비스업 944개(17.9%), 도소매업 312개(5.9%)의 순으로 확인되었다.

〈표 3-1〉 2016년 업종별 영업표지 수 현황

(단위: 개, %)

업종(대분류)	영업표지 수				증감률
	2016년		2015년		
	개수	비율	개수	비율	
합 계	5,273	100.0	4,844	100.0	8.9
외 식	4,017	76.2	3,672	75.8	9.4
도소매	312	5.9	305	6.3	2.3
서비스	944	17.9	867	17.9	8.9

자료 : 한국공정거래조정원(2017)

세부업종별로 보면 한식이 1,261개로 가장 많고, 치킨(392개), 분식(354개), 주점(339개), 커피(325개) 순으로, 외식업 업종의 영업표지(브랜드)가 타 업종에 비해 영업표지가 많은 것으로 나타났다.

〈표 3-2〉 2016년 영업표지 수 상위 10개 업종 현황

(단위 : 개)

순번	업종(대분류)	업종(중분류)	영업표지수	업종분포
1	외식	한식	1,261	외식 8개 서비스 2개
2	외식	치킨	392	
3	외식	분식	354	
4	외식	주점	339	
5	외식	커피	325	
6	외식	제과제빵	185	
7	서비스	이·미용	149	
8	서비스	교육(기타)	137	
9	외식	일식	120	
10	외식	서양식	120	

※ 기타 외식(497개), 기타 도소매(137개)는 목록에서 제외

2. 가맹본부 현황

2016년 기준 가맹본부 수는 총 4,268개로, 전년 3,910개 대비 9.2% 증가하였다. 가맹본부 수는 다수의 영업표지로 가맹사업을 영위하는 가맹본부로 인하여 영업표지(브랜드) 수보다 적다.

〈표 3-3〉 다수 영업표시(브랜드) 보유 가맹본부 현황

(2016년 기준, 단위 : 개)

순번	상호	영업표지(브랜드)수	영업표지(브랜드)
1	(주)더본코리아	19 (20)	백스비빔밥, 백철판0410, 본가, 마카오반점0410, 미정국수0410, 빽다방, 성성식당, 대한국밥, 절구미집, 백스비어, 백종원의원조쌈밥집, 해물떡찜0410, 새마을식당, 한신포차, 죽채통닭, 역전우동0410, 홍마반점0410, 돌배기집, 홍콩반점0410, 원치킨(2017년 신규등록)
2	(주)놀부	13	차룽반점, 놀부부대찌개&철판구이, 놀부유황오리진흙구이, 공수간, 놀부맑은설렁탕담다, 놀부숯불애장닭, 놀부화덕족발, 벨라빈스커피, 놀부옛날통닭, 놀부보쌈, 엔테이블, 레드머그커피, 놀부항아리갈비
3	(주)소프트플레이코리아	12	상상노리, 키즈사이언스, 구름빵플레이타임, 플레이타임, 애플트리, 해피타임, 키즈스포츠클럽챔피언, 블록&퍼즐애플, 상상블럭, 상상스케치, 똑똑블럭, 베이비엔젤스
4	㈜한국창업경제연구소	10	몽미, 사나포차, 섬마을치킨, 두루애, 마파치킨, 고기왕유상실, 고기굽는짬장, 아마떼, LA김밥, 엄빠분식
5	(주)이랜드파크	8 (6)	루고, 피자몰, 후원, 뽀쪼, 더카페, 포인포카페, 빵드프랑(2017년 등록취소), 애슐리투고(2017년 등록취소)
	(주)이바돔	8	이바돔감자탕, 이바돔제주도야지판, 이바돔외식패밀리, 스토리판삼겹이야기, 이바돔강촌닭갈비, 이바돔옥아리, 스토리판, 이바돔해물아구찜과쭈꾸미
	㈜리치푸드	8 (5)	뉴욕야시장, 피쉬앤그릴&치르치르, 치르치르, 피쉬앤그릴too, 짚동가리쌩주, 치르비어369(2017년 등록취소), 크레이지페퍼(2017년 등록취소), 히토기라쿠(2017년 등록취소)

* 괄호안은 2017년 6월말 기준 영업표지 수

2016년 기준 가장 많은 브랜드를 보유한 가맹본부는 (주)더본코리아로서 19개의 브랜드, (주)놀부가 13개, (주)소프트플레이코리아가 12개, (주)한국창업경제연구소가 10개, (주)이랜드파크, (주)이바돔, (주)리치푸드가 8개의 브랜드를 보유하고 있다.

㈜더본코리아는 2017년 원치킨을 추가 신규 등록 함으로써 2017년 현재 20개 영업표지(브랜드)를 보유하고 있다.

3. 가맹점 현황

2015년 기준 가맹점 수는 218,997개로 2014년 208,104개에서 10,893개(5.2%) 증가하였다. 업종별로는 외식업이 106,890개(48.8%)로 가장 많고, 서비스업 67,200개(30.7%), 도소매업 44,907개(20.5%) 순으로 확인되었다.

〈표 3-4〉 2015년 업종별 가맹점 수 현황

(단위: 개, %)

업종(대분류)	가맹점 수				가맹점 증가율
	2015년		2014년		
	개수	비율	개수	비율	
합 계	218,997	100.0	208,104	100.0	5.2
외 식	106,890	48.8	100,861	48.5	6.0
도소매	44,907	20.5	10,735	19.6	10.2
서비스	67,200	30.7	66,508	32.0	1.0

세부업종별로는 편의점이 30,846개로 가장 많고, 치킨(24,678개), 한식(19,313개), 교육(외국어)(17,183개), 교육(교과)(14,769개)순이다.

가맹점 수 상위 10개 업종을 살펴보면 외식업이 6개(치킨, 한식, 커피, 주점, 분식, 제과제빵)이며, 서비스업은 3개(교육(외국어), 교육(교과), 자동차 관련), 도소매업은 1개(편의점)로 나타났다.

〈표 3-5〉 2015년 가맹점 수 상위 10개 업종 현황

(단위 : 개)

순번	업종(대분류)	업종(중분류)	가맹점수	업종분포
1	도소매	편의점	30,846	외식 6개 도소매 1개 서비스 3개
2	외식	치킨	24,678	
3	외식	한식	19,313	
4	서비스	교육(외국어)	17,183	
5	서비스	교육(교과)	14,769	
6	외식	커피	11,872	
7	외식	주점	10,477	
8	외식	분식	10,043	
9	서비스	자동차 관련	7,805	
10	외식	제과제빵	7,280	

상위 10개 영업표지(전체 영업표지의 0.19%)의 가맹본부는 44,089개의 가맹점을 보유하여 전체 가맹점수의 20%를 차지하는 것으로 나타났다.

〈표 3-6〉 2015년 가맹점수 상위 10개 영업표지의 업종 및 가맹점수 현황

업 종		영업표지 수	가맹점수
외식	제과제빵	1	3,316
도소매	편의점	4	28,230
서비스	교육 (외국어)	1	2,741
	교육 (교과)	2	4,895
	운송	1	2,636
	세탁	1	2,271
총계		10	44,089

가맹점 수 상위 101개 영업표지(전체 영업표지의 1.9%)의 가맹본부가 보유한 가맹점수는 114,249개로 전체 가맹점수의 52%를 차지한다.

〈표 3-7〉 2015년 가맹점수 상위 101개 영업표지의 업종 및 가맹점수 현황

업 종		영업표지 수	가맹점수
외식	치킨	16	12,820
	커피	8	5,800
	분식	6	3,053
	피자	4	2,161
	한식	3	2,363
	제과제빵	3	5,205
	패스트푸드	3	2,950
	주점	3	2,797
	아이스크림/빙수	2	1,596
도소매	편의점	6	29,679
	화장품	3	2,484
	식품	2	1,571
	기타도소매	1	626
	농수산물	1	402
	종합소매점	1	361
서비스	교육(외국어)	14	13,264
	교육(교과)	10	11,175
	자동차 관련	7	5,683
	약국	3	3,580
	기타 교육	3	1,772
	운송	1	2,636
	세탁	1	2,271
총계		101	114,249

일부 업종에서는 가맹점이 상위 일부 영업표지에 편중되는 현상을 보이기도 하였다.

업종별(가맹점수 1,000개 이상, 영업표지 10개 이상 업종에 한정)로 가맹점 수 상위 3개 영업표지가 해당 업종에서 50% 이상의 가맹점을 보유하고 있는 업종은 편의점(85%), 세탁(78%), 아이스크림/빙수(76%), 제과제빵(71%), 패스트푸드(68%), 화장품(57%)의 6개 업종으로 나타났다.

〈표 3-8〉 2015년 업종별 가맹점수 상위 3개 영업표지의 가맹점 현황

(단위 : 개)

업 종	업종 전체 가맹 점수	업종별 가맹점수 상위 3개 영업표지 및 가맹점수						소계 및 비율*
		영업표지	가맹 점수	영업표지	가맹 점수	영업 표지	가맹 점수	
편의점	30,846	씨유	9,312	지에스25	9,192	세븐 일레븐	7,568	26,072 (85%)
세 탁	3,521	크린토피아	2,271	크린에이드	235	월드 크리닝	234	2,740 (78%)
아이스 크림/ 빙수	2,325	배스킨 라빈스	1,118	설빙	478	카페 띠아모	172	1,768 (76%)
제 과 제 빵	7,280	파리바게뜨	3,316	뚜레쥬르	1,266	던킨 도너츠	623	5,205 (71%)
패스트 푸드	4,350	롯데리아	1,167	봉구스 밥버거	958	맘스 터치	825	2,950 (68%)
화장품	4,373	아리따움	1,253	이니스프리	655	더페이 스샵	576	2,484 (57%)

* 업종 전체 가맹점수 대비 가맹점수 상위 3개 영업표지 가맹점수 합계의 비율

4. 직영점 현황

2015년 기준 직영점 수는 16,854개로, 2014년 15,459개에서 1,395개 늘어났다. 업종별로는 도소매업이 7,167개(42.5%)로 가장 많고, 외식업 5,506개(32.7%), 서비스업 4,181개(24.8%)의 순이다.

〈표 3-9〉 2015년 업종별 직영점 수 현황

(단위: 개, %)

업종(대분류)	직영점 수				증감률
	2015년		2014년		
	개수	비율	개수	비율	
합 계	16,854	100.0	15,459	100.0	9.0
외 식	5,506	32.7	5,257	34.0	4.7
도소매	7,167	42.5	7,170	46.4	0.0
서비스	4,181	24.8	3,032	19.6	37.9

세부업종별로는 화장품이 3,083개로 가장 많고, 종합소매점(2,030개), 교육(교과)(1,128개) 순이다. 업종별로는 외식업 4개(커피, 제과제빵, 한식, 패스트푸드)이며, 도소매업 3개(화장품, 종합소매점, 편의점)이며, 서비스업 3개(교육(교과), 자동차 관련, 교육(기타))로 확인되었다.

〈표 3-10〉 2015년 직영점 수 상위 10개 업종 현황

(단위 : 개)

순번	업종(대분류)	업종(중분류)	직영점수	업종분포
1	도소매	화장품	3,083	외식 4개 도소매 3개 서비스 3개
2	도소매	종합 소매점	2,030	
3	서비스	교육 (교과)	1,128	
4	외식	커피	878	
5	외식	제과제빵	877	
6	외식	한식	821	
7	도소매	편의점	694	
8	외식	패스트푸드	680	
9	서비스	자동차 관련	579	
10	서비스	교육 (기타)	544	

※ 기타 도소매(1,576개)는 목록에서 제외

특히 종합 소매점 업종은 전체 매장(가맹점 및 직영점) 중 직영점이 차지하는 비율이 65.7%로 직영점이 가맹점보다 많고, 화장품 업종은 43.9%로 직영점의 비율이 상당히 높게 나타났다.

〈표 3-11〉 2015년 종합 소매점, 화장품 업종 직영점 및 가맹점 현황

(단위 : 개)

업 종	직영점수	가맹점수	합 계	직영점 비율
종합 소매점	2,030	1,058	3,088	65.7%
화장품	3,423	4,373	7,796	43.9%

5. 가맹본부 가맹사업기간

2016년 말 기준 가맹본부의 평균 가맹사업기간은 4년 8개월이며, 업종별로는 도소매업이 6년 3개월로 가장 길고, 서비스업(5년 10개월), 외식업(4년 3개월)순으로 확인되었다. 가맹사업기간이라 함은 가맹본부가 가맹사업을 영위하고 있는 기간으로서, 가맹사업개시일로부터 2016년 말까지의 기간이며, 가맹본부가 여러 가맹사업을 하는 경우에는 각각 별개로 기간을 산정하였다.

〈표 3-12〉 2016년말 기준 가맹본부 평균 가맹사업기간

업 종	전체	외식	도소매	서비스
2016년 평균 가맹사업기간	4년 8개월	4년 3개월	6년 3개월	5년 10개월

세부 업종별로는 외식업에서는 패스트푸드(6년 5개월), 도소매업에서는 편의점(11년 9개월), 서비스업에서는 약국(13년 10개월)이 가장 오래 가맹사업을 영위한 것으로 나타났다.

평균 가맹사업기간을 기간별로 보면 5년 미만의 가맹사업기간을 영위한 영업표지 수의 비율이 전체의 67.5%로 가장 높고, 5년 이상 10년 미만은 19.9%, 10년 이상은 12.6%로 나타났다.

〈표 3-13〉 2016년말 기준 가맹사업기간별 영업표지 현황

(단위: 개, %)

구 분	2016년 가맹사업기간별 영업표지 수 및 비율				
	5년 미만	5년~10년 미만	10년~15년 미만	15년~20년 미만	20년 이상
합 계	3,560(67.5)	1,050(19.9)	439(8.3)	134(2.5)	90(1.7)
외 식	2,852(54.1)	754(14.3)	282(5.3)	83(1.6)	46(0.9)
도소매	180(3.4)	69(1.3)	33(0.6)	12(0.2)	18(0.3)
서비스	528(10.0)	227(4.3)	124(2.4)	39(0.7)	26(0.5)

국내 업체로는 '림스치킨'이 1977. 7. 24. 가맹사업을 시작하여 가장 가맹사업기간이 길며(39년), 그 뒤를 이어 롯데리아(36년), 페리카나(35년), 신라명과(33년) 등이 있다.

6. 대기업 관련 가맹본부 현황

2017년 기준 대기업 집단에 속하는 가맹본부가 운영하는 영업표지 수는 총 43개로, 전체의 0.8%를 차지하고 있다.

대기업이라 함은 공정거래법에 따라 공정거래위원회는 2017년 5월 1일 자산총액 10조원 이상인 31개 기업집단을 '상호출자·채무보증제한 기업집단'(이하 '대기업 집단'이라 함)으로 지정된 기업이다.

업종별 대기업 집단 소속 영업표지 수는 외식업 22개, 도소매업 17개, 서비스업 4개로 확인되었다.

〈표 3-14〉 업종별 대기업 집단 소속 가맹본부가 영위하는 가맹사업 현황

(2017. 5. 1. 기준, 단위: 개)

<table>
<tr><th colspan="2">외식</th><th colspan="2">도소매</th><th colspan="2">서비스</th></tr>
<tr><th>업종</th><th>대기업 수</th><th>업종</th><th>대기업 수</th><th>업종</th><th>대기업 수</th></tr>
<tr><td>한식</td><td>2</td><td rowspan="2">편의점</td><td rowspan="2">4</td><td rowspan="9">자동차 관련</td><td rowspan="9">4</td></tr>
<tr><td>패스트푸드</td><td>2</td></tr>
<tr><td>치킨</td><td>4</td><td rowspan="2">화장품</td><td rowspan="2">3</td></tr>
<tr><td>피자</td><td>1</td></tr>
<tr><td>제과제빵</td><td>4</td><td rowspan="2">(건강)식품</td><td rowspan="2">4</td></tr>
<tr><td>아이스크림/빙수</td><td>2</td></tr>
<tr><td>커피</td><td>3</td><td rowspan="2">종합소매점</td><td rowspan="2">4</td></tr>
<tr><td>음료</td><td>1</td></tr>
<tr><td>기타외식</td><td>3</td><td>기타 도소매</td><td>2</td></tr>
<tr><td>소계</td><td>22</td><td>소계</td><td>17</td><td>소계</td><td>4</td></tr>
</table>

기업집단으로 살펴보면 롯데가 11개로 영업표지 수가 가장 많으며, 농

협 7개, 신세계 5개, 하림 5개 등으로 영업표지가 많았음을 확인하였다.

〈표 3-15〉 대기업 집단별 가맹사업 영위 현황

기업 집단명	영업 표지수	가 맹 사 업 영 업 표 지
롯데	11	세븐일레븐, 바이더웨이, 롯데리아, 엔제리너스, 나뚜루, 크리스피크림, 보네스뻬, 빠뮤, 롯데슈퍼, 롯데마켓999, 롯데칠성음료
농협	7	또래오래, 목우촌참피자, 목우촌미소와돈, 목우촌웰빙마을, 헌터스문, 농협홀푸드, 한삼인
신세계	5	스무디킹, 이마트에브리데이, 위드미, 오슬로, 자니로켓
하림		맥시칸치킨, 디디치킨, 오롯이닭요리, 오릿대, 주원명가
지에스	4	지에스25, 지에스수퍼마켓, 텐바이텐, 오토오아시스
엘지	3	더페이스샵, 네이쳐컬렉션, 비욘드
씨제이		뚜레쥬르, 투썸플레이스, 올리브영
현대자동차	2	블루핸즈, 오토큐
에스케이	1	스피드메이트
한화		빈스앤베리즈
케이티앤지		정관장

7. 가맹본부의 평가

성공적인 프랜차이즈 가맹사업을 실현하기 위해서는 무엇보다 중요한 것이 확실한 경영시스템과 운영 매뉴얼이 준비된 가맹본부를 평가하고 선택하는 일이다. 프랜차이즈사업은 계약에 의한 시스템산업이다 가맹본부에서 가맹점에 제공하게 될 확실한 경영시스템과 운영매뉴얼이 준비되지 않고서는 가맹본부라 할 수 없을 것이다. 문제는 프랜차이즈산업이 업태와 업종이 다양하고 비즈니스모델이 제각기 다르다는 것이다. 해외 유명 가맹본부의 평가시스템을 보면, 크게 마케팅, 운영, 서비스, 경영분야 등으로 나누어져 있다. 프랜차이즈시스템구축을 위한 4개 부문에 대한 세부평가항목은 다음과 같다.

〈표 3-16〉 가맹본부 평가항목

구분	평가항목
마케팅부문	연도마케팅계획, 마케팅실행, 서비스상품, 경쟁요소점검, 상품 및 서비스관리, 의사소통, 마케팅보고서,
운영부문	점포유지보수, 점포와의 의사소통, 점포운영관리, 교육, 수퍼바이징, 프랜차이징
고객서비스부문	점포서비스부문, 점포외형관리, 고객관계관리
경영부문	회계부문, 계획부문, 점포개발부문, 인적자원부문, 회의체계, 사회참여부문

자료: 월간창업&프랜차이즈

국내에서 가맹본부에 대한 공식적인 평가는 "프랜차이즈 수준평가" 제도이며, 평가기관은 중소벤처기업부(구 중소기업청) 산하 소상공인시장진흥공단이다.

프랜차이즈 수준평가 제도의 목적은 가맹본부를 종합적으로 평가하여 우수 프랜차이즈를 인증하여, 창업을 준비 중인 예비 가맹점주들에게 가맹본부에 대한 정보를 제공해 주며, 우수 프랜차이즈 인증을 받지 못한 가맹본부들에게는 컨설팅 및 교육지원을 통해 우수 프랜차이즈로 도약할 수 있도록 기회를 제공하는 제도이다.

평가 참여 대상 가맹본부는 정보공개서를 등록한 브랜드 중 직영점 1개와 가맹점을 10개 이상 운영 중인 프랜차이즈 가맹본부이거나, 가맹점이 20개 이상인 프랜차이즈 가맹본부가 대상이며, 가맹사업 업력 1년 미만이거나 완전 자본잠식 상태거나 대기업인 가맹본부는 평가 대상에서 제외된다.

평가는 설립기간이 5년 이내의 소규모 평가와 5년 이상의 중규모 평가로 나누어 실시하며, 이는 시스템이나 조직구성이 아직 미흡하고 성장단계에 있는 소규모 기업에 대해 통합적인 시스템이 거의 완성되어 있는 중규모 이상의 기업과 같은 기준을 적용하여 평가하는 것은 불합리하기 때문이다. 측정항목은 소규모의 경우 외식업 62개, 도·소매업은 63개, 서비스업은 61개 항목이며, 중규모의 경우 외식업 73개, 도·소매업은 74개, 서비스업은 72개 항목으로 구성되어 있다.

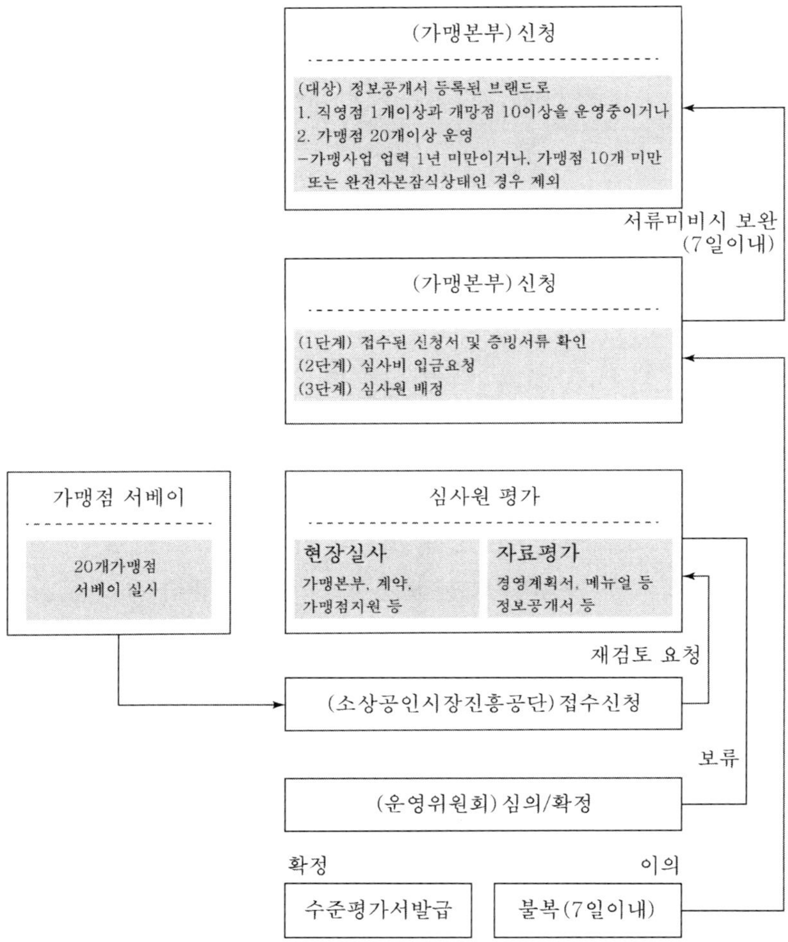

자료 : 소상공인 시장진흥공단 홈페이지

〈그림 3-1〉 프랜차이즈 수준평가 추진 절차

평가지표로는 5개 범주(A:가맹본부 특성, B:계약특성, C:가맹점 지원, D:관계품질, E:시스템 성과)이며, 11개 요인(A:리더십, 기업특성, 자원 B:계약절차, 계약조건 C:초기지원, 지속지원 D:관계의 질, 가맹사업자의 만족 E:가맹본부 성과, 가맹점 성과)으로 구성되어 있다.

평가 결과는 Ⅰ~Ⅳ등급으로 되어 있으며, 100점 만점에 Ⅰ등급은 80점 이상, Ⅱ등급은 70점 이상, Ⅲ등급은 60점 이상, Ⅳ등급은 60점 미만이고, Ⅰ,Ⅱ등급은 우수 프랜차이즈로 인증하는 것이다.

〈그림 3-2〉는 2016년 우수프랜차이즈로 인증 받은 브랜드이다.

〈그림 3-2〉 2016년 우수프랜차이즈 브랜드

8. 우수한 가맹점 사업자 선정

사업을 시작하는 가맹본부는 활용가능한 모든 자원들을 가장 효율적으로 사용하기 위해서 가장 적합한 가맹점사업자를 선정하여야 한다. 가맹본부 시스템의 성공은 해당 가맹사업을 하기에 적합한 가맹점사업자를 잘 선택하였는가에 많은 영향을 받는다. 일반적으로 가맹본부는 가맹점사업주를 선발하는 기준을 선정하고, 가맹점사업자를 모집하기 위한 예산과 목표를 설정한 후 가장 효과적인 지역을 결정하여 모집에 대한 전략을 시행한다. 가맹본부는 예비 가맹점주 모집을 위하여 신문, 잡지, DM, 박람회, 세미나, 대중관계(Public relation), 방송매체 등을 활용하고, 예비 가맹점주들에게 강한 인상을 주기 위해 가맹본부는 가맹사업의 독특한 특징들과 장점들을 광고나 판매 브로슈어에 표현한다.

이러한 매체들을 통해 문의를 하거나 본부를 방문한 예비창업자들에게 설명회와 상담을 통해 가맹점계약을 체결하게 된다.

(1) 가맹점사업자의 조건

가맹점을 창업하고자 할 경우 좋은 본부를 선정하는 것만큼 중요한 것이 없듯이, 가맹본부 역시 좋은 가맹계약자를 선정해야 정상적인 공동사업자관계를 유지할 수 있다.

따라서 가맹본부는 가맹점사업자를 선정함에 있어 보다 신중하여야 한다. 많은 경우 가맹본부가 가맹점을 모집할 때, 자금 확보라는 현실적 경영여건에 쫓겨, 선정기준을 무시한 채 가맹희망자 모두를 가맹점으로 받아들이고 있는 것이 현실이다. 그러나 가맹본부는 최소한 가맹희망자가 진실로 본부의 시스템에 좋은 파트너가 될 수 있는 조건에 맞는지에 대한 검토는 잊지 말아야 한다. 가맹본부의 의사 결정권자는 반드시 참모들에 의해 가맹점 선정대상자로 추천된 가맹점희망자를 면담해야 한다. 그 자리에서 가맹본부의 의사 결정권자는 가맹점희망자에게, 반드시 강조해야 할 사항 몇 가지를 미리 주지시킴으로써 가맹본부와 가맹점 간에 발생할지 모르는 불협화음의 소지를 최소화하도록 노력해야 한다.

미국의 많은 프랜차이즈본사에서는 가맹희망자를 선택하는데 있어서 그들의 자금이나 경험, 특징 등을 분석하는데 대부분 첫째 요건이 가맹희망자의 재정능력이다. 그 다음으로 보는 조건이 교육수준 및 직장경력, 나이, 거주기간, 성격, 성별 등을 기준으로 보고 있다.

국내의 한 외식업 가맹본부의 가맹점사업자 심사기준을 살펴보면, 첫째, 50대 이상에겐 가맹점을 내주지 않는다. 나이차별 하는 것은 아니지만, 식당업의 경우 체력이 많이 소모되는 사업인데다 점주가 직접 일하지 않으면 망한다는 지론 때문이다. 둘째, 동업일 경우 가맹점을 내주지 않는다. 하루 매출을 결산하면서 계산이 맞지 않아 의리가 상하고 결국 갈라서는 경우가 많기 때문이다. 이 밖에 가족의 전폭적인 지원

없이 창업을 하는 경우, 창업하고자 하는 업종의 경험이 전혀 없는 사람 등도 재검토의 대상이다.

(2) 가맹점사업자의 선택

1) 가맹점사업자 선정 심사기준

① 프랜차이즈시스템에 대한 이해

프랜차이즈시스템은 공동운명체라고도 한다. 이 말은 시스템의 비즈니스가 실패하면, 가맹본부도 가맹점사업자도 모두가 공멸할 것을 각오하여야 한다는 의미이다. 따라서 프랜차이즈사업은 공동사업자 관계가 구축되지 않으면 시스템의 성장과 발전은 기대할 수 없다. 따라서 가맹본부는 가맹희망자가 프랜차이즈시스템의 경영이념에 얼마나 적극적으로 공감하고 있는가를 철저히 점검해야 한다. 이처럼 프랜차이즈시스템의 이념과 비전을 공유할 수 있는 가맹점사업자를 선정하는 과정은 시스템의 발전과 성공을 위해 요청되는 최대의 조건이다.

② 전념할 수 있는 가맹점 사업자

가맹점을 개점하면서 동시에 다른 비즈니스를 겸하는 사람이라면, 그 가맹점에 미치는 가맹점사업자 능력은 반감될 수밖에 없을 것이다. 아무리 좋은 조건으로 개점했던 가맹점이라 할지라도 그 가맹점의 영업실적은 상대적으로 저조할 수밖에 없을 것이다. 더군다나 그 가맹점의 운영에 어려움이라도 닥치게 되거나 다른 사업이 호황을 맞게 되면 가맹점 운영에 대한 그의 관심은 그만큼 소홀해질 수밖에 없을 것이다. 결국, 가맹사업은 프랜차이즈시스템의 운영에 전심전력할 수 있는 사람으로 선정하는 것이 좋다.

③ 가족의 동의와 협조

가맹희망자가 만일 가족의 동의를 얻지 못하고 있는 상태에 있는 사람이라면 그 사람은 가맹점사업자로서 문제가 있는 사람이다. 즉, 그 사람에 대해 가장 많이 알고 있는 가족이 믿지 않는다는 의미이기 때문이다. 만일 가맹점을 부부가 공동으로 운영한다면 철저하게 부부가 서로 협력해서 가맹점 경영에 전념할 수 있어야만 비로소 가맹점사업자로서의 요건을 충족한다고 할 수 있다. 소규모 사업일수록 배우자의 동의가 없는 사업은 성공을 확신할 수 없다는 것이 일반적이다.

④ 자립심

잘 운영되고 있는 프랜차이즈 본부의 가맹점을 하면 성공한다는 생각이 많다. 그러나 간과하지 말아야 할 것은 프랜차이즈사업에서의 가맹점사업자는 어디까지나 별개의 독립된 사업가이며, 가맹본부의 슈퍼바이징이 있다고 하더라도, 경영을 책임지고 수행하는 것은 어디까지나 가맹점사업자 자신이라는 사실을 잊어서는 안 된다. 가맹점 실적이 부진하더라도 그 책임의 상당부분은 가맹점사업자 자신의 노력부족이거나 경영능력부족이라고 생각하지 않는 사람이라면, 성공에 대한 기대는 그만큼 희박해질 수밖에 없다.

⑤ 프랜차이즈시스템에 대한 존중

가맹점을 처음 시작하게 되면 새로운 도전과 성공의 기대심 때문에 가맹점 운영에 열중하게 되어 대부분 발전하게 된다. 그러나 어느 정도 비즈니스의 기틀이 잡히고 실적이 기대치를 웃돌게 되면, 가맹본부가 제공하는 패키지에 대한 고마움을 잊어버리고, 자신의 노력만으로 이룬 성공이라는 자만심과 교만에 빠지게 된다. 가맹본부는 노하우를 제공해주지 않았고 지원도 해주지 않았다는 생각을 갖게 되거나, 또는 시스템에 대한 신뢰를 잃어버리는 경우가 많다. 따라서 왜 본부에게 로열티를 지불해야 하고 본부의 지침이나 기준들을 왜 따라야 하는지에 대해 의구심을 가질지 모른다. 따라서 가맹점사업자가 시스템을 철저하게 따를 수 있도록 교육과 관리를 하여야 하며, 무엇보다도 가맹점사업자는 성실함이 몸에 배어 있고 은혜에 감사할 줄 아는 인간적 기초가 있는 사람이라야 한다. 그래야만 꾸준하게 본부와 공동사업자 관계를 유지해 갈 수 있다.

⑥ 적극적이고 지속적인 사람

프랜차이즈가 아무리 자기 사업을 할 수 있는 것이라 하더라도 적극적이고 지속적이지 않는 사람이라면, 처음에는 오너가 되고 싶다는 욕망 때문에 열심히 하다가도 욕망이 달성되고 서서히 일에 익숙해지면 그 일을 고통이라 생각하고 싫증내는 태도로 바뀐다. 이렇게 되면 그 가맹점사업자는 어떤 상황에 대해서도 이를 모두 불평하게 되고 급기야 점포를 부진하게 만들어 결국 부실점포로 전락시키는 원인이 된다.

⑦ 리더십

가맹점을 운영하다 보면 예상치 못한 문제가 발생한다든지 클레임이 발생되기도 한다. 이런 상황에서는 무엇보다도 경영자의 리더십이 필요하다. 가맹점 희망자에게 이런 자질이 있는지 그것을 먼저 알아야 한다.

⑧ 인력관리

고객과의 접점은 가맹점이다. 그리고 그 가맹점을 운영하는데 있어서 부부 두 사람만으로 가능한 점포도 있지만 대부분의 점포에서는 종업원을 고용하여야 한다. 시간제 근로자나 아르바이트의 경우라도 이들은 어디까지나 가맹점경영자에게는 가맹점의 성공을 위한 비즈니스파트너로 인식하여야 한다. 이들 파트너에 대한 교육훈련 또는 이들에 대한 대우 등이 그 어느 가맹점보다 높다는 것을 자랑할 수 있는 종업원관리체제를 가지고 있어야 한다. 많은 점포에서 점주는 계산만을 하고 실제 중요한 고객응대는 직원에게 맡기는 경우가 많기 때문이다.

⑨ 모범성

매장관리에서 가장 중요한 것 중 하나가 가맹점사업자가 종업원 앞에서 얼마나 모범적으로 점포관리에 정성을 다하고 있는가이다. 교육훈련도 중요하지만 종업원은 점주를 보고 배운다는 것이다. 나쁜 습관은 바로 습득하게 되지만, 한번 나쁜 습관에 젖고 나면 그것을 바로 잡는데는 상당한 노력과 시간이 필요한 것이다. 종업원을 중시하는 것과 예의범절을 엄하게 한다는 것은 전혀 다른 것이다.

⑩ 성실성

가맹점 경영뿐만 아니라 어떠한 일을 하더라도 큰 영향을 미치는 요인 중 하나가 경영자의 성실성이다. 성실하던 경영자가 점포에 소홀해지는 경우 중 가장 흔한 경우가 가정생활 특히 부부간에 사이가 좋지 않아 생기는 경우가 가장 많다. 사생활도 비즈니스의 근본이 된다는 것을 염두에 두고 비즈니스를 구축하고 수행해 갈 수 있는 사람이 바로 가장 적합한 가맹점 경영자인 것이다. 바로 이런 사람을 가맹점사업자로 선정하자는 것이다.

(3) 가맹점사업자 대상

프랜차이즈는 현재의 직업을 바꾸고 싶거나, 직장생활에 싫증을 느끼거나, 자신의 사업을 소유하고 싶거나 아니면 제2, 제3의 다른 경력을 원하거나, 또는 자신의 독립 사업을 프랜차이즈로 바꾸고자 하는 사람들이 선택하는 방법이다. 더 나아가 구조조정을 통해 직장을 잃은 실업자나 취업을 하지 못하는 사람들의 어쩔 수 없는 선택항목이 아니라 대학을 졸업한 젊은이들부터 다양한 분야의 전문가, 기술자, 전문여성들까지 프랜차이즈창업에 뛰어들고 있다. 특히, 프랜차이즈분야에 여성들의 참여가 점차 증가하고 있으며 많은 가맹본부들도 이러한 경향을 적극 활용하기 위해 여성들을 모집하기 위한 별도의 전략을 실시하고 있거나 개발하고 있다.

1) 직장퇴직자

프랜차이즈 가맹점창업을 원하는 희망자 중 직장퇴직자가 많은 비중을 차지하고 있다. 이러한 직장퇴직자들에게는 몇 가지 장점이 있는데, 조직 생활에 익숙하여 프랜차이즈에 시스템이 빠르게 적응을 하며, 그들의 전문적인 지식 및 기술과 경험이 프랜차이즈와 쉽게 융합 될 수 있다. 즉, 대부분의 퇴직자들은 영업 및 마케팅에 많은 경험을 가지고 있거나 회계, 경리파트에 근무한 경력이 있어 가맹점을 운영하는데 매우 중요한 영업과 자금운영에 직장에서의 경험이 많은 도움이 된다. 그러나 직장퇴직자는 지원조직 없이 일하는데 익숙하지 않아 최소의 인원으로 모든 일을 처리해야 하는 프랜차이즈사업에서 처음에는 다소 어려움을 겪을 수도 있다.

2) 여성

대부분의 여성 가맹점사업자들은 두 가지 범주에 속하게 된다고 한다. 하나는 직장에서의 빠른 승진을 기대했으나 실망한 직장인들이고 다른 하나는 가맹본부와의 계약을 통해 그들이 필요로 하는 경제적 문제의 해결 또는 자신의 사업능력을 발휘해 보고 싶은 사람들일 것이다. 이러한 여성창업자들의 경우 프랜차이즈에 대한 이해는 물론이고 가맹점운영에 있어서도 매우 우수한 것으로 나타나고 있다. 직장에서 근무한 경력이 있는 여성들은 비즈니스 서비스분야나 육아 및 아동관련 교육 및 시터, 의류 및 제과분야에 특히 많이 참여하고 있다. 여성들은 프랜차이즈시스템 안에서의 협력과 팀웍에 매우 탁월하며 가맹본부의 지원과 조직에 매우 적극적이다. 여성들은 소매, 건강, Beauty, 서비스 분야에 많은 관심을 가지고 있으며 자동차서비스, 보안시스템, 레스토랑에도 점점 증가하고 있다.

9. 가맹점 모집

가맹점을 모집하는 방법은 시스템에 따라 각양각색이지만 이를 크게 분류하면 광고에 의한 방법과 사업설명회를 통한 개별권유 방법, 가맹점사업자를 통한 소개 등이 있다.

(1) 광고

광고란 기업이 광고주가 되어 광고대금을 지불하고 그들이 가지고 있는 아이디어나 제품 및 서비스를 일시에 다수의 잠재고객에게 대량으로 커뮤니케이션함으로써 장·단기적 수요를 자극하여 판매촉진을 일으키는 활동을 의미한다. 가맹본부측면에서 광고는 브랜드인지도와 가맹점모집 그리고 상품과 서비스에 대한 특징을 알리는 좋은 수단이다. 그러나 광고는 많은 예산이 필요하고 정확한 광고효과의 측정이 어려워, 처음 사업을 시작하는 가맹본부는 효과적인 광고 전략과 효과적인 매체선택을 통하여 저비용으로 할 수 있는 방법을 마련해야 한다. 또한, 프랜차이즈사업은 허위광고와 과장광고에 대한 법적인 규제가 까다롭다. 그러므로 당장의 가맹점모집을 위해 무리한 광고와 허위정보를 제공하기보다는 경쟁력 있는 시스템을 구축해야 한다.

(2) 사업설명회

사업설명회는 프랜차이즈시스템에 관심을 갖고 있는 대상자들을 상대로 직접 시스템의 우수성을 설명할 수 있기 때문에 매우 효과적이라고 할 수 있다. 그러나 예비창업자들도 매우 현명해졌고 본사선택에 있어서 매우 꼼꼼하기 때문에 사전에 철저한 준비가 필요하다. 그러므로 사업설명회를 한번으로 끝내기보다는 여러 번 실시하여 단계별로 자세하게 설명을 할 수 있도록 해야 하며 제한된 시간 내에 많은 인원이 참석하므로 창업희망자가 궁금한 사항들은 모두 알아내기 힘든 경우가 있을 수 있으므로 구체적으로 관심이 있는 희망자들은 별도의 시간을 갖도록 하는 것도 바람직하다. 또한, 사업설명회를 통하여 예비창업자들이 어떤 부분에 관심을 갖고 있으며 그들의 기준은 무엇인지에 대한 정보수집에도 매우 유익한 방법이다.

(3) 가맹점사업자의 소개

예비창업자들이나 가맹희망자들은 업종선택과 본사선택에 있어서 수시로 기존의 직영점이나 가맹점의 방문 또는 가맹점사업자와의 상담을 통해 정보를 수집하고 자신이 수집한 정보와 가맹본부가 제공한 정보가 일치하는지를 확인하는 경우가 많다. 이 경우 기존가맹점사업자의 프랜차이즈 창업과 업종 그리고 본부에 대한 평가는 가맹희망자들의 사업여부 결정에 결정적이라고 할 수 있다. 기존 가맹점사업자들이 만족하다는 것은 프랜차이즈시스템의 신뢰도가 매우 높다고 할 수 있기 때문이다.

(4) DM(Direct Mail)

DM의 경우 새로 오픈하기 전에 알리는 것이나 기존 가맹점의 이벤트행사에 대하여 알리는 방법으로 적합하다. 특히, 경쟁이 치열한 외식산업이나 패스트푸드 그리고 서비스업종은 DM을 통해 정기적으로 새로운 상품과 서비스에 대해 알리는 것이 바람직하다. DM의 형식과 내용 또한 너무 많은 정보를 게재하기보다는 받아보는 사람이 한눈에 알아볼 수 있도록 구성하여야 하고, 지나치게 화려하게 만들 필요는 없다. 그리고 DM의 효과를 측정하기 위해 쿠폰을 함께 게재하여 쿠폰을 소지하고 방문하거나 주문하는 소비자들에게 혜택을 주는 것도 좋은 방법이라고 하겠다.

제 4 장

가맹점 이해

프랜차이즈시스템이란 독립적인 유통 구성원인 가맹본부와 가맹점주가 가맹계약을 통해 서로의 의무를 이행하면서 운영된다. 따라서 프랜차이즈 본부와 가맹점 간의 관계가 지속되면서 보다 밀접하고 우호적인 관계결속이 프랜차이즈시스템의 중요한 성공요인이다. 최근 프랜차이즈 본부와 가맹점 사이에 힘의 불균형 상태가 발생하고 있어 본부와 가맹점 간의 관계결속이 지니는 의미는 한 층 더 중요해지고 있다. 여기서는 프랜차이즈 가맹점을 관리하는데 필요한 기초지식을 살펴본다.

제1절 가맹점의 역할과 임무

가맹본부의 의무를 다른 말로 하면 가맹점의 권리라 할 수 있다. 대다수 프랜차이즈 계약은 가맹점에게 적극적으로 판매를 수행할 의무를 부담시키고 있다. 즉, 가맹점주는 기본적으로 최선을 다하여 가맹점을 운영할 의무가 있다. 가맹점주가 회사나 동업조합의 형태일 때에는 대표적인 관리인을 지명할 수 있으며, 개인인 경우에는 자신이 가맹점을 직접 운영하거나 관리인을 임명하여야 한다. 가맹점을 관리하는 자는 최선을 다하여 가맹점을 운영하여야 하며, 매일 영업 실적에 대하여 책임을 진다. 결론적으로 독립채산제인 가맹점주는 판매활동과 관계되는 모든 비용을 스스로 부담해야 한다.

1. 광고비 분담의무

가맹점주는 계약에 의해 가맹본부가 실시하는 지역에 대한 광고비용을 정해진 규정에 따라 부담한다. 그리고 가맹점주는 자신의 지역에 대한 광고 의무를 지지만 그 범위와 규모는 가맹본부와 정한 기준에 따른다.

2. 가맹본부가 제공하는 운영 매뉴얼(Manual) 준수 의무

가맹점주는 가맹본부가 제시하는 운영 매뉴얼을 통하여 프랜차이즈 시스템에 가입한 가맹점주들이 전국적으로 단일한 기업의 외관과 통일성을 유지하고 동질의 상품이나 서비스의 품질을 유지하게 된다.

구체적인 운영 매뉴얼은 각 가맹본부의 특성에 따라 다르나, 대체적으로 점포의 입지선정, 점포의 내·외장, 집기, 비품, 간판, 유니폼 등은 동일하며, 영업시간, 종업원의 태도, 구매 및 판매방법, 로열티 지급 방법, 정기적인 보고서의 작성과 제출, 상품의 품질관리 기준등도 같다고 볼 수 있다.

가맹점주는 가맹본부의 상표가 차지하는 지위를 토대로 영업표준의 동일성 유지를 위하여 운영 매뉴얼에 일치하도록 행동해야 한다. 이러한 운영 매뉴얼의 준수 의무는 영업 표지의 보호 의무, 영업 비결의 비밀 준수 의무와 함께 가맹본부가 프랜차이즈시스템 전체의 마케팅 전략에 따라 가하는 통제의 내용이 되며, 이 통제가 가맹본부와 가맹점 간의 결합을 촉진하기도 한다.

3. 계약상품 매입 및 계약 서비스 공급의 의무

제품유통형 프랜차이즈의 경우 가맹점주는 재고 관리에 의하여 즉각적인 상품 공급 준비를 갖추어야 한다. 또한 가맹점주는 가맹 본부의 상품 또는 가맹본부에서 제공하는 서비스만을 공급하고 경쟁 상태에 있는 생산품의 주문, 제조, 판매를 중지할 의무를 부담한다.

4. 지시 준수와 통제 용인의 의무

가맹본부는 통일적으로 판매정책을 실시함으로써, 가맹점주를 지시할 수 있는 권한은 필수적인 것이다. 그러나 그 권한이 가맹점주를 가맹본부가 구속할 수 있다는 약관을 포함하고 있는 경우는 드물다. 프랜차이즈 관계에서는 동적이며 지속적인 결합이 중요하므로 지시권은 필수적인 것이고 그 방식은 언제나 고정되어 있는 것이 아니라 계속적으로 변화하는 영업조건에 적응시켜야 한다. 또한 지시권의 범위와 한계는 가맹본부의 의무에서 구하고 있는데 가맹점주의 이익을 침해하는 지시권 행사는 금하고 있다. 가맹점주는 지시에 구속될 뿐 아니라 통제를 용인할 의무를 부담한다. 가맹점주는 가맹본부와 그의 대리인이 통제할 수 있는 방법을 언제나 허락해야 한다.

5. 영업비밀의 보장 의무

가맹점주는 가맹본부가 제공하는 상표, 상호 등 각종 영업 표지와 특허권, 저작권 등을 보호하여야 하고 노하우나 영업비밀 등에 대하여 비밀을 유지해야 한다. 특히 영업비밀 보장 의무는 다른 의무와는 달리 프랜차이즈 계약이 종료된 후에도 계속적으로 부담하도록 하는 경우가 대부분이다.

6. 프랜차이즈 사용료 지급 의무

가맹점은 가맹본부에 로열티를 지급해야 한다. 이는 사업을 시작하기 위하여 가맹본부에 가입하는 가맹비와 영업을 하는 동안 계속적으로 지급하는 로열티로 구성되어 있다. 계약 초기 지불하는 가맹비는 가맹점주가 프랜차이즈 계약 후 즉시 사업 개시를 위한 노력의 대가이다. 이는 비용으로 처리하는 경우로 프랜차이즈 가입 종료 후에도 반환되지 않는다. 가맹본부가 사용을 허가한 영업표지의 대가나 계속적으로 제공하는 각종 서비스의 대가로서 가맹점주가 지급하는 것이 로열티이다. 대개 일정 기간 매출액(순 매출액)이나 이익을 기준으로 일정 비율로 계산하는 방식이 보편화하여 있으나, 때로는 상품 대금이나 설비 등의 임대료 등에 포함해 지급하도록 하는 일도 있다.

7. 가맹점주의 경업피지의무(競業避止義務)

프랜차이즈의 양도, 해지, 경신 등과 밀접한 관련을 하는 조항이 가맹점주의 경업피지 의무에 관련된 조항이다. 이는 통상 경업금지 특약에 나타나 있는데 계약 종료 사유에 관계없이 일단 프랜차이즈에 가맹한 경우 금지된 지역 내에서 일정 기간에 경쟁적인 영업을 할 수 없다. 대개 가맹점주들은 특약 조항에 의하여 영업비밀이나 특별한 공식 기타 가맹본부의 상호나 상표에 관련된 독자성을 나타내는 징표의 도용이 금지된다. 그리고 때로는 가맹본부에 불리한 행동을 할 수 없도록 정하기도 한다. 이러한 특약조항은 우선 계약종료 원인이나 귀책 당사자가 누구냐에 관계없이 적용된다. 그리고 그에 따라 아무런 과실이 없는 가맹점주에게 불리한 결과를 가져올 수 있다.

8. 운영권 양도 금지 의무

가맹점주는 자신이 취득한 프랜차이즈 운영권을 가맹본부의 사전 동의 없이 타인에게 양도할 수 없다. 프랜차이즈 운영권은 본부와 가맹점주 간의 기본적인 신뢰관계를 바탕으로 하기 때문에 운영권의 일방적인 양도는 불가능하다.

9. 프랜차이즈 계약 해지 시 지켜야 할 의무

가맹점주가 가맹본부와의 계약을 해지할 경우, 영업표지 사용을 할 수 없으며 기타 영업 운영과 관련된 양식이나 교범, 선전문구, 간판 기타의 표지문 사용을 할 수 없다.

제 2 절 국내 가맹점 주요 통계 현황

2015년 기준 가맹점당 연평균매출액은 3억 825만 원이고, 도소매업이 4억 6,337만 원으로 상대적으로 높았으며, 가맹점 연평균매출액은 가맹점매출액을 산정하는 가맹본부 및 영업표지만을 대상으로 계산하였다.

2015년 가맹점 신규개점은 총 41,851개로, 폐업(가맹계약 해지 및 종료) 가맹점수 24,181개보다 많았다.

1. 가맹점 신규개점 현황

2015년 한 해 동안 신규 개점한 가맹점 수는 41,851개로, 2014년 신규개점 가맹점 수인 43,009개보다 1,158개 감소하였다. 업종별로는 외식업이 22,666개(54.2%)로 가장 많으며, 서비스업 11,523개(27.5%), 도소매업 7,673개(18.3%) 순으로 나타났다. 도소매업은 2015년에 전년 대비 842개 증가한 7,673개의 가맹점이 신규로 개점하였으나, 외식업과 서비스업은 신규개점수가 감소하여 가맹점 신규개점이 둔화되는 추세를 보이고 있다.

〈표 4-1〉 2015년 업종별 가맹점 신규개점 현황

(단위: 개, %)

업종(대분류)	가맹점 신규개점수				증감률
	2015년		2014년		
	개수	비율	개수	비율	
합 계	41,851		43,009		△2.7
외 식	22,666	54.2	24,295	56.5	△6.7
도소매	7,673	18.3	6,831	15.9	12.3
서비스	11,512	27.5	11,883	27.6	△3.1

세부업종별로 보면 편의점이 5,755개의 가맹점이 신규 개점하여 2015년 전체 신규개점 가맹점의 13.8%로서 가장 많고, 한식 4,552개(10.9%), 치킨 3,988개(9.5%), 교육(외국어) 3,301개(7.9%), 커피 3,253(7.8%) 순으로 나타났다.

〈표 4-2〉 2015년 가맹점 신규개점수 상위 10개 업종 현황

(단위 : 개)

순번	업종 (대분류)	업종(중분류)	가맹점 신규개점수	업종분포
1	도소매	편의점	5,755	외식 6개 도소매 1개 서비스 3개
2	외식	한식	4,552	
3	외식	치킨	3,988	
4	서비스	교육 (외국어)	3,301	
5	외식	커피	3,253	
6	서비스	교육 (교과)	2,993	
7	외식	분식	2,315	
8	외식	주점	2,094	
9	서비스	교육 (기타)	1,332	
10	외식	패스트푸드	1,017	

※ 기타 외식(1,836개)은 목록에서 제외

2. 해지 및 종료(폐점) 현황

2015년 한 해 동안 가맹계약을 해지하거나 종료한 가맹점 수는 24,181개로, 2014년 해지 및 종료 가맹점 수인 23,646개보다 535개 증가하였고, 폐점률은 9.9%로 2014년 폐점률 10.2%보다 0.3%p 감소하였다.

업종별 폐점 가맹점 수는 외식업이 13,329개로 가장 많으며, 서비스업 8,058개, 도소매업 2,794개 순이며, 업종별 폐점률은 외식업이 11.1%로 가장 높고, 서비스업 10.7%, 도소매업 5.9%이다.

〈표 4-3〉 2015년 업종별 가맹점 폐점 현황

(단위: 개, %, %P)

업종 (대분류)	가맹점 해지 및 종료(폐점) 수						폐점률 증감치
	2015년			2014년			
	개수 (비율)		폐점률	개수		폐점률	
합 계	24,181	(100)	9.9	23,646	(100)	10.2	△0.3
외 식	13,329	(55.1)	11.1	11,079	(46.9)	9.9	1.2
도소매	2,794	(11.6)	5.9	4,407	(18.6)	9.8	△3.9
서비스	8,058	(33.3)	10.7	8,160	(34.5)	10.9	△0.2

* 폐점률 : 당해연도 폐점 가맹점수 / (당해연도 말 기준 가맹점수 + 당해연도 폐점 가맹점수) × 100

〈표 4-4〉 2015년 가맹점 폐점 수 상위 10개 업종 현황

(단위 : 개, %)

순번	업종 (대분류)	업종(중분류)	가맹점 폐점수	폐점률	업종분포
1	서비스	교육(교과)	2,885	16.3	외식 6개 도소매 1개 서비스 3개
2	외식	치킨	2,852	10.4	
3	외식	한식	2,805	12.7	
4	서비스	교육(외국어)	1,884	9.9	
5	도소매	편의점	1,678	5.2	
6	외식	주점	1,657	13.7	
7	외식	분식	1,375	12.0	
8	외식	커피	1,098	8.5	
9	서비스	교육(기타)	960	15.7	
10	외식	패스트푸드	577	11.7	

※ 기타 외식(819개)은 목록에서 제외

세부업종별로 폐점 가맹점수를 살펴보면, 교육(교과) 업종이 2015년에 2,885개의 가맹점이 폐점하여 가장 많고, 치킨(2,852개), 한식(2,805개), 교육(외국어)(1,884개), 편의점(1,678개)의 순이다.

3. 가맹점 매출액 현황

2015년 가맹점 연평균매출액은 약 3억 825만 원으로 산정되었으며, 업종별로는 도소매업이 약 4억 6,337만 원으로 가장 높고, 외식업이 3억 315만원, 서비스업이 2억 7,295만 원 순으로 나타났다.

추정한 가맹점 매출액은 가맹본부가 매출액 관리 프로그램을 통해 가맹점의 매출액을 확인하거나, 가맹점에 공급한 원부재료의 금액에 일정계수를 곱하여 역산하는 등의 방식을 통해 추정한 금액이다.

가맹점 연평균매출액은 매출 금액을 단순히 평균 계산한 금액으로서 가맹점의 면적 또는 가맹점 운영비용 등을 고려하지 않은 금액이다.

〈표 4-5〉 2015년 기준 업종별 가맹점사업자 연평균매출액 현황

(단위 : 천 원)

업종	전체 업종	외식	도소매	서비스
2015년 가맹점 연평균매출액	308,246	303,151	463,366	272,947

* 가맹점 매출액을 산정하는 가맹본부 및 영업표지만을 대상으로 산출

세부 업종별로는 숙박 업종이 약 17억 3천만 원으로 가장 높고, 종합소매점(약 14억 1천만 원), 오락(약 5억 4천만 원), 편의점(약 4억 5천만 원), 서양식 외식업(약 4억 4천만 원) 순으로 나타났다.

업종별로는 외식업은 5개(서양식, 일식, 중식, 한식, 기타 외국식)이며, 도소매업은 3개(종합소매점, 편의점, 식품)이며, 서비스업은 2개(숙박, 오락)이다.

〈표 4-6〉 2015년 가맹점 연평균매출액 상위 10개 업종 현황

(단위 : 천 원)

순번	업종(대분류)	업종(중분류)	가맹점 연평균매출액	업종분포
1	서비스	숙박	1,733,999	외식 5개 도소매 3개 서비스 2개
2	도소매	종합 소매점	1,412,420	
3	서비스	오락	539,266	
4	도소매	편의점	451,000	
5	외식	서양식	444,189	
6	외식	일식	431,733	
7	외식	중식	421,059	
8	외식	한식	401,767	
9	외식	기타 외국식	398,100	
10	도소매	식품	390,001	

제 3 절 개업전후 확인할 사항

개업을 하게 되면 대부분의 가맹점사업자는 여기 저기 신경 쓸 곳이 많아 빠뜨리는 사항이 생기게 된다. 만약 빠뜨린 사항이 중요한 사항일 경우 그 때문에 큰 낭패에 빠지게 되는 경우가 있다. 이러한 사항은 개업전과 후에 체크리스트를 작성하여 확인하게 되면 아무리 바쁘더라도 빠뜨리는 사항 없이 무사히 개업을 할 수 있게 된다. 이러한 사항은 가맹본부의 오픈바이저(또는 슈퍼바이저)와 함께 수행하게 된다.

1. 개업전후 확인할 사항

- 입지 주변가의 특성 파악하였는가?
- 판매 전략은 생각해 두었는가?
- 상품구성은 결정하였는가?

- 영업시간이나 정기휴일은 결정하였는가?
- 손익분기점은 확인하였는가?
- 개업에 소요되는 예상비용을 산출하였는가?
- 예비비는 준비되어 있는가?
- 점포 평면도는 완성하였는가?
- 고객의 동선은 예상하였는가?
- 각종 매뉴얼은 작성하였는가?
- 각 부서의 책임자는 정해져 있는가?
- 전기설비는 확인하였는가?
- 공사흔적이 남아 있는가?
- 재료 및 기자재는 준비되어 있는가?
- 금전출납기의 작동 및 날자는 확인하였는가?
- 잔돈을 준비하였는가?
- 날인한 영수증이 준비되었는가?
- 주위 사람들에게 개점인사를 하였는가?
- 개점을 알릴 판촉은 준비되었는가?
- 개점행사가 주변에 방해가 되지는 않는가?
- 보건소 및 소방서 관계 업무는 확인하였는가?
- 주변 환경은 수시로 확인하고 있는가?
- 점포 출입구의 높낮이 등 고객 접근성은 어떤가?
- 화장실의 용량, 위치는 양호한가?
- 환기시설은 제대로 되어 있는가?
- 주차장 시설은 양호하며, 식재료 반입은 괜찮은가?
- 전기, 가스, 수도, 하수구 등의 용량은 적당한가?

2. 부동산 임대차 계약 시 주요항목

1) 임대부동산의 표시 : 부동산 현황도를 그려 명시한다.
2) 임대인 : 주소, 주민등록번호, 성명, 전화번호
3) 임차인 : 주소, 주민등록번호, 성명, 전화번호
4) 임대료와 지불방법 : 보통, 보증금과 월 지급임대료로 나누어 지불하므로, 보증금과 월 지불임대료의 액수, 지불시기를 명백하게 기재한다. (불이행시의 약정에 대한 내용도 첨가)
5) 계약기간 : 보통 점포는 2년, 일정규모 이상은 투자비 회수를 위해 5년으로 하고 있는데 이때 임대기간을 연, 월, 일별로 명확히 표시해야 하며, 상가임대차보호법에 따라 5년 정도 보호를 받을 수 있으나 9% 이내의 임대료인상은 감수해야 한다.
6) 사용목적 : 대상 부동산의 사용목적을 주거, 건축, 영업 시 업종 등을 명확히 약정하고, 경우에 따라서는 그 목적 이외의 사용을 금하는 조항을 삽입하는 경우도 있다.
7) 부동산의 인도 : 임대인은 임차부동산을 목적에 적합하게 사용할 수 있는 상태대로 인도하는 내용이 포함되어야 한다.
8) 계약의 해지·해제에 관한 사항 : 월 임대료 O회 이상 미납 시 등을 기입한다.
9) 원상회복의무 : 임대차기간 종료 시, 임차인은 부동산 명도 임대인의 보증금 반환의무 내용을 명기한다. 변경사항 등에 관하여 원상회복의무가 누구에게 있는지를 명확히 한다.
10) 양도 등에 관한 사항 : 임대차를 양도하거나, 전대 등의 규제 등이 필요한 경우 포함한다.
11) 가능한 한 보증인의 입회하에 하며 작성 후 반드시 신분증확인이나 위임장 등을 확인한 다음 날인을 받아 놓는다.

제 5 장

슈퍼바이저

성숙기 시장에 접어든 가맹본부는 영업지역의 보호로 인하여 가맹점의 확대가 불가능하므로, 가맹점 개설 수익보다는 가맹점 매출 증대에 따른 수익이 더 중요해진다. 따라서 슈퍼바이저의 임무는 더욱 중요해지는 것이다. 슈퍼바이저는 프랜차이즈 가맹점 운영에 대한 관리자의 역할과 가맹본부와 가맹점 사이의 의사소통(Communication)의 담당자로서 중요성이 커지고 있으며, 슈퍼바이저를 프랜차이즈의 꽃으로 표현하기도 한다. 여기서는 슈퍼바이저에 대하여 알아보고 가맹점주는 어떠한 부분은 협조하고, 어떠한 부분은 요구하여야 할지에 대해 알아본다.

제 1 절 슈퍼바이저(Supervisor)

가맹점 사업자가 사업을 시작하기 전에는 가맹본부와 접촉이 많겠지만, 일단 오픈한 다음부터는 가맹본부와의 접촉점은 슈퍼바이저(Supervisor)가 된다. 그러므로 가맹점주는 담당 슈퍼바이저와의 관계를 원활하게 하여 필요한 때에 본인 점포의 경영에 도움을 받을 수 있어야 한다.

1. 슈퍼바이저(Supervisor)의 개념

슈퍼바이저는 일반적인 의미는 감독자라는 뜻이지만, 컴퓨터에서는 운영체제(OS) 중에서 시스템의 모든 동작 상태를 관리하고 감독하는 제어 프로그램의 핵심 프로그램을 말한다.

프랜차이즈에서 슈퍼바이저는 조직의 직무를 말하는 것으로서, 프랜차이즈시스템 내에서 발생할 수 있는 방해요인들과 위험 요인들을 제거하는 역할을 한다. 또한, 가맹본부와 가맹점의 관계에서는 슈퍼바이저는 본부와 가맹점 사이에 정보를 상호 전달해 주고 가맹점이 원활하게 영업활동을 할 수 있도록 관리, 지도해 주는 사람이라고 해석할 수도 있다.

슈퍼바이저는 가맹점을 지도하는 역할도 있지만, 회사를 대표하고 가맹점 운영을 개선하고 발전시킬 뿐만 아니라, 가맹점의 운영을 본부에 제안하는 회사의 창구업무를 겸하는 중요한 가교역할을 하여 서로 Win-Win하는 상생협력의 중요한 역할을 수행한다.

2. 슈퍼바이저(Supervisor)의 필요성

프랜차이즈사업은 시스템과 노하우를 기반으로 가맹본부와 가맹점이 공동사업자관계를 형성하는 조직구조로 운영되는 사업형태로 가맹본부가 파견하는 슈퍼바이저는 가맹사업의 핵심적 역할을 담당한다.

(1) 관리영역 확대에 의한 가맹점 분할 담당

보통 프랜차이즈 가맹점 숫자가 적을 때에는 본부가 직접 관리·감독하여도 큰 문제가 되지 않지만, 가맹점이 늘어날수록 전문적인 관리자가 필요하다.

(2) 가맹점주 또는 가맹점 매니저의 교육 훈련

가맹본부에서 지원 가능한 경영상의 지식이나 관리기술에 대한 가맹점의 이해가 부족할 경우 반복적으로 교육을 실시하여 가맹점에 도움이 될 수 있도록 지원한다.

(3) 단기적 과제의 해결

가맹점에서 일어나는 운영, 관리상의 문제, 인원, 제품 관리, 시간 관리 등을 조정, 조언, 지도하여 가맹본부에서 요구하는 기본적인 운영을 한다.

(4) 시장조사

가맹점이 위치하고 있는 시장 내의 경쟁점포 변화조사, 도시계획의 변화, 공공시설의 신설 등 가맹점포 시장에 대한 보다 정확한 시장조사를 해서 본사에서 이에 대응할 수 있는 정보를 제공한다.

이상에서 살펴본 바와 같이 슈퍼바이저는 담당 가맹점의 문제점을 분석하고 해결책을 강구하여 가맹점 매출을 향상시키는 것이다. 따라서 프랜차이즈 가맹본부의 장기적인 성공은 슈퍼바이저의 가맹점 관리 성패여부에 달려 있다고 하겠다. 각 본부별로 적게는 2~3명에서 많게는 150여명의 슈퍼바이저를 운영하고 있다.

3. 슈퍼바이저(Supervisor)의 권한과 자격

슈퍼바이저(Supervisor)의 권한은 가맹본부의 계약서와 매뉴얼에 명시되어 있다. 또한, 슈퍼바이저는 가맹점 및 기타 본부직원들에 대한 신뢰성을 잃어서는 안 된다. 가맹본부와 가맹점 사이의 중재 역할을 하는 업무로서 공정해야 하며, 정확하게 업무를 판단하여 진행해야 하기 때문에 신뢰성은 매우 중요하다 하겠다. 슈퍼바이저는 컨트롤 능력을 가지고 있어야 한다. 컨트롤 능력은 가맹점에게 권한을 위임하는데 따르는 중요한 기준이 되며, 가맹본부의 목표나 방침을 철저하게 설명할 수 있어야 한다. 슈퍼바이저 자질의 향상은 평소 부담 없이 상담할 수 있는 분위기를 갖추고 있어야 하고, 슈퍼바이저의 요청은 최우선적으로 상담되어야 한다. 이러한 능력은 부단한 보고와 지도체계를 유지할 수 있으며, 목표와 실적과의 차이를 체크해야 하기 때문이다. 슈퍼바이저는 그의 명령이 일원화되어야 한다. 정확한 리더십으로 정확한 컨트롤을 통해서 일원화함으로써 그 방향성이 정확해야 한다.

이렇듯 매우 영향력이 큰 슈퍼바이저는 본부의 경영이념, 비전, 경영전략, 마케팅전략에 대한 철저한 인식능력, 본부나 상사의 방침에 대한 철저한 인식, 그리고 자신의 방침을 스스로 정리할 수 있는 능력을 갖추고 있어야 한다. 특히, 가맹점과의 적극적인 대화능력과 대화 자세를 갖추어야 한다. 이러한 슈퍼바이저의 자격을 나열해 보면, 리더십에 관한 적극적인 개발과 노력자세, 우선순위를 명확히 가릴 줄 아는 능력과 자세, 대행자, 감시자, 후계자 양성 능력과 자세, 목표관리의 철저한 이행능력, 정보의 수집분석 능력과 자세, 의사결정능력 등의 자격을 갖추어야 한다.

4. 슈퍼바이저(Supervisor)의 역할

슈퍼바이저의 역할은 점포를 방문하여 본부의 경영방침을 전달하고, 경영을 지도하며 감독하는 일이다. 이러한 역할을 세부적으로 살펴보면 다음과 같다.

슈퍼바이저(Supervisor)의 주요역할을 보면, ① 소속 점포관리자의 인력관리, ② 소속 점포의 인사, 소비, 재무, 재산, 고객관리 등, ③ 점포의 경영진단 및 문제해결, ④ 본부와 점포 간 커뮤니케이션 관리, ⑤ 본부방침 유지 및 감독, ⑥ 해당점포의 지휘, 지시, 명령권한, ⑦ 점포에 필요한 지식 및 기술전수, ⑧ 감독자의 역할, ⑨ 관리자의 고충, 문제해결, ⑩ 마케팅활동지휘 등의 역할을 한다.

이러한 역할을 수행하기 위해서는 첫째, 각 가맹점이 처해 있는 입지환경, 소비자동향을 파악하고 있어야 한다. 둘째, 점포에 대한 공간연출능력을 가지고 있어야 한다. 셋째, 가맹점이 시장상황에 뒤처지지 않도록 꾸준한 상품 및 서비스정보를 제공해야 한다. 넷째, 네트워크의 구축을 통해 담당하는 점포가 지역의 구심점으로서의 역할을 할 수 있도록 노력해야 한다. 다섯째, 자신의 일에 대한 자신감과 충분한 현장지식을 갖추도록 노력한다.

5. 슈퍼바이저(Supervisor)의 주요 업무

(1) 기본업무

가맹점의 운영관리에 대한 점검 및 각 매뉴얼에 대하여 가맹본부의 기준에 벗어나지 않도록 가맹점을 지도하고 교육한다.

(2) 준비업무

가장 기본적으로 월간/주간 방문계획서를 작성하며, 작성된 계획서에 따라 매일 약속된 가맹점을 방문하여 슈퍼바이저의 역할을 수행한다. 또한, 가맹 점포별 행사 및 매출계획서를 작성하여 진행사항을 점검하고 실행을 할 수 있도록 돕는다. 그리고 담당하고 있는 가맹점에 대한 오픈정보, 상권정보, 매출데이터, 인적사항 등 점포별 자료들을 준비한다.

(3) 가맹점포 방문

작성된 계획서에 따라 점포방문을 하는데, 방문할 때 가맹점에 맞는 준비된 업무순서에 따라 정확하게 진행한다. 이러한 계획에 따른 방문에서 해야 할 업무는 상권동향(매출, 경쟁사), 가맹점주 및 가맹점내 관찰, 매장 관련서류 체크(운영계획서, 실적관리, 손익분석, 현금체크 등) 등이다. 가맹점 방문 시에 체크리스트를 활용하여 점검한다.

(4) 가맹점포 방문 시 포인트

일방적인 지시는 효과가 없다. 매뉴얼, 운영관리지침 등을 점포사정을 고려해서 지도하고, 전화방문을 할 때에는 지시사항을 반드시 확인한다.

(5) 커뮤니케이션

원칙을 가지고 가맹점의 점주와 면담한다. 향후전망이나 가맹점주의 성명 및 가맹점주의 생각이나 의식을 파악하고 면담을 실시한다. 특히, 면담을 할 때는 항상 가능한 숫자를 토대로 설명하며, 가맹점주의 요망사항에 불확실한 회답은 지양하고, 본부에 보고한 후 대응한다.

(6) 가맹점 점장과의 회의

매월 1회 정도는 개최를 해야 한다. 부진한 가맹점포의 점장도 반드시 참석하게 한다. 회의에서는 가맹본부의 정책을 가맹점포의 정책으로 유도하여 설명한다. 이러한 설명은 수치화한 자료를 바탕으로 계획목표 설정 및 실천방안을 도출한다. 마지막으로는 차기회의, 교육, 미팅구성에 대한 일정을 토의한다.

(7) 방문일지 작성

슈퍼바이저(Supervisor)는 방문에 따른 활동사항을 기록하고 보고한다. 방문일지는 가맹점포 방문시마다 작성하고 바로 본사에 특이사항 등을 보고하여 지시를 받는다.

제 2 절 국내 프랜차이즈산업에서 슈퍼바이저의 역할

슈퍼바이저는 가맹본부와 가맹점이 신뢰를 바탕으로 상생협력을 하여 서로 최고의 이익을 창출할 수 있도록 업무를 수행하는 것이다. 이렇게 슈퍼바이저의 역할이 중요하므로 국내 프랜차이즈산업에서 슈퍼바이저의 현황을 살펴보고자 한다(2014년 기준 프랜차이즈산업 실태조사 결과, 산업통상자원부, 2016).

1. 슈퍼바이저의 월 평균 가맹점 방문 횟수

국내 슈퍼바이저의 월 평균 가맹점 방문 횟수는 평균 3.14회로, 월 1회 이하가 34.3%로 가장 높게 나타났다. 이는 아직도 가맹본부에서 슈퍼바이저의 중요성을 제대로 인식하지 못하는 가맹본부가 존재하고 있거나, 가맹본부 내에 슈퍼바이저의 숫자가 적어 관리하는 가맹점이 많다는 것을 의미할 수 있어 이에 대한 가맹본부의 의식 개선이 시급해 보인다.

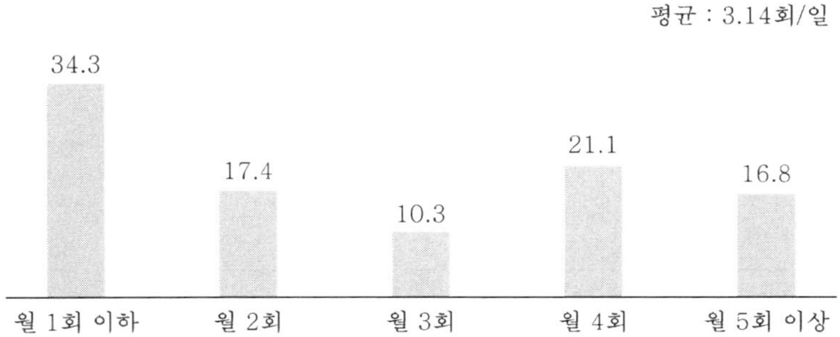

자료 : 산업통상자원부(2016)

〈그림 5-1〉 슈퍼바이저 월 평균 방문 횟수

가맹본부별 세부 업종별로 살펴보면, 도소매업이 평균 4.30회로 가장 높게 나타났으며, 슈퍼바이저의 월 평균 방문 횟수가 많을수록 브랜드에 대한 만족도가 높아지고 있음이 확인된다.

〈표 5-1〉 슈퍼바이저 월 평균 방문 횟수

구분(%)		월 1회 이하	월 2회	월 3회	월 4회	월 5회 이상	평균: 회/월
[전 체]		34.3	17.4	10.3	21.1	16.8	3.14
업종	외식업	51.3	22.3	11.7	8.3	6.3	2.23
	도소매업	12.7	11.5	9.4	36.4	30.0	4.30
	서비스업	55.8	22.1	9.5	8.4	4.2	1.99
만족		프랜차이즈 브랜드에 대한 전반적 만족도					3.34
보통							2.97
불만족							2.67

2. 슈퍼바이저 활동에 대한 전반적 만족도

가맹점은 전반적으로 슈퍼바이저의 활동에 만족한다는 비율이 불만족한다는 비율보다 높게 나타났으며, 세부적으로는 만족 64.6%, 불만족 13.9% 수준으로 확인되었다.

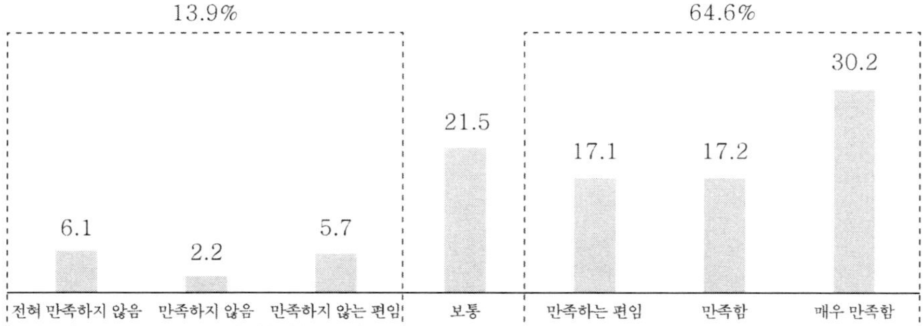

〈그림 5-2〉 슈퍼바이저 활동에 대한 전반적 만족도

슈퍼바이저 활동에 대한 전반적 만족도를 7점 척도로 살펴보면, 도·소매업이 5.35점으로 가장 높게 나타났으며, 서비스업(5.19점), 외식업(4.90점) 순으로 나타났다. 슈퍼바이저 활동에 대한 만족도가 높을수록 브랜드에 대한 만족도가 높아짐을 확인할 수 있다.

〈표 5-2〉 슈퍼바이저 활동에 대한 전반적 만족도

구분(%)		전혀 만족하지 않음	만족하지 않음	만족하지 않는 편임	보통	만족하는 편임	만족함	매우 만족함	7점 평균	100점 환산 평균
[전 체]		6.1	2.2	5.7	21.5	17.1	17.2	30.2	5.14	69.0
업종	외식업	9.0	2.7	7.7	21.7	17	13.3	28.7	4.9	64.9
	도소매업	4.5	1.5	2.7	21.2	17.6	20.9	31.5	5.35	72.4
	서비스업	2.1	3.2	9.5	22.1	15.8	16.8	30.5	5.19	69.8
만족		프랜차이즈 브랜드에 대한 전반적 만족도							5.74	79.0
보통									4.73	62.1
불만족									3.54	42.3

3. 슈퍼바이저 활동 추가 개선 요청사항

가맹점은 슈퍼바이저 활동에서 추가 개선해야 할 사항으로는 '가맹점 매출신장에 도움을 줄 수 있었으면 한다.'는 항목이 3.3%로 제일 많았으며, '가맹점 입장에서 활동을 했으면 좋겠다.'는 항목과 '광고·홍보를 적극적으로 해 주었으면 한다.'는 항목이 3.2%로 그 뒤를 이었다. 이는 가맹점 입장에서는 슈퍼바이저가 가맹점 매출 신장에 직접적인 도움을 제공하고, 본부의 입장을 일방적으로 대행하는 것보다는 가맹점의 고충과 애로사항에 귀를 기울이고 적극적으로 문제 해결을 원하고 있으며, 본부에 적극적으로 광고·홍보에 대한 건의를 하여 고객들에게 브랜드 인지도를 높였으면 좋겠다는 의미이다.

〈표 5-3〉 슈퍼바이저 활동 추가/개선 사항

구분		전체(%)	업종		
			외식업	도소매업	서비스
활동 관련 15.2%	**슈퍼바이저활동관련**	15.2	20.3	13.0	6.3
	매출 신장에 도움	3.3	3.7	3.6	1.1
	가맹점 입장에서 활동	3.2	4.3	2.7	1.1
	가맹점을 자주 방문	1.9	2.3	1.2	3.2
	가맹점의 애로사항을 본사 전달	1.7	2.7	1.2	-
	가맹점주의 의견을 신속 반영	0.8	1.3	0.6	-
	가맹점 관리를 철저	0.6	0.3	0.9	-
	가맹점의 문제점을 해결	0.6	1.0	0.3	-
	본사의 이익만을 생각	0.6	0.3	0.9	-
광고/홍보 4.4%	**광고/홍보 관련**	4.4	4.0	2.1	13.7
	광고/홍보를 적극적으로 실행	3.2	2.7	0.9	12.6
	지역에 맞는 마케팅 지원이 필요	0.4	0.3	0.3	1.1
	프로모션 홍보 실시	0.3	-	0.6	-
물품, A/S 4.0%	**물품 및 A/S관련**	4.0	2.7	5.8	2.1
	식자재 구매를 강요 금지	0.7	0.7	0.9	-
	반품 원활	0.6	-	1.2	-
	물건을 약속날짜에 정확 실행	0.3	0.3	0.3	-
	날짜 지난 물품을 회수	0.3	-	0.6	-
	지역 특성에 맞는 물품을 진열	0.3	-	0.6	-
정보 관련 3.6%	**정보 관련**	3.6	4.7	3.0	2.1
	영업 노하우 전수	0.4	0.7	0.3	-
	현실에 맞는 대책을 제안	0.4	1.0	-	-
단가 2.5%	**단가 및 그 외 비용 관련**	2.5	2.3	3.0	1.1
	상품 가격을 저렴하게 공급	0.8	1.0	0.6	1.1
	수익률을 현실적으로 조정	0.7	-	1.5	-
매장 운영 2.3%	**매장 운영 관련**	2.3	2.7	2.4	1.1
	매장 운영 관리에 도움	0.6	1.0	0.3	-
	이벤트를 자주 실시	0.3	-	0.3	1.1
	상황에 따른 매장운영시간 조정	0.3	-	0.6	-
상품 /메뉴 2.1%	**상품/메뉴관련**	2.1	4.3	0.3	1.1
	새로운 상품/메뉴를 제공	1.1	2.7	-	-
	지역에 맞는 상품/메뉴를 제공	0.4	1.0	-	-

구분		전체 (%)	업종		
			외식업	도소매업	서비스
지원 1.9%	**지원 관련**	1.9	0.7	3.0	2.1
	인건비를 지원	0.3	-	0.6	-
	지원을 확대	0.3	0.3	0.3	-
	영업 관련 지원을 실시	0.3	-	0.3	1.1
	진열대를 지원	0.3	-	0.6	
업무처리 1.7%	**슈퍼바이저 업무처리 관련**	1.7	1.7	2.1	-
	일처리가 신속하지 않음	0.4	0.7	0.3	-
	담당자의 수시 교체	0.4	0.3	0.6	-

자료 : 산업통상자원부(2016)

제3부

프랜차이즈 가맹점 창업

제 6 장

업종별 프랜차이즈 가맹점 창업

제 1 절 프랜차이즈 업종별 성공요인

국내 프랜차이즈산업은 업종별로 나누면 크게 외식업, 도 · 소매업, 서비스업으로 나눌 수 있다. 외식업종은 한식, 분식, 중식, 일식, 서양식, 기타 외국식, 치킨, 피자, 커피, 음료(커피 외), 아이스크림/빙수, 패스트푸드, 제과제빵, 주점, 기타 외식으로, 서비스업종은 교육(교과), 교육(외국어), 기타 교육, 유아 관련(교육 외), 스포츠 관련, 이 · 미용, 자동차 관련, PC방, 부동산 중개, 임대, 숙박, 오락, 배달, 안경, 세탁, 이사, 운송, 반려동물 관련, 약국, 인력파견, 기타 서비스로, 도·소매업종은 편의점, 의류/패션, 화장품, 농수산물, 건강식품, 종합소매점, 기타 도소매로 세분화할 수 있다.

1. 외식업 성공요인

국내 프랜차이즈산업에서 외식업이 차지하는 비중이 매우 높으나, 상당수 외식업 가맹본부의 규모가 영세하고 업력이 짧고, 경영자의 경영능력이 체계화되어 있지 않아 폐점률이 높은 것 또한 사실이다.

프랜차이즈산업에서 외식업은 도·소매업, 서비스업과 비교했을 때 다음의 몇 가지 특징이 있다.

첫째, 외식업은 소비자의 욕구가 매우 다양하다는 점이다. 가맹본부의 입장에서는 소비자의 다양한 욕구를 충족시켜야 하는데, 다양한 욕구를 만족시키려면 다양한 제품을 시장에 출시하여야 한다. 다양한 제품을 개발할수록 소요되는 비용과 시장에 출시할 때 소요되는 마케팅 비용 또한 증가할 수밖에 없다. 따라서 수익성에 대한 관리를 잘 해야 한다.

둘째, 외식업은 수요 변화가 심하고, 예측이 어렵다는 점이다. 요즘 소비자들의 주된 관심사 중 하나는 건강과 관련된 문제이다. 소비자는 건강과 관련된 먹거리 문제가 발생하면 아주 민감하게 반응한다. 예를 들어 광우병, 구제역, 조류인플루엔자(AI)가 발병하면 쇠고기, 돼지고기, 닭고기, 오리고기 등과 관련된 외식산업의 판매량이 급감하며, 대체재를 찾는다. 외식업에 있어 시장수요가 매우 불안정하고 예측불가능한 소비자에 의해 외식기업의 성과가 큰 영향을 받고 있다는 점이다.

이러한 외식업의 특징을 고려하면 외식업에서 지속적인 성장과 수익을 올리는 것은 어려워 보일 수도 있으나, 맥도널드, KFC 등과 같은 글로벌 프랜차이즈기업은 오랜 기간에 걸쳐 지속적인 성장과 발전을 하고 있다. 발전하는 외식기업에 대한 사례연구와 다양한 국내외 문헌연구를 통해 외식업의 성공요인을 살펴보면 다음과 같다.

① 품질(Quality)

외식업은 물론 모든 기업에 있어 제품의 품질은 매우 중요한 성공요인 중 하나이다. 경쟁기업과 비교해 상대적으로 우위에 있는 제품의 품질과 가격은 소비자에게 보다 많은 가치를 제공하며, 이를 통해 경쟁기업보다 높은 시장점유율과 높은 매출액을 의미한다.

외식업의 경우 품질의 의미는 제품 자체의 품질, 즉 맛과 서비스 두 가지 요소로 이루어진다고 할 수 있다. 근본적으로 외식업에서 맛이 없다면 소비자는 재방문을 하지 않을 것이며, 또한 매장이 청결치 못하거나 종업원이 불친절한 경우, 즉 서비스품질이 불량해도 재방문을 하지 않을 것이다. 외식업에서는 맛도 중요하지만 일관된 품질유지 또한 중요하다.

품질유지는 높은 시장점유율과 매출액을 통하여 기업의 지속적 생존과 발전을 유지할 수 있는 중요한 요소가 된다.

② 브랜드 컨셉의 명확화

외식업 브랜드 컨셉을 형성·유지하려면 외식업 가맹본부는 광고·홍보 등 마케팅 활동을 강화하여야 한다. 브랜드 컨셉이 명확한 프랜차이즈 외식기업은 소비자 자신에게 어떤 제품이나 서비스를 제공할 수 있는지에 대한 확신을 제공한다. 대부분의 소비자들은 영업표지를 확인하면 해당 가맹점에서 자신에게 제공할 표준화된 제품과 서비스, 가격 등에 대해 기대를 갖는다. 외식업에 있어 확실한 브랜드 컨셉을 형성하기 위해서는 표준화가 필수요건이다. 표준화는 소비자 기대의 일관성을 의미하며, 일관성은 기업에 대한 믿음과 신뢰를 형성한다.

③ 적응성(Adaptability)

외식업에서 소비자의 식성은 자주 바뀔 수 있다. 외식업 가맹본부는 아무리 좋은 메뉴라도 계속 동일한 메뉴로 영업활동을 오래 유지하기는 어렵다. 따라서 정기적인 조사 및 고객과의 접점에 있는 가맹점의 의견을 취합하여 소비자의 식성이 바뀌면 가맹본부 입장에서는 변화하는 소비자의 기호를 빨리 파악하고 이에 대한 제품과 서비스를 적시에 개발하여 가맹점에 공급하는 것이 중요하다.

④ 차별화

외식업에서 성공하기 위해서는 고객욕구를 정확히 파악하여 경쟁사에 비해 자사의 경쟁우위가 무엇인지를 명확히 설정하고 이에 근거해 제품을 차별화하는 마케팅 전략이 중요하다. 핵심역량(Core Competences)이란 과거에 그 기업을 지금까지 성장·발전시켰으며, 또한 적절하게 전환되거나 추가의 역량을 축적시키면, 미래성장의 견인차 역할을 할 수 있는 기업의 내부에 공유된 기업특유의 총체적인 능력, 기술, 지식, 문화 등을 의미한다. 핵심역량의 특징으로는 현재 수행하는 사업들의 바탕이 되는 능력, 자산, 기술, 문화 등으로 공통된 경쟁기반이며, 핵심역량은 특정기업이 보유하고 있는 우월적인 내부역량으로서 타사들이 쉽사리 흉내 낼 수 없을 정도로 차별화되고 독특한 것이다. 또한, 핵심역량은 고객의 가치증대에 크게 기여하고, 여러 분야에서 동시에 활용할 수 있어야 하며, 지속적으로 축적되어 더 큰 역량을 발휘하는 특징이 있다.

⑤ 가맹점에 대한 강력한 지원

외식업의 경우 부동산 입지, 자금조달, 종업원 선발·관리 등과 같은 문제해결이 매우 중요하다. 특히 동종업종의 경험이 없는 예비가맹점주일수록 가맹본부로부터 가맹점 운영에 필요한 내용에 대하여 강력한 지원이 있어야 성공의 가능성이 커진다. 가맹본부는 가맹점 개설 초기 지원 및 교육훈련 이외에도 개설 후 발생 가능한 문제를 해결할 수 있도록 가맹점에 대한 지원을 계속해 주어야 한다. 슈퍼바이저를 통해 가맹점을 방문하여 가맹점의 애로사항 청취 및 해결, 교육 및 경영지원 등을 통해 일관성 있는 품질과 서비스 수준을 유지해야 한다.

2. 서비스업 성공요인

서비스는 유형제품과 비교할 때 상이한 특징을 지니고 있다. 첫째, 무형성(Intangibility)이다. 소비자 입장에서는 보이지 않는다. 서비스는 추상적이며 만질 수 없으며, 서비스를 제공받기 전에는 맛볼 수도, 냄새를 맡을 수도, 또 소리를 들을 수도 없다. 따라서 구매하기 이전에는 서비스의 가치를 파악하거나 평가하기가 어렵다.

둘째, 이질성(Heterogeneity)이다. 서비스는 비표준적이며 고도로 가변적이고, 서비스 생산과 분배 과정에 사람이 개입하기 때문에 유형제품처럼 동질적일 수가 없다. 서비스 이질성 때문에 고객 제공 서비스의 표준화가 어렵다.

셋째, 비분리성(Inseparability)이다. 서비스는 생산과 소비가 동시에 일어나며, 생산과 동시에 소비되기 때문에 소비자의 서비스 생산 과정 참여가 빈번히 일어난다. 유형제품의 경우 거래와 함께 소유권의 이전이 일어나지만, 서비스의 경우 누리거나 즐길 뿐 가질 수는 없다.

넷째, 소멸성(Perishability)이다. 계속 가지고 있을 수 없다. 서비스는 재고 형태로 보존할 수 없다. 따라서 즉시 사용되지 않으면 사라진다. 서비스는 소멸되기 때문에 수송이 불가능하다.

다섯째, 사람(Men)이다. 사람에 의존한다. 서비스는 사람에 의해서 생산되어 고객에게 제공된다. 같은 서비스도 행하는 사람에 따라 품질의 차이가 발생하기 쉽다. 유형제품의 경우 기계나 설비로써 얼마든지 균질의 것을 만들 수 있다는 점과 대조적이다.

이상에서 살펴본 바와 같이 서비스가 지니고 있는 특성으로 인해 프랜차이즈의 본질인 표준화가 어렵다는 점이다. 따라서 서비스업에서 무엇보다 중요한 것은 서비스를 생산하는 인적자원에 대한 관리시스템과 고객지향적 관리시스템이 매우 중요한 요인이라 할 수 있다.

① 인적자원관리 시스템

서비스업의 경우 가맹본부의 성공은 가맹점이 성공적으로 표준화된 서비스를 창출하여 고객에게 제공하느냐에 달려 있다. 따라서 가맹점주 또는 가맹점의 직원을 선발하고 교육훈련을 잘 시키느냐에 서비스업의 성공이 좌우된다고 할 수 있다. 예비 가맹점주에 대한 철저한 교육은 사업에 대한 역량 및 경영능력을 함양시켜 프랜차이즈시스템의 성공을 가능하게 해 준다는 점에서 의의가 있다. 가맹본부는 사전교육 뿐만 아니라 지속적인 사후교육을 통하여 가맹점이 표준화된 서비스를 고객에게 제공하게 해야 한다. 철저한 교육훈련 프로그램과 프로그램 매뉴얼의 지속적인 업데이트를 통해 완성도 높은 매뉴얼의 질이 가맹점의 성과와 직접적으로 연결되어 있다고 할 수 있다.

② 고객지향적 관리 시스템

국내 서비스업 프랜차이즈는 교육(교과), 교육(외국어), 기타 교육,

유아 관련(교육 외), 스포츠 관련, 이·미용, 자동차 관련, PC방, 부동산 중개, 임대, 숙박, 오락, 배달, 안경, 세탁, 이사, 운송, 반려동물 관련, 약국, 인력파견 등 다양한 분야에서 프랜차이즈시스템의 도입이 활발히 진행되고 있다. 이러한 서비스 프랜차이즈시스템이 성장할 수 있는 것은 고객이 원하는 서비스 욕구를 파악하여 신속하게 대응하는 사업모델을 개발하고 고객과의 관계를 지속적으로 잘 관리하였기 때문이다. 고객과의 관계 형성 및 유지발전이 매우 중요한 요인이며, 특히 신규고객의 유치와 단골고객의 충성도 제고 등이 핵심과제가 된다.

3. 도·소매업 성공요인

도·소매업은 제조업체가 생산한 제품을 가맹본부가 구매하고 이를 가맹점을 통해 재판매한다는 점에서 외식업이나 서비스업과는 또 다른 특징이 있다. 도·소매업에서의 프랜차이즈는 가맹본부가 도·소매상으로서의 기능을 수행하고 가맹점이 소매상으로서의 기능을 하는 시스템으로서 배송, 보관, 집하 등이 다른 무엇보다 중요하다. 또한 경쟁이 치열한 부분인 만큼 가맹본부가 도매기능을 어떻게 내부화하고 시스템화하는가가 성공의 열쇠라 할 수 있다.

도매 기능의 내부화는 강력한 물류 및 정보 시스템의 구축과 머천다이징의 두 가지 요인으로 설명할 수 있다.

① 물류 및 정보시스템의 구축

도·소매업은 비록 매장의 규모가 작고 상품구성도 다양하진 못하지만 높은 회전율과 높은 마진의 특징을 가지고 있으며, 편의점은 이 사례의 대표적인 경우다. 무엇보다도 편의점은 가맹본부가 구축하고 있는 효율적인 물류시스템과 강력한 정보시스템에 의해 지원을 받고 있기 때문에 규모는 작아도 강한 경쟁력을 지니고 있다. 물류시스템 구축에는 원재료 공급 시스템 구축과 도입을 위한 조정, 자재공급시스템 구축과 도입을 위한 조정, 수발주 시스템 구축과 도입을 위한 조정으로 구성되며, 정보시스템 구축에는 개념 및 용도 설계(POS, 경영지원 및 관리, CRM 등), 시스템개발 및 도입방법 선택(자체개발, 아웃소싱, ASP 중 택일)과 테스트 및 정식 도입이 있다.

② 효과적인 머천다이징

도・소매업에서 경쟁우위를 확보하는 기본원리는 '적시에 적절한 가격으로 고객욕구에 적합한 상품'을 판매하는 것이라고 할 수 있다. 고객이 원하는 상품을 매입하고 구색을 갖추어 판매하는 머천다이징의 기능이 성공적으로 수행될 때 경쟁력은 높아진다.

머천다이징이 효과적으로 수행되기 위해서는 무엇보다도 재고와 관련된 목표의 수립(재고총이익률, 재고회전률 등)과 이를 달성하기 위한 상품 카테고리 관리, 상품 구색, 진열 등 다양한 활동이 성공적으로 수행되어야 한다.

제 2 절 업종별 국내 프랜차이즈 현황

2016년 기준 정보공개서 내용을 기준으로 대분류는 외식업, 도소매업, 서비스업으로 구분하고, 외식업은 한식, 분식, 중식, 일식, 서양식, 기타 외국식, 치킨, 피자, 커피, 음료(커피 외), 아이스크림/빙수, 패스트푸드, 제과제빵, 주점, 기타 외식으로, 도소매업은 편의점, 의류/패션, 화장품, 농수산물, 건강식품, 종합소매점, 기타 도소매로, 서비스업은 교육(교과), 교육(외국어), 기타 교육, 유아 관련(교육 외), 스포츠 관련, 이・미용, 자동차 관련, PC방, 부동산 중개, 임대, 숙박, 오락, 배달, 안경, 세탁, 이사, 운송, 반려동물 관련, 약국, 인력파견, 기타 서비스를 중심으로 국내 프랜차이즈 현황을 살펴보고자 한다(한국공정거래조정원, 2017년 7월 발표자료).

〈표 6-1〉 영업표지(브랜드) 현황

(단위: 개, %)

업종(대분류)	업종(중분류)	영업표지 수				증감률
		2016년		2015년		
		개수	비율	개수	비율	
외 식	한식	1,261	23.9	1,102	22.7	14.4
	분식	354	6.7	304	6.3	16.4
	중식	60	1.1	49	1.0	22.4
	일식	120	2.3	89	1.8	34.8
	서양식	120	2.3	112	2.3	7.1
	기타 외국식	56	1.1	48	1.0	16.7
	패스트푸드	76	1.4	76	1.6	0.0
	치킨	392	7.4	369	7.6	6.2
	피자	103	2.0	84	1.7	22.6
	제과제빵	185	3.5	175	3.6	5.7
	아이스크림/빙수	51	1.0	53	1.1	△3.8
	커피	325	6.2	289	6.0	12.5
	음료(커피 외)	78	1.5	68	1.4	14.7
	주점	339	6.4	315	6.5	7.6
	기타 외식	497	9.4	539	11.1	△7.8
	소 계	4,017	76.2	3,672	75.8	9.4
도소매	편의점	29	0.5	29	0.6	0.0
	의류/패션	42	0.8	36	0.7	16.7
	화장품	38	0.7	32	0.7	18.8
	농수산물	20	0.4	20	0.4	0.0
	(건강)식품	29	0.6	31	0.6	△6.5
	종합소매점	17	0.3	15	0.3	13.3
	기타 도소매	137	2.6	142	2.9	△3.5
	소 계	312	5.9	305	6.3	2.3
서비스	교육(교과)	76	1.4	71	1.5	7.0
	교육(외국어)	93	1.8	96	2.0	△3.1
	기타 교육	137	2.6	141	2.9	△2.8
	유아 관련(교육 외)	61	1.2	62	1.3	△1.6
	부동산 중개	2	0.0	2	0.0	0.0
	임대	2	0.0	1	0.0	100.0
	숙박	34	0.6	26	0.5	30.8
	스포츠 관련	52	1.0	42	0.9	23.8
	이미용	149	2.8	137	2.8	8.8
	자동차 관련	62	1.2	57	1.2	8.8
	PC방	22	0.4	18	0.4	22.2
	오락	15	0.3	8	0.2	87.5
	배달	2	0.0	1	0.0	100.0
	세탁	22	0.4	20	0.4	10.0
	안경	45	0.9	40	0.8	12.5
	이사	8	0.2	8	0.2	0.0
	운송	3	0.1	3	0.1	0.0
	반려동물 관련	18	0.3	13	0.3	38.5
	약국	5	0.1	5	0.1	0.0
	인력 파견	20	0.4	18	0.4	11.1
	기타 서비스	116	2.2	98	2.0	18.4
	소 계	944	17.9	867	17.9	8.9
총 계		5,273	100	4,844	100	8.9

〈표 6-2〉 가맹점 현황

(단위: 개, %)

업종(대분류)	업종(중분류)	가맹점 수				증감률
		2015년		2014년		
		개수	비율	개수	비율	
외 식	한식	19,313	8.8	17,875	8.6	8.0
	분식	10,043	4.6	10,202	4.9	△1.6
	중식	970	0.4	740	0.4	31.1
	일식	1,562	0.7	1,472	0.7	6.1
	서양식	811	0.4	850	0.4	△4.6
	기타 외국식	479	0.2	531	0.3	△9.8
	패스트푸드	4,350	2.0	3,005	1.4	44.8
	치킨	24,678	11.3	24,511	11.8	0.7
	피자	6,015	2.7	5,543	2.7	8.5
	제과제빵	7,280	3.3	7,057	3.4	3.2
	아이스크림/빙수	2,325	1.1	2,281	1.1	1.9
	커피	11,872	5.4	10,139	4.9	17.1
	음료(커피 외)	970	0.4	770	0.4	26.0
	주점	10,477	4.8	10,611	5.1	△1.3
	기타 외식	5,745	2.6	5,274	2.5	8.9
	소 계	106,890	48.8	100,861	48.5	6.0
도소매	편의점	30,846	14.1	26,756	12.9	15.3
	의류/패션	329	0.2	311	0.1	5.8
	화장품	4,373	2.0	4,087	2.0	7.0
	농수산물	663	0.3	622	0.3	6.6
	(건강)식품	3,618	1.7	2,794	1.3	29.5
	종합소매점	1,058	0.5	949	0.5	11.5
	기타 도소매	4,020	1.8	5,216	2.5	△22.9
	소 계	44,907	20.5	40,735	19.6	10.2
서비스	교육(교과)	14,769	6.7	14,580	7.0	1.3
	교육(외국어)	17,183	7.8	16,291	7.8	5.5
	기타 교육	5,151	2.4	6,123	2.9	△15.9
	유아 관련(교육 외)	1,416	0.6	1,347	0.6	5.1
	부동산 중개	5	0.0	1	0.0	400.0
	임대	3	0.0	3	0.0	0.0
	숙박	177	0.1	109	0.1	62.4
	스포츠 관련	579	0.3	539	0.3	7.4
	이미용	3,758	1.7	3,434	1.7	9.4
	자동차 관련	7,805	3.6	8,010	3.8	△2.6
	PC방	1,323	0.6	1,344	0.6	△1.6
	오락	186	0.1	294	0.1	△36.7
	배달	2	0.0	0	0.0	-
	세탁	3,521	1.6	3,406	1.6	3.4
	안경	2,456	1.1	2,202	1.1	11.5
	이사	614	0.3	577	0.3	6.4
	운송	2,669	1.2	2,963	1.4	△9.9
	반려동물 관련	183	0.1	158	0.1	15.8
	약국	3,653	1.7	3,490	1.7	4.7
	인력 파견	336	0.2	280	0.1	20.0
	기타 서비스	1,411	0.6	1,357	0.7	4.0
	소 계	67,200	30.7	66,508	32.0	1.0
총 계		218,997	100	208,104	100	5.2

〈표 6-3〉 직영점 현황

(단위: 개, %)

업종(대분류)	업종(중분류)	직영점 수				증감률
		2015년		2014년		
		개수	비율	개수	비율	
외 식	한식	821	4.9	727	4.7	12.9
	분식	336	2.0	281	1.8	19.6
	중식	36	0.2	27	0.2	33.3
	일식	241	1.4	220	1.4	9.5
	서양식	126	0.7	160	1.0	△21.3
	기타 외국식	65	0.4	59	0.4	10.2
	패스트푸드	680	4.0	656	4.2	3.7
	치킨	169	1.0	161	1.0	5.0
	피자	264	1.6	271	1.8	△2.6
	제과제빵	877	5.2	773	5.0	13.5
	아이스크림/빙수	225	1.3	220	1.4	2.3
	커피	878	5.2	849	5.5	3.4
	음료(커피 외)	282	1.7	263	1.7	7.2
	주점	156	0.9	211	1.4	△26.1
	기타 외식	350	2.1	379	2.5	△7.7
	소 계	5,506	32.7	5,257	34.0	4.7
도소매	편의점	694	4.1	1,065	6.9	△34.8
	의류/패션	43	0.3	31	0.2	38.7
	화장품	3,423	20.3	3,280	21.2	4.4
	농수산물	23	0.1	42	0.3	△45.2
	(건강)식품	201	1.2	194	1.3	3.6
	종합소매점	2,030	12.0	1,871	12.1	8.5
	기타 도소매	753	4.5	687	4.4	9.6
	소 계	7,167	42.5	7,170	46.4	0.0
서비스	교육(교과)	1,128	6.7	1,052	6.8	7.2
	교육(외국어)	332	2.0	330	2.1	0.6
	기타 교육	544	3.2	557	3.6	△2.3
	유아 관련(교육 외)	175	1.0	155	1.0	12.9
	부동산 중개	1	0.0	0	0.0	-
	임대	19	0.1	2	0.0	850.0
	숙박	24	0.1	20	0.1	20.0
	스포츠 관련	305	1.8	268	1.7	13.8
	이미용	134	0.8	117	0.8	14.5
	자동차 관련	579	3.4	172	1.1	236.6
	PC방	2	0.0	5	0.0	△60.0
	오락	137	0.8	4	0.0	3325.0
	배달	2	0.0	0	0.0	-
	세탁	198	1.2	178	1.2	11.2
	안경	21	0.1	30	0.2	△30.0
	이사	3	0.0	1	0.0	200.0
	운송	0	0.0	0	0.0	0.0
	반려동물 관련	13	0.1	10	0.1	30.0
	약국	0	0.0	0	0.0	0.0
	인력 파견	92	0.5	27	0.2	240.7
	기타 서비스	472	2.8	104	0.7	353.8
	소 계	4,181	24.8	3,032	19.6	37.9
총 계		16,854	100	15,459	100	9.0

〈표 6-4〉 가맹점 신규개점 현황

(단위: 개, %)

업종(대분류)	업종(중분류)	신규개점 가맹점 수				증감률
		2015년		2014년		
		개수	비율	개수	비율	
외 식	한식	4,552	10.9	4,370	10.2	4.2
	분식	2,315	5.5	2,751	6.4	△15.8
	중식	336	0.8	285	0.7	17.9
	일식	392	0.9	347	0.8	13.0
	서양식	207	0.5	246	0.6	△15.9
	기타 외국식	81	0.2	125	0.3	△35.2
	패스트푸드	1,017	2.4	877	2.0	16.0
	치킨	3,988	9.5	3,961	9.2	0.7
	피자	824	2.0	694	1.6	18.7
	제과제빵	979	2.3	827	1.9	18.4
	아이스크림/빙수	330	0.8	942	2.2	△65.0
	커피	3,253	7.8	2,806	6.5	15.9
	음료(커피 외)	462	1.1	386	0.9	19.7
	주점	2,094	5.0	3,824	8.9	△45.2
	기타 외식	1,836	4.4	1,854	4.3	△1.0
	소 계	22,666	54.2	24,295	56.5	△6.7
도소매	편의점	5,755	13.8	3,833	8.9	50.1
	의류/패션	66	0.2	117	0.3	△43.6
	화장품	547	1.3	528	1.2	3.6
	농수산물	155	0.4	129	0.3	20.2
	(건강)식품	387	0.9	448	1.0	△13.6
	종합소매점	160	0.4	503	1.2	△68.2
	기타 도소매	603	1.4	1,273	3.0	△52.6
	소 계	7,673	18.3	6,831	15.9	12.3
서비스	교육(교과)	2,993	7.2	3,672	8.5	△18.5
	교육(외국어)	3,301	7.9	2,618	6.1	26.1
	기타 교육	1,332	3.2	1,589	3.7	△16.2
	유아 관련(교육 외)	299	0.7	343	0.8	△12.8
	부동산 중개	4	0.0	2	0.0	100.0
	임대	0	0.0	2	0.0	△100.0
	숙박	68	0.2	29	0.1	134.5
	스포츠 관련	154	0.4	206	0.5	△25.2
	이미용	758	1.8	629	1.5	20.5
	자동차 관련	726	1.7	485	1.1	49.7
	PC방	341	0.8	361	0.8	△5.5
	오락	33	0.1	19	0.0	73.7
	배달	0	0.0	0	0.0	0.0
	세탁	451	1.1	603	1.4	△25.2
	안경	352	0.8	318	0.7	10.7
	이사	125	0.3	83	0.2	50.6
	운송	20	0.0	339	0.8	△94.1
	반려동물 관련	32	0.1	42	0.1	△23.8
	약국	278	0.7	291	0.7	△4.5
	인력 파견	53	0.1	29	0.1	82.8
	기타 서비스	192	0.5	223	0.5	△13.9
	소 계	11,512	27.5	11,883	27.6	△3.1
총 계		41,851	100	43,009	100	△2.7

〈표 6-5〉 가맹점 해지 및 종료(폐점) 현황

(단위: 개, %, %p)

업종(대분류)	업종(중분류)	해지 및 종료 가맹점 수				폐점률 증감치
		2015년		2014년		
		개수	폐점률	개수	폐점률	
외 식	한식	2,805	12.7	2,535	12.4	0.3
	분식	1,375	12.0	1,108	9.8	2.2
	중식	93	8.7	118	13.8	△5.1
	일식	286	15.5	288	16.4	△0.9
	서양식	168	17.2	206	19.5	△2.3
	기타 외국식	63	11.6	76	12.5	△0.9
	패스트푸드	577	11.7	231	7.1	4.6
	치킨	2,852	10.4	2,485	9.2	1.2
	피자	354	5.6	271	4.7	0.9
	제과제빵	535	6.8	583	7.6	△0.8
	아이스크림/빙수	472	16.9	266	10.4	6.5
	커피	1,098	8.5	766	7.0	1.5
	음료(커피 외)	175	15.3	94	10.9	4.4
	주점	1,657	13.7	1,246	10.5	3.2
	기타 외식	819	12.5	806	13.3	△0.8
	소 계	13,329	11.1	11,079	9.9	1.2
도소매	편의점	1,678	5.2	3,071	10.3	△5.1
	의류/패션	34	9.4	49	13.6	△4.2
	화장품	262	5.7	291	6.6	△0.9
	농수산물	56	7.8	44	6.6	1.2
	(건강)식품	298	7.6	246	8.1	△0.5
	종합소매점	47	4.3	71	7.0	△2.7
	기타 도소매	419	9.4	635	10.9	△1.5
	소 계	2,794	5.9	4,407	9.8	△3.9
서비스	교육(교과)	2,885	16.3	2,197	13.1	3.2
	교육(외국어)	1,884	9.9	1,897	10.4	△0.5
	기타 교육	960	15.7	1,439	19.0	△3.3
	유아 관련(교육 외)	139	8.9	167	11.0	△2.1
	부동산 중개	-	-	1	50.0	-
	임대	-	-	-	-	-
	숙박	4	2.2	-	-	-
	스포츠 관련	38	6.2	32	5.6	0.6
	이미용	357	8.7	353	9.3	△0.6
	자동차 관련	367	4.5	398	4.7	△0.2
	PC방	211	13.8	314	18.9	△5.1
	오락	134	41.9	14	4.5	37.4
	배달	-	-	-	-	-
	세탁	320	8.3	187	5.2	3.1
	안경	130	5.0	170	7.2	△2.2
	이사	81	11.7	93	13.9	△2.2
	운송	314	10.5	188	6.0	4.5
	반려동물 관련	7	3.7	27	14.6	△10.9
	약국	115	3.1	218	5.9	△2.8
	인력 파견	31	8.4	20	6.7	1.7
	기타 서비스	81	5.4	445	24.7	△19.3
	소 계	8,058	10.7	8,160	10.9	△0.2
총 계		24,181	9.9	23,646	10.2	△0.3

* 폐점률 : 당해연도 폐점 가맹점수 / (당해연도 말 기준 가맹점수 + 당해연도 폐점 가맹점수) × 100

〈표 6-6〉 가맹점 매출액 현황

(단위: 천원, %)

업종(대분류)	업종(중분류)	가맹점사업자 연평균 매출액		증감률
		2015년	2014년	
외 식	한식	401,767	403,154	△0.3
	분식	220,277	260,573	△15.5
	중식	421,059	661,237	△36.3
	일식	431,733	437,621	△1.3
	서양식	444,189	418,541	6.1
	기타 외국식	398,100	379,947	4.8
	패스트푸드	275,386	319,314	△13.8
	치킨	176,137	173,164	1.7
	피자	202,925	218,502	△7.1
	제과제빵	244,296	240,094	1.8
	아이스크림/빙수	137,703	180,711	△23.8
	커피	177,019	172,911	2.4
	음료(커피 외)	228,203	176,480	29.3
	주점	254,539	280,444	△9.2
	기타 외식	389,671	366,980	6.2
	평균	303,151	306,637	△1.1
도소매	편의점	451,000	449,582	0.3
	의류/패션	172,225	6,543,996	△97.4
	화장품	362,084	432,666	△16.3
	농수산물	340,088	358,898	△5.2
	(건강)식품	390,001	316,209	23.3
	종합소매점	1,412,420	1,412,378	0.0
	기타 도소매	383,201	345,139	11.0
	평균	463,366	985,659	△53.0
서비스	교육(교과)	226,033	237,494	△4.8
	교육(외국어)	254,916	235,527	8.2
	기타 교육	174,529	156,777	11.3
	유아 관련(교육 외)	243,548	221,088	10.2
	부동산 중개	266,309	59,196	349.9
	임대	-	-	-
	숙박	1,733,999	281,866	515.2
	스포츠 관련	283,845	251,204	13.0
	이미용	334,755	368,909	△9.3
	자동차 관련	172,019	179,443	△4.1
	PC방	198,996	199,398	△0.2
	오락	539,266	615,894	△12.4
	배달	-	-	-
	세탁	45,230	49,306	△8.3
	안경	394,465	396,784	△0.6
	이사	121,686	102,081	19.2
	운송	-	-	-
	반려동물 관련	272,141	268,416	1.4
	약국	18,138	18,832	△3.7
	인력 파견	95,145	15,947	496.6
	기타 서비스	224,114	200,111	12.0
	평균	272,947	239,520	14.0
총 평균		308,246	341,798	△9.8

*가맹본부가 추정한 금액으로 산정하였으며, 매출액을 파악하지 못하는 영업표지는 평균에서 제외함

〈표 6-7〉 가맹사업기간(업종별 평균)

업종(대분류)	업종(중분류)	평균 가맹사업기간 (2016년말 기준)
외 식	한식	4년
	분식	4년 1개월
	중식	3년 7개월
	일식	4년 4개월
	서양식	4년
	기타 외국식	4년 9개월
	패스트푸드	6년 5개월
	치킨	5년 10개월
	피자	6년 3개월
	제과제빵	4년 2개월
	아이스크림/빙수	4년 11개월
	커피	3년 10개월
	음료(커피 외)	2년 10개월
	주점	3년 11개월
	기타 외식	3년 9개월
	평 균	4년 3개월
도소매	편의점	11년 9개월
	의류/패션	4년 6개월
	화장품	6년
	농수산물	6년 4개월
	(건강)식품	7년 3개월
	종합소매점	7년 3개월
	기타 도소매	5년 4개월
	평 균	6년 3개월
서비스	교육(교과)	7년 7개월
	교육(외국어)	7년 4개월
	기타 교육	6년 1개월
	유아 관련(교육 외)	5년 2개월
	부동산 중개	2년 4개월
	임대	3년 2개월
	숙박	5년 9개월
	스포츠 관련	2년 9개월
	이미용	5년 10개월
	자동차 관련	5년 9개월
	PC방	5년 1개월
	오락	4년 6개월
	배달	1년 10개월
	세탁	7년 10개월
	안경	7년 4개월
	이사	7년 6개월
	운송	5년 9개월
	반려동물 관련	3년 2개월
	약국	13년 10개월
	인력 파견	6년 09개월
	기타 서비스	4년 4개월
	평 균	5년 10개월
총 평균		4년 8개월

제 3 절 창업의 이해

1. 창업의 정의

창업이란 사전적 의미로 '사업 따위를 처음으로 이루어 시작함' 또는 '나라나 왕조 따위를 처음으로 세움'이라는 의미이며, 한자로는 '創業.', 영어로는 'foundation', 'establishment', 'founding', 'start', 'set up' 등의 의미로 쓰인다. 창업은 사업을 시작한다는 것을 의미하며, 준비된 개인이나 집단이 사업아이디어, 사업 목표를 가지고 적절한 사업 기회에 자본, 인원, 설비, 원자재 등 경영 자원을 확보하여 재화나 서비스를 제공하는 기업을 설립하는 것을 말한다.

원칙적으로 창업이란 제품이나 서비스를 생산 또는 판매하기 위하여 이제까지 존재하지 않았던 새로운 기업 조직을 설립하는 행위를 말한다. 즉, 제품이나 서비스의 생산이나 판매를 위해 자본을 투자하고 생산 설비나 건물을 갖추며, 필요한 인원을 선발 배치하는 등의 행위를 일컫는다. 그러나 최근 들어 새로운 기업 조직을 설립하는 것뿐만 아니라, 사내 벤처처럼 기존의 기업이 새로운 제품을 생산하거나 새로운 사업부를 창출하는 것까지 창업으로 포함하고 있다.

중소기업창업 지원법에 의하면 창업을 '중소기업을 새로 설립하는 것'이라고 하며, 창업자를 '중소기업을 창업하는 자'와 '중소기업을 창업하여 사업을 개시한 날부터 7년이 지나지 아니한 자'라고 규정하고 있다. 중소기업창업 지원법 시행령 제2조에 있는 다음의 3가지 경우에 해당하지 않아야 창업으로 보는 것이다.

첫째, 타인으로부터 사업을 승계하여 승계 전의 사업과 같은 종류의 사업을 계속하는 경우

둘째, 개인사업자인 중소기업자가 법인으로 전환하거나 법인의 조직 변경 등 기업형태를 변경하여 변경 전의 사업과 같은 종류의 사업을 계속하는 경우

셋째, 폐업 후 사업을 개시하여 폐업 전의 사업과 같은 종류의 사업을 계속하는 경우

2. 창업의 종류

창업의 종류는 업종·업태에 따른 분류, 지분의 소유 형태에 따른 분류, 경영형태에 따른 분류, 점포의 유형에 따른 분류, 혁신여부에 따른 분류 등으로 나눌 수 있다.

(1) 업종 · 업태에 따른 분류

업종·업태에 따른 분류는 통계청의 한국표준산업분류에서 상세하게 파악할 수 있다. 통계청은 한국표준산업분류를 통해 상호 비교가 가능하게 통일된 기준과 동질성에 따라 정리해 놓았다.

(2) 지분의 소유형태에 따른 분류

① 개인기업 : 자본 전액을 개인 또는 그 가족이 출자하고, 경영의 책임을 개인이 지는 기업형태이다.

② 법인기업 : 기업이 소유자와 별개로 법인격을 갖고 스스로 권리와 의무의 주체가 되는 기업형태이다.

- 합자회사 : 회사의 채무에 대해 개인의 재산까지 동원하여 책임을 지는 무한책임 사원과 제한적 책임을 부담하는 유한책임 사원으로 구성되며 회사 채무에 대해 모든 책임을 부담한다.
- 합명회사 : 무한책임 사원으로 구성되어 손익배분 및 경영권을 나누어 갖는 형태이다.
- 주식회사 : 주주로 구성된 회사를 말하며, 주주는 주주총회를 통해 주요 사안의 결의에 참가할 수 있으나 업무의 집행에는

관여하지 않는다.

- 유한회사 : 유한책임 사원으로 구성되며, 주식회사와 유사하나 지분의 양도면에서 주식회사와 다르다.

(3) 경영형태에 따른 분류

① 독립 창업 : 독자적인 아이템과 홍보 전략을 사용하여 자신의 경험과 책임아래 창업하는 형태이다.

② 프랜차이즈 창업 : 가맹본부의 경영노하우, 아이템, 브랜드 등을 가맹점이 사용하고, 그 대가로 가맹비와 로열티를 지불하며, 가맹본부는 가맹점의 관리를 위해 지속적인 교육훈련 및 경영을 도와주는 형태이다.

(4) 점포의 유형에 따른 분류

① 무점포 창업 : 점포 없이 상품을 판매하는 형태로 카탈로그 소매업, 방문판매 소매업, TV홈쇼핑 소매업, 자판기 소매업 등으로 나눌 수 있다.

② 유점포 창업 : 대표적인 소매업의 형태로 제품 및 서비스가 소비자와의 대면접촉에 의해 판매가 이루어지는 형태이다.

(5) 혁신여부에 따른 분류

① 혁신창업 : 기존의 제품 및 서비스와 기술, 경영, 제품 등에 있어 차별화되는 상품을 기반으로 창업하는 형태로서 소비자가 전혀 상상할 수 없었던 새로운 형태의 제품 및 서비스를 제공하는 것을 말한다.

② 모방창업 : 기존의 기업이 생산하는 제품 및 서비스와 동일하거나 유사한 상품을 생산하는 형태로 단순모방과 벤치마킹으로 구분할 수 있다. 단순모방은 타사의 제품 및 서비스를 그대로 사용하는 것이고, 벤치마킹은 우수한 기업의 성공한 상품, 기술 또는 경영기법을 배워 자사의 환경에 맞추어 재창조하는 것이다.

3. 창업환경

(1) 창업가 정신

창업의 요소인 창업가 정신, 자금, 아이템 중 가장 중요한 요소를 꼽으라면 창업가 정신을 꼽을 수 있을 것이다. 이는 창업에서 가장 기반이 되는 요소로 급속한 환경변화에 대처할 수 있는 신속하고 유연한 적응력과 혁신적인 행위가 기업 성패를 결정짓는 핵심요인이 되기 때문이다. 그러한 점에서 창업가와 경영자를 다르게 표현하고 있는데, 그 차이점을 살펴보면 다음과 같이 표현하기도 한다.

〈표 6-8〉 창업가와 경영자

항목	창업가	경영자
적응대상	환경에의 적응	조직에의 적응
적응방식	사전 대응적	사후 반응적
역할	전략중시	관리중시
목표의 중점	성장, 혁신	안정, 수익
결정영역	신사업 진입, 기존사업 철수	생산성 향상, 원가절감
필요분야	성장산업, 쇠퇴산업	성숙산업, 안정된 산업
사업환경	불안정	안정

또한, 성공한 창업가와 실패한 창업가에 대한 특성을 비교하여 성공한 창업가를 닮고자 하는 노력들을 하고 있는데, 이를 정리하면 다음과 같다.

① 성공한 창업가의 특성

- 강한 성취욕과 성장 욕구가 있음.
- 높은 사업 몰입도, 결단력, 인내심을 지니고 있음.
- 리더십이 있고 책임감이 강함.
- 문제 발생 시 해결 능력이 있음.
- 낙관적인 성격과 유머감각을 지니고 있음.

- 위험을 감수하거나 공유하려고 함.
- 지위와 권력에 대한 낮은 욕구를 지니고 있음.
- 정직과 신뢰감이 있음.
- 신속한 결단과 실천력이 있음.

② 실패한 창업가의 특성

- 절대 실패하지 않는다고 생각함.
- 나 외에는 할 수 있는 사람이 없다고 생각함.
- 남의 말을 귀담아 듣지 않으려고 함.
- 즉흥적으로 결정하기를 좋아함.
- 매사를 운수에 맡기려고 함
- 남에게 신세를 지지 않아야 한다고 생각함.
- 완벽주의를 추구함.

(2) 창업자금

창업에 필요한 자본은 사전준비금, 운전자금, 예비자금으로 구분할 수 있다.

① 사전준비금

시장조사, 컨설팅비, 아이템 개발비, 시장조사비 등 창업에 필요한 사전 준비자금이다.

② 운전자금

임대료, 인테리어비용, 재료비, 인건비, 세금 등 생산에 직접 소요되는 자금이다.

③ 예비자금

사업 개시 후 독자적인 자금계획을 수립할 수 있을 때까지 필요한 자금과 예상치 못한 자금 소요에 대비한 자금이다.

창업계획이 확립되고 난 후 창업자금의 조달 방안을 강구하여야 하는데, 이는 자기자본과 타인자본 그리고, 대여 등으로 구분할 수 있다. 여기서 타인의 자본을 차입하는 경우 구체적이고 계산적으로 준비를 하여야 한다. 외부 차입금 형태의 창업자금은 창업자의 환경과 특성에 따라 유관기관으로부터의 창업자금 지원이 가능하다. 이러한 유관기관에 의한 창업자금 지원에는 제도권 금융회사 이외에도 제도권 금융회사 이용이 곤란한 금융소외계층을 대상으로 한 미소금융, 햇살론 등 자금지원 및 종합상담을 해 주는 서민금융통합지원센터(http://www.ccfs.or.kr)를 이용하거나, 그 외 정부나 지방자치단체에서 지원하는 여러 가지 지원제도를 잘 확인하여 활용할 수 있다.

(3) 창업아이템

창업자들은 큰 관심분야이고 연구대상인 창업아이템의 선정을 위하여 많은 시간과 노력을 투자하고 있는데, 타사의 업종 및 아이템에 대한 벤치마킹, 신문·방송을 통한 정보의 수집, 창업 관련 사이트 검색, 창업관련 도서, 창업박람회 등을 통해 창업아이템을 찾으려고 노력하고 있다. 이러한 창업아이템 선정을 위해서는 창업자가 하고자 하는 업종의 성장 가능성, 본인의 경험이나 특성을 활용할 수 있는 업종인가 등을 면밀히 검토하여 창업아이템을 선정하여야 하는 것에 주의하여야 한다.

즉, 업종의 성장 가능성을 보면, 제품의 경우 시장도입 시부터 제품의 수명주기에 따라 변화해 간다. 보통 신규창업을 하기에 가장 적합한 아이템은 성장기에 속해 있는 업종이며, 성숙기 후반 또는 쇠퇴기의 업종에 참여할 경우 실패할 확률이 높다 하겠다. 다음으로 본인의 경험이나 특성을 활용할 수 있는 업종의 경우, 주변의 사람들이 선택하여 창업에 성공한 업종이라 해서 나도 성공한다는 보장은 없다. 창업자가 선택한 업종이 자신의 이전 경험, 기술, 지식 등과 결합할 때 성공할 가능성이 높아진다 할 것이다.

제4절 가맹점 창업 절차

1. 가맹본부의 선정

가맹점창업은 가맹사업자의 부족한 부분인 가맹본부의 브랜드 이미지, 경영기술, 제품력, 점포관리 등에서 도움을 받는 정도에 따라 성패가 좌우된다고 할 수 있다. 그러므로 가장 먼저 할 일이 우수한 가맹본부를 찾는 것이라 할 것이다. 이러한 우수한 가맹본부를 찾는 방법을 살펴보고, 가맹계약과 점포계약에 대해서 알아보며, 창업한 점포의 경영전략 및 가맹점을 창업하는 과정에 대해 살펴보기로 한다.

(1) 우수한 가맹본부 선정

예비 가맹점주는 가맹본부 선정시에 먼저 가맹본부에 정보공개서를 요구할 수 있다. 정보공개서에는 가맹계약에 대한 조건이 명시되어 있는 것은 물론 가맹본부와 가맹점 간에 빈번하게 발생한 분쟁 가운데 본부의 지원 사항 부분, 가맹사업자가 가지게 되는 부담, 영업활동 조건, 영업지역의 설정 예상 매출액 등에 대한 사항을 기술하게 되어 있으므로, 정보공개서를 통해 계약에 문제가 될 소지가 있는 사항이나 계약내용에 대한 판단이 가능하다.

또한, "상가건물 임대차 보호법"에 의한 점포 임대료 폭의 변화추이를 보아 창업 시기를 조절한다거나, "가맹사업 거래 공정화에 관한 법률"을 살펴 사업에 참고하는 것 등 본인이 창업하고자 하는 사업에 법률적 측면을 사전에 검토해 볼 필요가 있다.

가맹본부 선정 시 검토사항을 세부적으로 살펴보면 다음과 같이 정리할 수 있다.

첫째, 가맹본부 브랜드파워 및 서비스수준에 대한 검토를 한다.

가맹본부의 업종과 아이템이 가치가 있는 분야인지 살펴보아야 하며, 유사 경쟁사에 비해 상품과 서비스가 경쟁력을 갖추고 소비자로부터 인기를 얻고 있는지 확인한다. 원재료 및 부재료의 공급처는 믿을 수 있는 회사인지와 공급이 원활하고 가격변동이 심하지 않는지 확인한다. 또한, 상표, 서비스, 특허 등이 관련기관에 등록되어 있으며, 법률적 보호를 받을 수 있는지 확인하고, 소비자보호정책의 보호 및 보험 가입여부를 확인한다. 품질인증제 기준에 적합한 상품인지와 광고홍보가 지속적으로 실시되고 있는지 확인하고, 환경 친화적이며 사회적으로 건전한 사업인지 확인한다.

둘째, 아이템에 대한 시장성 및 사업전망에 대한 검토를 한다.

운영하고자 하는 사업아이템이 제품라이프사이클(PLC : Product Life Cycle)상 어떠한 시기(도입기, 성장기, 성숙기, 쇠퇴기)에 있는지, 대중적 수요가 있는지와 상품의 품질대비 가격경쟁력이 어느 정도인지, 취급하고자 하는 상품이 유행과 계절에 민감한 상품인지, 고정투자비를 최소화하여 투자효율이 높은 유망업종인지를 검토한다.

셋째, 가맹본부의 능력과 신용에 대해 검토한다.

본부의 신뢰도, 자금력의 정도와 경영진과 간부진의 경력 및 경영수준이 어느 정도인지, 브랜드에 대한 이미지와 소비자 인지도 및 본부의 경영실적이 어떠한지, 본부가 업무상의 소송에 관련되어 있는지와 본부의 사업전략과 비전이 명확하게 설정되어 있는지 확인한다. 또한, 분야별 전문기술 보유여부와 전문가를 확보하고 있는지, 상품 공급체계와 물류시스템 및 정보시스템 구축이 어느 정도 수준인지, 가맹점포수와 업계에서의 시장점유율을 확인하고, 점포당 평균매출액과 수익은 얼마 정도 되는지 확인한다. 그리고 상품과 기술에 대한 연구개발에 지속적 투자가 이루어지는지, 가맹점의 폐점비율, 가맹점 확장전략 등을 검토한다.

(2) 가맹계약

가맹사업 설명서와 가맹계약서는 해석하는 방법에 따라 향후 가맹점 사업에 미치는 영향이 막대하다. 이에 가맹 사업설명서와 가맹계약서에 내재되어 있는 여러 가지 변수에 대비하여 예비 가맹사업자가 알아 두어야 할 사항을 보면 다음과 같다.

첫째, 가맹본부의 임원에 대한 신상을 파악한다.

가맹본부로부터 주어지는 가맹설명서에 가맹본부의 임원에 관한 사항이 있다면 주의 깊게 살펴볼 필요가 있다. 해당프랜차이즈사업의 배경과 주요 경영진의 사업경험은 향후 사업전개에 대단히 중요한 요인이 된다. 또한 이러한 정보는 예비 가맹사업자로서의 성공가능성에 대해서도 어느 정도 예측하는데 도움이 될 수 있다. 경영진에 대한 정보수집이 불가능하다면 최소한 해당 가맹본부의 최고책임자를 만나보자. 해당 가맹본부의 최고책임자의 노력이 가맹점 노력에 대한 성공에 직접적으로 영향을 미치기 때문이다.

둘째, 가맹본부와 관련된 소송을 파악한다.

어떤 문제가 있거나 제제조치를 받고 있는 가맹본부는 그 사업의 운영자체에 심각한 변화를 불러일으킬 수도 있고, 그 사업이 중단될 가능성이 있어 세심하게 살펴볼 필요가 있다. 또한, 가맹본부나 주요임원이 범죄기소를 당하고 있거나 정부나 법원에서 내려진 좋지 못한 결정기록을 갖고 있는지 파악하여야 한다. 이러한 사항은 정보공개서에 등록이 의무화 되어 있는 사항이므로 정보공개서 내용을 잘 확인하여야 한다. 항상 가맹본부 쪽의 이야기는 전체 중의 일부에 지나지 않는다고 생각하고 전 가맹사업자나 현 가맹사업자에 의해 가맹본부가 법적소송에 걸려 있는지 주의 깊게 살펴보아야 한다.

(3) 가맹점 계약 시 주의사항

① 고소득보장 등 광고 선전에 현혹되지 않는다.

② 계약을 서두르거나 가 계약금을 요구하는 업체는 가급적 피하며, 계약 체결 전 가맹본부에 요구할 수 있는 정보 및 자료를 최대한 요구한다.
③ 가맹본부에 대한 사전의 철저한 조사가 필요하다.
④ 계약서를 충분히 검토하고, 계약시 미비된 특약사항이나 구두약속 등을 반드시 서면으로 기재한다.
⑤ 보증금, 가맹비, 로열티, 인테리어, 설비 등을 강제하거나 과다한 비용을 요구하는 업체와 가맹비, 로열티, 보증금이 없다는 등의 파격적 조건을 내건 가맹본부를 조심할 필요가 있다.
⑥ 직영점이 있는지를 확인하고, 가맹본부가 지정해 준 시범가맹점 외에 다른 가맹점도 직접 선택 방문하고 현장을 파악, 분석한다.

(4) 점포임대차 계약방법

① 권리유무의 확인에 대해 면밀히 살펴보아야 한다(등기부등본, 도시계획확인원, 보증금, 관리금 등).
② 건물의 용도가 계약 후 사업하고자 하는 업종과 맞는지 확인해야 한다. 용도가 맞지 않으면 낭패를 보기 때문이다(건물주의 임대의도 파악 등).
③ 현장에서 직접 점포의 구조와 건물 노후상태, 출입문 방향, 접근성 등의 철저한 관찰을 통한 목적물 확인이 이루어져야 한다.
④ 점포가 위치한 층수와 업종의 상관관계를 확인해 보아야 한다. 예를 들어 건물 1층에 은행 등이 입점해 있다면 주5일 근무로 주말에는 문을 닫으므로 동일건물에 있는 다른 점포는 주말영업에 지장을 받게 된다.
⑤ 채권확보에 대한 대책과 관련서류를 확인해야 한다(공증 또는 전세권설정 등).
⑥ 계약 시에는 건물주 본인과 직접 계약하고 계약서 내용은 세부내용까지 정확하게 작성할 필요가 있다(중도해약조건, 권리금의 양

도여부, 건물 하자보수조건, 계약갱신 조건 등).

(5) 가맹점의 사업장 선정

프랜차이즈 가맹점 창업을 하는 경우는 크게 두 가지로 나눌 수 있다. 즉, 업종이 선정되어 있는 경우와 사업장이 먼저 정해진 경우로 나누어 볼 수 있다.

1) 업종이 선정되어 있는 경우

업종을 선정하고 그에 적합한 가맹본부를 결정하는 경우이다. 여러 가맹본부의 조건(반품처리, 대금결제, 점포평수, 보증금의 종류와 유무 등)을 조사하여 비교, 검토하고 가장 유리하다고 판단되는 가맹본부업체를 선정한다.

예를 들어, 치킨 전문점을 하기로 결정하였으나 치킨전문 가맹본부는 한두 개가 아니라는 것이다. 후보 가맹본부업체가 선정되면 사업성분석을 실시하여 희망적인 결과가 예상되면 사업계획을 수립하고 사업을 추진한다. 만일 사업성분석에서 그렇지 않은 경우에는 새로운 후보업체의 탐색과정으로 되돌아간다.

2) 사업장이 먼저 정해진 경우

정해진 점포에 적합한 업종과 가맹본부 업체를 선정하는 경우이다. 사업성분석을 실시하여 결과가 희망적이면 사업계획을 수립하여 사업을 추진한다. 만약 그렇지 못하다고 판단되면 새로운 후보업종의 탐색이나 새로운 가맹본부 업체의 탐색단계로 되돌아간다.

(6) 가맹점 개점 절차

1) 가맹점 개점 프로세스

1. 가맹점 희망자 모집
2. 사업설명회
3. 프랜차이즈 제안서 제시
4. 정보공시사항 설명
5. 상권과 입지 및 점포조사
6. 예상매출액 점포투자금액 산출
7. 신용조사
8. 경영계획, 자금조달계획의 수립과 제시
9. 계약내용에 대한 설명
10. 계약 체결
11. 점포 레이아웃
12. 점포 설계도, 공사견적서 제시
13. 설비기기 견적서
14. 집기 비품 견적서 제시
15. 공사계약 체결
16. 대 관청 업무
17. 점포 검수
18. 개점 전 홍보
19. 연수 훈련
20. 종업원 훈련
21. 시험가동
22. 개 점

2) 주요내용

① 상권입지 및 점포조사 의뢰

위치선정은 가맹점희망자가 원하는 지역이나 상권에 대해 제시를 하면 본부가 검증을 하여 평가를 하는 것이 바람직하다. 가맹본부에는 전문적인 상권분석 팀이 있다.

② 예상매출액 및 점포투자금액 산출

해당지역 점포의 예상매출액을 추산하고 점포조사결과를 근거로 점포의 설비, 집기비품 등 시설설치에 필요한 소요비용을 추산하여 해당점포의 개점을 위한 예산을 산출한다. 각 가맹본부는 사업아이템별로 규모별 적정소요비용과 손익계산서 자료를 보유하고 있어야 하며 그 근거가 명확해야 한다.

③ 경영계획 및 자금조달계획 수립

예상 매출액을 기초로 향후 3년 정도의 기간에 대해 월별로 매출액과 이익을 추산하는 추정 손익계획을 수립하여야 한다. 이 계획에는 계절 요인, 차입금, 마케팅과 시장여건, 자금운용 등 모든 관련요인을 체크해 보아야 한다.

④ 계약내용에 대한 검토

계약서는 구체적으로 살펴보고 충분히 이해하여야 한다. 계약내용에 동의하여 계약서를 작성한 후에는 가맹본부와 가맹희망자 간에 상호권리와 의무의 내용이 생기므로 충분히 잘 살펴보아야 한다.

⑤ 계약체결

계약서 날인은 당사자 쌍방과 필요하면 보증인이 각각 서명하고 날인하도록 한다.

⑥ 점포 레이아웃

점포, 출입구의 위치와 방향, 객석과 카운터의 배치, 주방기기, 가구배치 등 점포내부의 인테리어, 그리고 주차장의 배치, 도로부터의 차량

입출구의 위치 등 점포외부의 설계에 이르는 전체적인 점포의 외관과 점포내의 시설에 대해 가맹본부와 협의를 하여야 한다.

⑦ 점포 설계도공사 견적서 확정

점포 레이아웃에 대한 설계가 되면 점포조사서 및 설계도를 기초로 점포설계도에 관한 공사비 견적서를 받아보고 최종계획서를 확정한다. 이 단계에서는 가맹본부와 가맹점이 서로의 의견을 제시하고 내용을 최종계획서에 반영할 수 있도록 한다.

⑧ 설비기기

점포에 설치될 대형설비, 기기들은 점포설계에 직접 관련되는 것들이므로 그 품목과 구입방법, 가격 및 결제방법, 설치 시 운전방법 등에 관한 정보를 가맹본부는 미리 설명하고 교육시키며 관리 감독한다.

⑨ 집기비품

가맹본부는 점포에 필요한 집기비품의 필요량, 가격 및 구입방법에 관한 정보를 제공한다.

⑩ 점포검수

공사가 완료되면 가맹본부는 가맹점희망자와 함께 시공상태를 점검하여 시스템의 컨셉과 일치하는지를 검토한다.

⑪ 개점 전 홍보

개점 전 홍보방법은 전단지를 활용하는 경우가 많다. 개점 전 홍보는 개점 1주일 전, 3일 전, 개점 당일 등 3회 정도 전단지를 배포하도록 한다.

⑫ 연수교육

점포 내 외장 공사는 일반적으로 15일~1개월 정도의 기간이 소요된다. 이 기간을 이용해서 가맹본부는 가맹점에 대한 개점 전 훈련을 실시한다. 훈련기간은 업종 및 아이템에 따라 다르지만, 일반적으로 2-4주 정도가 소요된다. 대단위 규모의 가맹점에는 개별점포가 상당수인원의 종업원을 고용하게 되므로 이런 경우는 종업원에 대한 교육을 본부가 일괄적으로 실시하거나 가맹점경영자와 슈퍼바이저가 협력해서 자체적으로 실시하는 경우도 있다.

⑬ 시험가동

개점 전 1-2일 정도 점포에서 점포운영에 관한 모든 과정을 가맹본부에서 파견된 슈퍼바이저나 담당자의 지시에 따라 직원 각자가 분담업무를 원활히 수행할 수 있도록 점포의 시험운영을 해본다.

⑭ 개점

가맹점이 개점준비를 완료하고 오픈을 하게 되면 가맹본부는 개점에 필요한 지원을 해야 한다. 일반적으로 가맹본부에서는 개점 전 1~3일은 상품, 원재료의 구입, 상품의 진열, 판촉, 물품확보 등에 관해서 개점당일부터 그 후 3일까지는 전단지 배포 등 영업에 관한 사항을 지도하고 지원한다.

이외에 창업 시 요구되는 여러 가지 제반규정을 사전에 잘 파악하여 가맹점사업자가 창업을 하는데 어려움을 겪지 않도록 한다. 예를 들면 식품관련업종에서는 식품위생법상 공통시설 기준 및 업종별 시설기준을 갖추어야 한다. 일반음식점의 경우도 영업허가 신고를 하기 위해서 적합한 기준을 마련하여야 한다. 또한, 위생에 관한 교육을 받아야 하며 보건복지부장관이 지정, 고시하는 위생 전문기관 또는 단체에서 6시간의 교육을 받아야 한다. 그리고 종사원의 건강진단, 영업허가, 인허가 관련규정 등에 대한 제한사항 등에 대한 충분한 이해와 경험을 통해 가맹희망자들이 당황하지 않도록 지원한다.

2. 가맹점 창업의 성공전략

어느 사업이든 마찬가지지만 가맹점 창업에서도 성공하기 위해서는 무엇보다 자기 자신의 능력과 현재의 위치를 냉정하게 판단하고, 창업에 대한 충분한 준비기간과 철저한 검증이 필요하다. 본인의 자금이 투자된 사업인 만큼 주변 정보의 충분한 활용을 통한 완벽한 준비가 곧 절반의 성공임을 명심해야 한다. 일반적으로 창업자의 대다수는 지나치게 서두르는 경향이 있지만, 오히려 준비부족 상태에서의 창업이 많은 시행착오를 낳는다는 것을 명심하여야 한다.

다음은 가맹점 창업 시 성공을 위한 유의사항을 나열하였다.

① 가맹사업자는 가맹본부에 너무 의지하지 말고 자신이 기업주라는 생각을 가지고 의사결정과 위기관리능력을 갖추도록 노력하여야 한다.
② 사업이 정착될 때까지의 역경과 고통을 이겨 낼 각오가 되어 있어야 하며, 본인의 경험과 관리능력 수준을 파악하고 있어야 한다.
③ 가맹본부와의 원만한 유대관계를 지속적으로 유지할 수 있는 섭외력을 갖추고 있어야 한다.
④ 창업한 사업을 통해 꿈을 이룰 수 있다는 확신을 가지고 있어야 하며, 창업 준비자금과 운영자금을 충분히 확보하고 있어야 한다.
⑤ 본인의 사회적 건전성과 도덕성이 확보되어 있는지 확인해 보아야 하며, 정신과 육체가 모두 건강한지 판단해 볼 필요가 있다.
⑥ 경영책임자로서의 통찰력과 리더십, 필요한 만큼의 법률적 지식에 대한 이해도 있어야 한다.
⑦ 흔들림 없는 판단과 생각으로 일관성을 유지하여야 한다.
⑧ 종업원을 가족처럼 사랑하고, 고객에게 최선의 서비스를 할 각오가 되어 있어야 한다.
⑨ 눈앞의 이익보다 장기 비전에 비중을 두어, 돈과 양심 중 어느 쪽을 택할 것인가의 기로에서 기꺼이 양심을 택한다.

가맹점 경영은 일반적으로는 사업경험이 없이도 할 수 있는 사업으로 인식되어 있다. 이는 가맹본부의 교육시스템과 슈퍼바이저의 지원으로 가능하리라 생각된다. 프랜차이즈사업이 가맹본부에서 개발된 시스템과 매뉴얼에 의해 이루어지는 사업이긴 하지만 업종과 지역여건에 따라 본부의 운영매뉴얼만으로 해결이 되지 않는 부분도 발생할 수 있기 때문에 본부의 운영시스템에 대한 과신은 지양해야 하며, 창업희망자는 이를 보완하기 위해 본부에서 실시하는 교육 참여에서 더 나아가 창업업종 관련분야의 지속적인 연구와 배움의 의지가 뒷받침되어야 한다. 이러한 자세와 노력이 있다면, 특히, 소자본으로 창업이 가능한 프랜차이즈 가맹사업의 특성상 어느 사업보다 쉽게 성공할 수 있는 분야가 바로 프랜차이즈사업이다.

3. 프랜차이즈 가맹점 창업의 장ㆍ단점

(1) 프랜차이즈 가맹점 창업의 장점

- 창업 준비기간을 줄일 수가 있다.
- 소비자는 잘 알려진 브랜드를 선호하는 경향이 있다.
- 가맹본부로부터 각종지원을 충분히 받을 수 있다.
- 가맹본부의 지도로 실패의 위험성이 적다.
- 일반창업에 비해 소자본으로 창업이 가능하다.
- 사업경험이 없어도 가맹본부의 교육지도에 의해 그 사업을 진행해 나갈 수 있다.
- 광고 및 인지도를 가맹본부에서 일괄적으로 하므로 그 영향력이 지역적으로 넓다.
- 가맹본부에서 일괄구매를 하므로 개별적 구매보다 싼 가격에 원재료 구매가 가능하다.
- 시장변화에 대한 대응을 가맹본부에서 지속적으로 실시하므로 안정적인 사업경영이 가능하다.
- 사업처리, 노무관리 등 많은 부분을 본부가 지원해 주므로 판매활동에 집중할 수 있다.
- 가맹점 창업 성공 시 그 성공을 토대로 또 다른 가맹점 개설이 가

능하다.

(2) 프랜차이즈 가맹점 창업의 단점

- 가맹본부로부터 지도와 원조를 받으므로 의타심이 생겨 문제해결이나 경영개선을 위한 노력을 게을리 할 우려가 있다.
- 가맹본부 방침 이외의 사업과 관련된 아이템이 있어도 마음대로 개발하여 적용하기가 힘들다.
- 특정 가맹점에 맞지 않는 상황이 생길 수도 있다.
- 가맹본부와 가맹점 사이에 이해충돌이 생길 경우 가맹본부가 자기의 이익을 위할 수가 있다.
- 가맹계약을 해제한 후 그 간의 실적을 자기의 점포에 계속 살릴 수 없다.
- 가맹본부의 방침이 변경될 경우 가맹점은 그 의사결정에 참여할 수 없다.
- 가맹본부가 약화되거나 판매정책의 변경 시 가맹점에 책임이 없더라도 지도 및 원조를 충분히 받을 수 없게 된다.
- 어느 한 가맹점의 잘못이 전체 가맹점에게 타격을 줄 수 있다.
- 가맹본부의 잘못된 행동으로 인하여 가맹점의 잘못이 없어도 전체 가맹점 매출이 급격히 하락할 수 있다.

제 7 장

상권분석 및 입지선정

상권조사나 입지분석의 목적은 자기가 희망하는 업종을 가장 활성화할 수 있는 장소를 선택하기 위한 것이며, 입지와 상권조사를 통해 자기 점포의 영업이 잘 될 것인지, 매출은 어느 정도가 될 것인지 예측하기 위한 기초자료가 되어야지, 보고서와 같은 형식적인 업무가 되어서는 안 된다. 즉, 점포운영 및 채산성이 무엇보다도 중요하므로 개점입지는 업종·업태별 특성을 감안하여 독립 건물과 복합 건물로 구분하고, 건물 층별 고객흡입력 및 통행량을 조사한다. 사람이 모이는 장소와 분산지로의 특성파악과 고객흐름이 유동성인지 정체성인지도 조사하여야 한다. 주변 상권조사에서는 중심상가, 오피스가, 주택가, 아파트단지, 학원가, 대로변입지, 유원지입지 등의 입지적 분류와 동종업종·업소에 대한 메뉴가격대, 객단가, 매출, 고객층 등을 세분화하여 시장분석을 한다. 이런 내용들을 시간대별, 요일별(평일, 토요일, 공휴일), 날씨별, 남녀별, 연령층별 등을 상권 반경 내에서 직접 조사한 다음, 분석, 진단, 평가를 통해서 메뉴 및 가격대 등을 입지 전략에 반영한다.

제1절 상권 및 입지 조사 분석

1. 상권의 개념 및 분류

(1) 상권의 개념

상권이란 대지나 점포가 미치는 영향권으로 거래의 범위를 말하는 것이다. 즉 고객이 내점할 수 있는 지리적인 범위를 의미하며 점포가 장사를 할 때 점포의 고객이 될 수 있는 한정적인 지역 범위를 말한다. 입지란 점포가 소재하고 있는 위치적인 조건으로 접객장소를 말한다.

이러한 **상권 및 입지조사 분석의 목적**은 다음과 같다.

지역별 상권의 특성을 총체적으로 이해할 수 있도록 해야 하며, 창업하고자 하는 점포의 매출목표를 산출하기 위한 기초 자료를 얻기 위함이어야 한다. 입점예정 상권 내의 업종·업태별 분포현황을 파악함으로써 장·단점분석과 위협요인을 극복할 수 있고 기회요인을 최대한 활용할 수 있도록 경쟁력을 분석하고 경쟁관련 점포현황에 따른 차별화 전략수립도 세울 수 있어야 하며 내 점포가 확보할 상권의 범위도 파악할 수 있어야 한다. 현재의 여건과 앞으로의 발전가능성을 분석할 수 있고 현재 상권 내에서 가장 잘 되고 있는 점포, 인기 있는 상품, 형성되고 있는 가격대를 조사하여 창업점포의 상품구성에 참고로 활용하는 등 기초 자료가 반드시 되어야만 상권조사, 입지분석의 필요성을 충족시켜 줄 수 있다.

여기에서 상권의 크기는 창업하고자 하는 점포의 업종·업태규모, 상품, 가격대, 배달여부, 기타서비스, 입지조건, 교통사정 등에 의해 규정되며 원칙적으로 상권은 중심지에 형성되는 것이라고 하나 실제로는 자연조건이나 교통사정에 따라 달라진다.

(2) 상권의 분류

상권의 설정은 점포가 고객을 끌어들이는 지리적 범위가 어느 정도인가를 파악하는 것을 말하며, 매출구성비의 의존도가 높은 정도에 따라서 일반적으로 1차, 2차, 3차 상권으로 구분되어진다.

〈표 7-1〉 상권의 분류

	1차 상권	2차 상권	3차 상권
개별 점포	점포매출 또는 고객수의 약 65% 정도 이상을 점유하는 고객의 거주범위	1차 상권 외곽지역으로 매출 또는 고객수의 약 30% 정도 이상을 점유하는 고객의 거주 범위	2차 상권 외곽지역으로 매출 또는 고객수의 약 5% 정도 이상을 점유하는 고객의 거주범위
공동 점포	상권 내 소비수요의 30% 이상을 흡수하고 있는 지역	상권 내 소비수요의 10% 이상을 흡수하고 있는 지역	상권 내 소비수요의 5% 이상을 흡수하고 있는 지역
거리	500m	1,000m	3,000m

2. 상권의 특징 및 분석방법

(1) 상권의 유형별 특징

일반적으로 상권은 도심권, 역세권, 대학가, 아파트단지, 주택지 상권 등 5가지로 분류해 볼 수 있다. 도심권은 각 도시의 중심부가 있는 상권을 가리킨다. 서울의 경우에는 종로와 명동일대를 도심권으로 볼 수 있다. 도심권의 경우 유동인구는 많지만 임대료나 권리금이 매우 높아 초보자들로서는 입주하기가 쉽지 않은 곳이다.

거의 모든 지역 중에서 상권이 활발히 형성되어 있는 곳이 역세권이다. 그러나 전철역 입구라고 해서 모두 상권이 좋은 것은 아니다. 대다수는 전철역 입구만 장사가 잘되는데 그 이유는 전철역을 이용하는 상주인구 자체가 적거나 근처에 유동인구를 모을 수 있는 대형 백화점, 쇼핑센터, 대학교, 입시학원 등이 없어서 상권이 제대로 형성되지 못하고 있는 상태이기 때문이다. 그러나 번성하는 상권을 보면 대학이나 백화점, 입시학원을 끼고 있고, 그 지역의 핵 구실을 하고 있는 중심지이다. 이러한 지역은 당연히 임대료나 권리금이 높다. 역세권의 상권분석은 유동인구의 특성파악이 우선이다.

대학가는 총학생 수, 기숙사 여부, 학교버스 운행여부, 지방학생의 구성비, 교통망 상태, 대형 시설유무에 따라 상권이 달라진다. 특히 여대앞은 여성에 맞는 일부 품목 이외에는 어려움이 많다.

상권 파악 시 유의사항에 대해 살펴보면,

① 지역적 특성을 확실히 파악해야 한다.

② 시설에 현혹되어서는 안 된다.

③ 권리금이 터무니없이 싼 곳은 주의 깊게 살펴야 한다.

1) 아파트 상권

① 최소한 500세대 이상은 되어야 한다.

상가 입구가 대로변 쪽에 있어야 좋고, 500세대 정도가 되면 자체 내에서 상권을 유지할 수 있다. 하지만 500세대 정도에서는 부동산, 세탁소, 미용실, 약국, 슈퍼마켓, 잡화점, 음악미술학원 정도 밖에 되지 않는다. 만약 전문점을 하고 싶다면 최소 2,000세대 이상인 곳에서 해야 한다.

② 주택지 안의 아파트나, 공터가 있는 곳은 피한다.

주택지 안의 아파트는 대부분 재개발이나 재건축으로 생긴 것이다. 이 경우 처음에는 기존의 가게들보다 깨끗하기 때문에 아파트 상가가 활성화된다. 하지만 장사가 잘 되기 시작하면 주택들이 상가주택으로 전환되면서 상권이 분할된다. 손님들은 당연히 좀 더 크고 전문화된 곳으로 가게 마련이다. 단지 내 상가는 대부분 10~15평 정도의 소규모가 주류를 이루고 있어 업종도 제한되며, 상가주택에 있는 큰 업소와 경쟁하게 된다.

③ 1,000세대 이상이면 정문과 후문, 지대의 높낮이, 대중교통 수단에 따라 상권이 달라진다.

단지가 크면 정문과 후문의 이용률이 확연히 구별된다. 처음 상가가 분양되었을 때는 대개 정문 쪽 상가의 분양가가 높은 경우가 많고 장사도 잘 될 것이라는 기대심리에 임대가도 높은 편이다. 그런데 종종 후문 쪽이 더 잘 되는 경우가 있다. 이때는 후문의 지대가 정문보다 낮은 곳에 있을 때이거나 대중교통 수단이 후문 쪽에 집중되어 있어 유동인구가 몰리기 때문이다. 정문과 후문의 지대가 비슷할 때는 어느 쪽이 나은지 어떻게 파악할 수 있을까? 방법은 간단하다. 노점상이 어느 쪽에 있는가를 보면 된다. 노점상은 수시로 옮겨 다니면서 잘 되는 곳에서 장사를 하기 때문이다. 하지만 노점상이 아예 영구적으로 자리를 잡고 간이칸막이나 이동식 가게를 맞추어 수십 개가 줄을 지어 있으면 포기하는 것이 낫다. 노점상에 모든 업종이 자리하고 있기 때문에 단지 내 상가는 힘들어진다.

④ 대형 아파트에 주거하는 연령층은 50대 이후가 많다.

당연히 자녀들도 20대 이후가 대부분 이다. 그런데 50대 이후의 소비성향은 생필품 이외에는 모두 외부에서 해결하는 층으로서 시내의 백화점이나 전문상가에 가서 쇼핑의 재미를 느끼고 싶어 하는 경향이 강하다. 소형 아파트(23평 이하)에는 주로 신혼 초인 20대 및 30대가 거주하고 있고 일부는 저소득층에 속한다. 이들은 대부분 직장생활을 하고 있어 직장 위주의 생활패턴을 보여 먹고 입는 것을 직장과 가까운 곳에서 해결한다. 아파트는 거주공간일 뿐이다. 그러니 역시 취급할 품목은 기술 위주의 업종과 생필품 정도에 불과하지만 유아복이나 아동복만큼은 잘 된다. 반면, 중소형 아파트(23평 이상~33평 이하)의 주거 연령은 30~40대로서 자녀들도 대부분 초중고생이 많다. 당연히 생필품 이외에도 학원, 분식점, 문구점 등 다양한 업종이 잘 된다.

⑤ 세대수에 비해 상가가 많으면 피한다.

아파트 1가구 당 상가를 6㎡까지 지을 수 있지만 그대로 짓는다면 품목이 중복되어 서로 망하는 경우가 생긴다. 2,000세대 이상이면 단지 내에 상가건물이 몇 개 있게 마련인데 되도록 위치가 좋은 출입구 쪽 점포를 택해야 실패하지 않는다. 안쪽에 위치한 상가라면 신중하게 생각하여야 한다.

⑥ 신도시 등 대규모 아파트단지는 중심상권과 인접한 곳을 택한다.

대규모 아파트단지 주변에는 대형 판매시설이 경쟁적으로 들어서고 있다. 대형 업체들은 호화로운 매장과 할인판매 등으로 손님을 끌어들이므로 소형 매장은 경쟁상대가 되지 않는다. 이곳의 거주자들은 거의 대형 판매시설에서 구매를 하기 때문에 대규모 아파트단지 내 상가들 대부분이 살아남기 어렵다. 생필품과 기술을 밑천으로 하는 업종만이 명맥을 유지할 수 있다. 따라서 대규모 단지에서는 세대수를 파악하는 것이 아무런 의미가 없다. 굳이 이곳 아파트 상가에서 장사를 하려면 중심상권의 대형 판매시설 바로 옆에서 하는 것이 좋다.

2) 주택지 상권

① 주택지 상권은 점포수에 따라 달라진다.

점포수가 70~80개 이상이면 번성하는 중심상권이다. 이 정도면 보통 사방 60~70m가 상가로 이어져 있는 중심상권이다. 보통 주택지에 는 10평 이상 되는 큰 점포가 많지 않다. 또한 점포 전면의 길이가 5m 이상 되는 곳도 별로 없다. 점포수가 70~80개인 상권은 번성하고 있는 상권이므로 임대료와 권리금이 다른 주택지 상권에 비해 비싸다. 점포수가 20~30개인 상권이면 장래가 불투명하다. 주택지에는 이런 상권이 대부분인데 주부 상대나 어린 학생들을 상대로 필수품을 판매하는 가게가 많다.

② 주택형태를 보고도 상권을 파악할 수 있다

주택지는 재래주택지, 신흥주택지, 고급주택지, 번화가 주택지 등으로 분류할 수 있고 그에 따라 상권규모도 달라진다. 한편 주택의 형태에 따라서도 상권을 파악할 수 있다. 주택형태는 단독주택, 다세대, 다가구, 연립, 저층아파트, 고층아파트 등이 있다. 단독주택이 대다수인 곳은 세대 수가 적고 주거연령과 소득수준이 높은 경우가 많은 고소득층 거주 지역의 주택형태이다. 단독주택, 다세대, 다가구가 혼합되어 있는 곳은 세대수가 많고 주거 연령도 중·장년과 초·중고생이 많다. 소득 수준은 중산층과 저소득층이 주류를 이루며 대부분 재래주택 형태이다. 다세대, 다가구가 대부분인 곳은 세대수는 많으나 주거 연령이 비교적 젊고 아이들도 어리다. 중산층이 주류를 이루며 시 외곽 신흥지역 쪽에 많이 보이는 주택형태이다. 단독, 다세대, 다가구, 연립, 아파트가 섞여 있는 곳은 주택지 상권으로는 가장 좋다. 세대수가 매우 많고 주거연령, 소득수준이 비교적 다양하다. 재개발된 지역에서 보이는 형태로서 상권 규모가 비교적 크게 형성된다.

③ 주택지 상권은 그 특성과 상권의 발전성 여부를 파악하기가 애매모호한 경우가 많다.

상권이 번성할 수 있을지 알아내기 위해서는 그 상권 내에 있는 점포수를 기준으로 파악해 보면 된다. 지역에 따라 약간의 차이는 있으나 대개 대로변, 버스정류장, 재래시장 입구 등에 상권이 크고 작게 형성되어 있다. 이때 어떤 지역은 버스정류장 부근에 점포가 제일 많고, 또 어떤 지역은 재래시장 입구의 상권이 제일 클 수도 있다. 당연히 번성하고 있는 점포수가 많은 상권에 들어가야 한다.

3) 대로변 및 기타상권

대로변, 버스정류장, 시장 입구에 상권이 형성된다. 대로변은 주·정차가 쉽다는 장점이 있으나 상권이 좋은 편은 아니다. 대로변과 연결되어 있는 골목길 상가 코너에 금은방, 유명의류 직매장, 제과점, 전자제품 대리점 등이 밀집해 있고 중대형 슈퍼마켓이 있으면 그 지역의 중심지가 되므로 상권은 매우 좋다고 할 수 있다. 그러나 대로변이라고 해서 장사가 잘 되는 것은 아니다. 4차선 도로 이쪽과 건너편의 상권이 달라지는 경우가 많기 때문이다. 장사가 잘 되는 쪽은 비교적 거주세대수가 많고 사람을 모이게 하는 은행이나 대형시설이 있다. 하지만 장사가 안 되는 쪽은 거주세대수가 적고 사람을 유인하는 시설도 없다. 버스정류장이라고 해서 다 좋은 것은 아니다. 일반적으로 버스정류장이 있는 곳은 그 지역의 중심지라고 볼 수 있다. 사람이 많이 살지 않는 곳에는 정류장을 만들지 않기 때문이다. 하지만 버스노선이 많고 적음에 따라 유동인구의 차이가 크다. 최소한 버스 노선이 5개 이상은 되어야 상권이 좋다. 버스정류장과 재래시장 입구가 연결되어 있거나 은행이나 유명 의류 대리점과 연결되어 있는 경우가 있는데, 물론 이곳은 A급지로서 주변에 상권이 잘 형성되어 있다. 하지만 버스정류장 근처에 유동인구를 흡수할 수 있는 시설이 별로 없을 때는 일반대로변과 별반 차이가 없다. 즉 B급지 이하이다. 이런 곳은 말 그대로 정류장일 뿐이다. 버스에서 내리자마자 목적지로 향하게 되므로 고작 정류장 바로 앞의 편의점 정도만이 장사가 된다.

재래시장 입구는 시장의 규모에 따라 상권에도 차이가 난다. 특히 재래시장을 중심으로 전철역까지 끼고 있으면 상권이 매우 좋다. 일반적으로 유동인구와 주부층이 많이 움직이는 곳이어서 대개 여성을 상대하는 품목이 잘 된다. 화장품, 의류점, 어린이용품점, 완구점, 치킨집, 떡볶이집 등도 좋고 미용실을 하기에도 좋은 곳이다. 그런데 재래시장 입구의 상권에서는 주요 출입구가 어느 쪽인지 꼭 확인해야 한다. 어느 쪽 골목이 주요 출입구인지 분별이 안 될 때가 있는데 이때는 노점상이 어디에 많이 있는지 확인하면 된다. 물론 단속을 피해서 일시적으로 목이 아닌 곳에 펴 놓았을 때도 있고, 가게 주인들이 앞을 가린 다고 싫어하면 그냥 넓은 장소에 자리를 잡을 수도 있다. 이와 같은 경우 가 아니라면 노점상이 있는 곳이 곧 목이다.

4) 급지별 상권

A급지는 은행, 대형 판매시설, 금은방, 안경점, 유명의류 직매장, 커피전문점, 제과점, 화장품 가게, 가전제품 대리점 등 주로 선매품이나 고급품을 취급하는 판매업종이 밀집해 있다.

B급지는 사진관, 꽃가게, 문구점, 완구점, 서점, 속옷가게, 신발가게, 슈퍼마켓, 유아복 및 유아용품점 같은 생필품을 취급하는 업종이 주류

를 이루며 각종 음식점이 밀집해 있다.

C급지는 카센터, 우유대리점, 표구점, 수석가게, 이발소, 철물점, 자전거 및 오토바이가게, 지물포, 부동산중개업소, 낚시용품점, 신문 보급소, 중화요리점 등 판매업종이나 음식점보다는 기술 위주의 업종이 주류를 이룬다.

부동산중개업소는 최근에 공인중개사의 창업이 활발하여 A급지에 위치하는 경우가 늘고 있다.

(2) 입지 및 상권분석 시의 참고자료

입지 및 상권분석 시는 직접 발로 뛰는 것이 가장 정확하게 체크할 수 있으며 아래 참고자료를 이용하면 많은 도움이 될 것이다.

〈표 7-2〉 입지조사 · 상권분석을 위한 참고자료

종 류	내 용	참고 자료
상권 조사	소매점포 또는 집객요소 등 고객을 흡입하는 지역표지를 위한 자료	「광역지도」 「지번도」
인구 및 거주자 조사	상권인구(총수, 남녀별, 연령별), 세대수(총수, 세대별), 산업별 취업인구, 학력, 인구동태(자연증감, 사회증감), 거주형태, 거주수준, 학생수, 진학률	「각행정통계연보」 「인구동태조사」 「주택통계조사」 「학교기본조사」
소비성향 조사	상권세대별 소득, 가계지출	「도시가계연보」 「사회생활기본조사」
교통량 조사	도로상황, 교통기관운행상황, 주요 역의 승강객수, 차량통행량	「교통연감」 「지하철공사」 「경찰서」 「시 · 구청 교통과」
경쟁점 조사	상권의 점포 수, 매출, 면적, 종업원 수, 대형점 위치 주차장, 면적, 영업시간, 외식업 통계, 현장방문조사 등	「지역경제총람」 「유통업체연감」 음식업 각 지부, 시청이나 구청위생과
지역정보조사	시가지의 형성, 도시계획상황, 도시개발상황, 각종 행정지도의 내용, 도시계획상의 규제 내용 등	「도시기본계획」 「행정백서」
주택 현황	주거지의 주택소유 현황	부동산이나 주택공사
법령 조사	건축법, 소방법, 위생법 등의 내용	각종 법령집

(3) 상권 및 입지분석 방법 및 입지조사

1) 입지 · 상권 분석 방법

① 업종 · 업태의 규모 등에 따라 다르겠지만 우선 지도를 구입해서 1차 상권, 2차 상권을 선정하기 위해 원으로 그려 한 눈에 파악할 수 있도록 한다. 상권은 범위개념이 강하므로 아파트단지, 쇼핑센터, 사무실 등 배후 인구수와 상권내의 업종구성을 통해서 도움을 줄 업소와 경쟁상황을 체크할 수 있고 입지는 점포가 위치한 한 개의 점으로서 점포의 가시성, 통행의 흐름, 점포의 모양새, 접근성 등이 중요한 요소가 되겠다.

② 고객동향 조사를 할 때는 인구수, 연령, 성별, 직업분포, 주거형태, 가처분소득, 세대수, 경제수준, 소비형태, 유동인구, 구매 빈도, 교육수준 등을 파악하여 이들이 접근 가능할 수 있도록 상품선정, 가격, 고객관리방법 등을 연구하도록 한다.

③ 잠재고객수도 파악하여 내가 하고자 하는 업종 · 업태의 고객층이 충분한지 검토한다.

④ 접근성이 용이한지 파악해야 한다. 주변은행이나 전철, 도로, 쇼핑센터 등에서 접근을 쉽게 할 수 있도록 출입구의 위치, 계단, 횡단보도, 차량 통행방향, U턴 지점, 주차시설 등 접근성이 용이해야 한다.

⑤ 상권은 계속 변화하므로 직접 다니면서 노점상이나 그 지역에 납품하고 있는 납품업자들에게 탐문조사를 하여야 한다. 대형 평수의 아파트 단지보다 중소형 아파트를 끼고 있는 것이 좋은데 대형평수의 고객은 시내 중심가에서 소비를 하는 경우가 많지만 중소형 평수의 고객은 가족 중심의 소비 형태로 주변에서 소비를 하는 경우가 많고 단독주택이나 연립주택이면 더욱 안정된 상권이므로 좋다.

⑥ 기존 점포의 수, 주가 되는 상품, 상품가격, 판매전략, 서비스 형

태, 매출실적 등 경쟁변수를 조사하고 문제점을 파악하여 대응 전략, 차별화 전략을 세우도록 한다.

⑦ 간판의 위치나 크기, 건물전체의 규모, 주변유동인구 등 자연적으로 인지도를 높일 수 있는지와 점포주변이 주거지역인지 상업지역인지의 주 기능도 파악하고, 개발계획 등 상권의 변화 가능성에 유의해야 한다.

⑧ 피해야 할 점포입지

- 상가주변에 공터나 엉뚱한 업종이 들어가 있어 상권을 단절시키는 경우 상가의 연속성이 끊어진 점포는 피한다. 또한, 공터에는 차후 보다 큰 경쟁점이 생길 수 있다.
- 건물주가 현재 본인 업종과 유사한 업종에 종사하는 경우는 피한다. 영업이 잘 될 경우 계약만료시점에 재계약을 해 주지 않고 건물주가 직접 운영을 하게 되는 경우가 생긴다.
- 타 점포에 비해 임대료가 싸거나 권리금이 없는 경우는 조심한다. 건물상의 하자 및 근저당이나 담보 등의 설정이 과다하게 설정된 경우가 있다.
- 요란한 광고와 분양을 하는 대형 빌딩 상가는 피한다. 완전 분양이 되지 않을 시 부도나 건물의 미등기 등 문제의 소지가 있다.
- 주인이나 간판이 자주 바뀌는 점포는 문제가 있다. 건물에 하자가 있거나 점포의 생기가 없는 점포일 가능성이 높다.
- 창업초보자는 신도시나 신축건물의 경우 주의한다. 아직 상권이 형성되지 못하여 창업초보자의 경우 개척도 힘들지만 상권이나 입지에 비해서 임대료가 너무 높다.
- 같은 업종의 큰 점포가 있는 곳은 차별화에 확실한 자신이 없으면 들어가지 마라.
- 점포 맞은편에 건물이 없는 곳은 유동인구가 적어 매출이 부진하다.
- 고객은 계단이 있는 점포를 싫어한다.
- 교통량이 많고 차량속도가 빠른 곳은 피한다.

소규모 점포로서 상권·입지조사 관련 자료를 입수하기 가장 효율적인 곳은 예정점이 위치한 동사무소이다. 동사무소의 경우는 입지해 있는 그 ○○동의 기본적인 정보를 모두 구비하고 있으므로 충분한 설명 후 관련정보를 입수하여 자료로 활용하고 예정점의 2차상권, 3차상권도 주변의 동사무소를 찾아 이용하면 효율적이고 정확한 자료를 활용할 수 있다.

〈표 7-3〉 상권·입지 분석 시 조사내용

구 분	내 용
입지상권조사	① 입지의 지리적 특성 조사 : 가시성, 접근성, 홍보성, 흡인성 ② 입지의 기능성 조사 : 통행 인구 유발 기능 - 지역적 주요기능 파악 - 부속기능(광역, 협의) - 야간인구 유발기능 - 대형 집객 기능 - 공공시설, 상업시설 ③ 통행인구 분석 : 현장에서 직접 통행자를 체크하여 조사 - 통행량 및 통행인의 질 조사 - 통행자의 도로 이용 목적 - 통행인구 조사(성별, 연령별, 시간대별, 직업별) - 통행자의 이용 경로 및 거리 ④ 상권조사 및 분석 - 상권 내 오피스 근무자 수 분석 - 상권 내 주거형태, 세대 및 인구 현황조사 - 실질상권 규모추정, 상권의 소비지출 추정 - 고정상권과 유동상권의 파악 - 주간상권과 야간상권의 파악 - 상권의 확대 전망
상업시설 및 예상 경쟁점 조사	① 상권 내 업종·업태 분석 ② 상권내의 상품구성과 판매가격 실태조사 ③ 상권내의 유명점포 이용자 분석 ④ 상권내의 유명점포 영업현황 조사 분석
고객소비 실태조사	타겟그룹을 설정하여 설문조사 실시 ① 상권 이용자의 소비지출 조사 ② 소비자의 이동수단 조사 ③ 기호도 조사(단위별, 형태별, 시간대별 파악)
상권의 성장성 조사	① 상권내의 대규모 구획 및 시설계획 ② 상권, 상가의 흐름 분석

2) 입지 조사 시 매출액에 영향을 미치는 요인들

① 출점 예정지 주변의 시장 규모가 크면 클수록 좋다.

② 고객이 찾아오기 쉬운 곳이나 차량의 출입이 자유로운 곳이 좋다.

③ 관공서 주변이나 대형빌딩, 학교주변에 점포가 위치하면 위치설명이 쉬우므로 좋다.

④ 예정지 주변에 상업적인 소매시설이 활성화되어 있으면 고객의 흐름이 많아 좋다.

⑤ 대규모의 상업성 유도시설 즉 백화점, 할인점이나 전철역 등이 주변에 있으면 좋다.

⑥ 건물구조의 기능과 외형, 토지구조도 영향을 준다.(직사각형이나 정사각형이 좋다)

⑦ 동일업종의 경쟁점포 간의 경쟁(추가서비스제공, 경품제공, 가격할인, 가격파괴 등)이 치열할수록 많은 영향을 끼친다.

⑧ 건물의 층별 가치 평가는 1층 100%, 2층 75%, 3층 이상은 50%, 주변의 시계성이 아주 양호한 레스토랑이나 호텔의 고층식당들의 최상층은 120%로 볼 수 있는데 그다지 많지 않다.

⑨ 기타 패션몰이나 쇼핑몰 등 대형 건물 내 형태로 운영 시 업종·업태의 중복이나 제한을 하는 곳이 좋다.

제 2 절 상권별 특성

1. 아파트 및 주택가 상권

(1) 특성

- 주목받지 못하다가 교통이 증가함에 따른 이동의 불편, 맛의 평준화, 문화시설의 확장, 노령인구의 증가 등으로 주목받고 있는 상권이다.
- 점포구입비용 등 관련비용이 높지 않은 수준이다.
- 주 고객은 주변의 1차 상권 거주자, 상가 종사자, 퇴근길 회사원, 휴일의 가족고객 등이다.
- 단골 고객이 될 가능성이 높으며, 주변의 문화시설 등의 단체고객 유치가 가능하다.

(2) 입지선정 포인트

- 예비점포를 중심으로 한 자료수집으로 상권의 질 파악(동 단위별 인구수, 연령별, 성별, 세대수, 할인점 등의 연간 매출액, 자가용보유율, 주택구조(아파트크기, 단독, 연립 등)
- 건물선정의 포인트는 교통수단, 교통 유도시설과 시계성, 동선의 평가, 상권의 크기, 예비점포의 상권차단요인 파악 등이다.
- 가능한 동일업종, 업태 중 큰 규모가 유리하다.
- 엘리베이터가 있으면 2층 이상도 가능하다.
- 실버족과 유모차를 위한 문턱의 높낮이를 고려한다.

2. 교외 및 도로변 상권

(1) 특성

- 자가용 시대에 따른 출·퇴근거리 확대와 레저의 일반화로 주목받고 있다.
- 시계성은 양호하나 달리는 차에 따른 시계성이 약한 관계로 사전에 간판 등 고지물 설치가 필요하다.
- 차량 보유고객과 특별한 이동 목적고객으로 고정 고객화 가능하다.
- 운전에 따른 피로감을 고려한 친절한 서비스가 필요하다.

(2) 입지선정 포인트

- 주차장 확보는 필수적이며, 경사진 도로, 상습 교통체증지역은 피해야 한다.
- 너무 넓은 도로, 주행속도가 빠른 곳, 사각지대는 피한다.
- 일방통행로보다는 쌍방통행로가 유리하다.
- 시계성이 좋은 곳(가로수, 주행속도, 간판 등)과 건널목, 지하도 출입구, 육교와 가까운 곳이 좋다.
- 차량 출입 동선이 좋은 곳인지 고려한다.

3. 오피스(사무실) 상권

(1) 특성

- 상용 및 접대형식의 이용객이 많은 곳이다.
- 직장상주 고객과 거래처 손님이 주고객이다.
- 전문화, 단품메뉴로 중저가로 판매한다.
- 고정 고객화 성향이 강한 상권이다.

(2) 입지선정 포인트

- 1층이 유리하며, 1층과 2층으로 연결된 점포도 좋다.
- 월간 영업일수 20일 정도로 산정하고 출점 계획수립이 필요하다.
- 식당의 경우 점심식사 중심이므로 객석확보가 가능해야 한다.
- 큰 건물에 있는 인스토어형이 유리하며, 점포 앞 전면이 긴 것도 좋지만 고정고객 중심으로 임대료를 감안하여 후면 깊숙한 곳도 괜찮다.
- 점포 출입구에 간이 판매대가 설치 가능한지 고려한다.
- 대형건물(10층 이상)이 100m 이내에 몇 개 있는지 조사하고 출입구가 가까운 쪽인지 체크할 필요가 있다.
- 인근에 공용주차장 유무체크와 관공서보다 일반사무실이 많은 쪽이 유리하다.

4. 번화가 및 상가 상권

(1) 특성

- 후보지로는 최적이라고 할 수 있다.
- 고객층이 다양하고 유동인구가 많다.
- 점포 관련비용이 높다.
- 회전율 극대화를 위하여 소형위주의 운영이 필요하며, 주 고객층은 20대 젊은 세대의 일회성 고객이 많다.

(2) 입지선정 포인트

- 동선, 간판의 시계성, 건물 출입구, 차 없는 거리, 거리의 분위기, 문화수준정도, 중·고가의 여성관련 점포 유무, 간판 부착 공간 유무, 넓은 창유리 등
- 대형건물이 50m 이내에 많은 곳이 유리하다.

- 넓은 공간이 확보되면 2층이라도 가능하다.
- 건축물 관리대장을 체크한다.

5. 대학가 상권

(1) 특성

- 1년 중 1/3정도가 방학이다.
- 상가, 주택가 밀집지역은 가능성이 양호하다.
- 지방 캠퍼스는 장애요인이 많다.
- 주간 이용객이 많고 야간 이용객이 적다.

(2) 입지선정 포인트

- 1층 고립형 점포보다는 넓은 2층이 유리하다.
- 주변 건물보다 외형이 좋아야 한다.
- 충분한 냉·난방시설의 배려가 가능한 곳인지 고려한다.

6. 역세권 상권

(1) 특성

- 열차 및 전철 이용객 중심으로 퇴근길 회사원이 많다.
- 유동성이 강하며, 점포가 약속장소로 많이 이용된다.
- 열차 운행시간대를 고려한다.
- 유동인구가 많고 흐름이 빠른 곳이다.

(2) 입지선정 포인트

- 노선 수, 운행횟수, 승객 수, 주 출입구, 배후시설 등을 체크하여야 한다.

- 역구내의 경우 출입구 수, 역에서 예비점포의 시계성 등을 고려한다.
- 역 주변 입지의 경우 시계성, 동선, 교통유발요인, 역과의 근접성, 지하도와 연결성 등을 고려한다.

7. 관광지 상권

(1) 특성

- 성수기, 비수기에 따른 극단적인 차이가 있다.
- 가족중심의 경영이다.
- 레저 성향과 활동성이 강하다.
- 이벤트의 연출이 많다.
- 비슷한 상품들로 구성되어 있어 상품개발 여지가 많다.

(2) 입지선정 포인트

- 계절성을 고려하여야 한다.
- 대형 버스가 주차가능 하여야 한다.

8. 소규모 상권

(1) 특성

- 대도시 근교의 신도시로 아파트 10,000세대 정도이다.
- 출・퇴근 시간을 제외하면 유동인구가 적다.
- 일명 배드타운이다.

(2) 입지선정 포인트

- 투자규모가 증가해도 지역 최고 규모의 일등지를 구입하여야 한다.
- 단체고객확보와 독점적인 지위 확보가 필요하다.

- 건물, 지형에 제한적인 조건(소음이나 하천 등)이 없어야 한다.
- 시계성이 양호하고 고객유발요인에서 가까운 곳이어야 한다.

제 8 장

사업계획서 작성

제 1 절 사업계획서의 의의 및 필요성

1. 사업계획서의 정의

가맹점주가 사업을 시작하기 전에 가장 먼저 해야 할 일 중 하나가 사업계획서를 준비하는 일이다. 창업을 준비하면서 틈틈이 모아 놓은 각종 자료들과 메모들, 그리고 그 동안의 생각을 총 정리해 보는 것이다. 즉, 사업계획서는 사업을 검토하는 데 타당성이 인정되는 경우에 하여 작성하는 것으로서 사업의 내용, 경영방침, 기술문제, 시장성 및 판매전망, 수익성, 소요자금 조달 및 운영계획, 인력 충원계획 등을 일목요연하게 정리한 일체의 서류인 것이다.

사업계획서는 창업자 자신을 위해서는 사업성공의 가능성을 높여주는 동시에 계획적인 창업을 가능케 하여 창업기간을 단축하여 주고, 계획사업의 성취에도 긍정적인 영향을 미친다. 또한, 창업에 도움을 줄 제 3자, 즉 동업자, 출자자, 금융기관, 매입처, 매출처, 더 나아가 일반 고객에 이르기까지 투자의 관심 유도와 설득자료 등 활용도가 매우 높다. 이런 이유로 사업계획서 작성은 정확하고 객관성이 유지되어야 하며, 전문성과 독창성을 갖춘 보편타당한 사업계획서가 되어야 한다.

2. 사업계획서 작성의 목적

대부분의 점포사업의 경우 생각만하고 구체적으로 문서화하지 않는 경우가 많은데, 이럴 경우 계획한대로 일이 풀리지 않게 되거나 진행에 변경이 있을 경우, 어디서 어떻게 풀어나가야 할지, 또 어떤 부분을 수정하는 것이 효과적인지에 대해서 명확하게 알기 어려워 애를 먹기 일쑤이다. 따라서 효과적인 창업진행을 위해서는 본인의 구상을 문서로 사업계획화함으로써 성공 창업의 도구로 활용할 수 있어야 할 것이다.

일반적인 **사업계획 수립의 목적**은 다음과 같다.

1) 사업의 지침 역할을 한다.

거의 모든 창업 준비를 혼자 하다보면 처음의 창업 구상은 사라지고, 눈앞의 일을 해 내기에도 정신이 없는 경우가 많다. 이 때 잘 정리된 사업계획은 사업의 기본방향과 목적을 명쾌하게 알려주는 지침서의 역할을 할 수 있다.

2) 창업 진행상의 결점 파악과 대처방안을 마련할 수 있다.

사업계획서를 작성하다 보면 처음의 사업 구상과는 다른 어려운 점들이나 결점들을 발견할 수 있게 된다. 생각했던 부분들을 전체적인 사업계획으로 묶다보면 창업 계획의 장·단점을 알게 되고, 이를 보완하기 위한 대처방안을 수립할 수 있게 해준다.

3) 투자 유치나 대출을 받을 때 유용한 도구가 된다.

사업을 시작하려는 사람들이 겪는 가장 어려운 문제가 바로 자금조달 문제이다. 부족한 자금을 조달하기 위한 방법으로는 투자를 유치하든지 아니면 금융기관에서 대출을 받아야 하는데, 바로 잘 만들어진 사업계획서가 훌륭한 도구로 사용될 수 있다. 누구나 본인의 사업계획이 훌륭하며 시작만 하면 쉽게 큰 돈을 벌 수 있다고 설명하지만 말로는 절대 안 된다. 논리정연하고 설득력이 있으며, 사업의 달성 가능성을 충분히 반영하는 사업계획서는 이들 투자가나 금융기관을 설득할 수 있는 유용한 도구로서의 역할을 한다.

4) 사업계획서는 사업과 관련된 모든 사람들에게 활용된다.

사업계획서는 창업자, 투자가, 금융기관, 인·허가기관, 창업 멤버뿐만 아니라 창업자의 사업에 도움을 줄 수 있는 모든 이해관계인, 즉 매입처, 매출처 더 나아가 일반 고객, 제 3자에 이르기까지 사업에 대한 관심유도와 설득자료로 그 활용도가 매우 높다.

3. 사업계획서의 용도와 종류

사업계획서는 본인이 하고자 하는 사업의 형태, 사용하고자 하는 목적 등에 따라 여러 가지 용도와 종류로 구분이 된다. 사업계획서를 작성할 때에는 어떠한 용도로 사용이 되는지를 분명히 알고 작성하여야 한다.

사업계획서의 용도에는 크게 내부용과 외부용으로 나누어 볼 수 있는데, 내부용은 사업자가 창업을 추진하는 데 있어 하나의 지침서 역할을 하기 위하여 작성되는 것이며, 외부용은 사업의 인·허가, 자금조달을 목적으로 이해관계인에게 제출하는 용도라고 할 수 있다. 대부분의 경우 자금조달이나 인·허가를 위한 외부용으로 사업계획서를 활용할 목적으로 작성하는 경우가 많은데, 해당기관에서 요구하는 소정양식에 사업내용을 기재하는 식으로 이루어지고 있기 때문에, 본인의 사업구상을 정리한 내부용 사업계획이 작성되어 있다면 그리 어려운 문제는 아니다. 따라서 창업자의 입장에서는 대외용의 활용 목적보다는 사업에 내재된 위험을 관리하고 사업을 진행하면서 의사결정에 도움을 줄 수 있는 기본 지침서로 활용하기 위해서 실질적인 내부용 사업계획서를 먼저 작성해 볼 필요가 있다. 스스로 직접 사업구상을 정리해 보고, 필요하다면 이를 외부 전문가에게 검증 받아 보는 것도 좋은 방법이라고 할 수 있다.

사업계획서의 종류는 사업계획서를 작성하는 방법이나 형태에 따라 달라질 것이고, 영위하는 업종 그리고 사업계획서를 접수하는 기관마다 별도로 요구하는 사업계획서가 따로 있다. 일반적으로 자금이나 사업을 승인하는 기관에서는 관계규정에 따라 소정 사업계획서 양식이 별도로 준비되어 있다.

제 2 절 사업계획서 작성

1. 사업계획서 작성 절차

사업계획서는 사업의 목적과 기본방향을 염두에 두고 사업계획서 안에 담아야 할 내용을 체계적으로 작성해 나가야 한다. 일정한 작성순서와 방법에 의하여 작성을 해 나가다 보면 짧은 시간 내에 양질의 사업계획서를 만들 수 있다.

(1) 형태 선정

정해진 양식이 있으면 소정양식에 의해 작성하여야 하며, 만약 소정양식이 없으면 어떤 형태로 작성할 것인지 먼저 결정하여야 한다. 세로, 가로의 형태, 글씨체의 결정, 그림이나 도표의 활용, 표지 및 디자인의 결정 등이다.

(2) 기본내용 선정

형태가 정해지면 어떠한 내용을 사업계획서에 담아야 할지를 생각하여 기본 내용의 목차를 정리하여야 한다. 본인에게 필요한 내용을 선정하므로 사업계획서마다 모두 다르게 되는 이유가 된다.

(3) 시장조사

구상하고 있는 사업과 관련하여 시장규모 및 전망, 경쟁상황, 유통경로, 매입처, 매출처 등 시장조사를 한다. 조사된 내용 중에서 사업계획서 구성상 반영이 필요한 사항은 별도로 표시를 해두고 계획서에 반영하도록 한다.

(4) 내용작성

수집된 정보나 자료를 토대로 하여 사업계획서 본문 내용을 작성한다. 이때 작성하는 방법은 미리 정한 사업의기본내용 순서를 따르되 세부적인 구성항목들은 보유한 자료나 표현 가능한 사업구상의 범위 내에서 결정한다.

(5) 첨부서류 준비

모든 사업계획서에는 사업계획의 내용을 증빙하는 또는 보충 설명할 수 있는 참고자료가 첨부된다. 특히, 자금 또는 사업 인·허가 기관에서는 규정에 의하여 필요한 구비서류를 요구하고 있다. 이러한 구비서류들은 신청자격 여부의 결정과 사업심의 과정에서 평가요소로 반영되기 때문에 필히 준비하여야 한다. 구비서류의 준비는 사업계획서를 작성하기 전이나 작성하면서 같이 준비하는 것이 시간이 절약된다.

(6) 재검토

작성된 사업계획서는 최소 2~3회 정도 꼼꼼히 재검토되어야 한다. 내용에 관련된 부분뿐만 아니라 오탈자 등도 세심히 살펴봐야 한다. 한번 제출이 된 사업계획서는 수정이 어렵다. 특히, 중요한 사업 인·허가나 자금조달 신청용인 경우에는 치명적인 결과를 가져올 수 있기 때문이다.

(7) 제본

사업계획서의 표지는 안에 담겨있는 내용을 한 눈에 표현해주는 얼굴이라고 할 수 있다. 각별히 신경을 써서 보기에도 좋고 보관하기에도 용이하도록 제본을 하는 것이 마지막 단계이다.

2. 사업계획서의 내용

사업계획서의 구성내용은 사업계획서의 용도 또는 목적에 따라 그 내용이 달라질 수 있을 것이다. 소정양식의 사업계획서는 정해진 양식에 충실하되 필요한 경우 보완사항을 추가하도록 하고, 일반 사업계획서인 경우는 다음의 구성내용을 참고하여 적절한 변화를 시켜 현장에서 사용하면 된다.

(1) 업체개요 및 현황

- 대표자 프로필 및 현황, 회사현황
- 간단한 재무상황
- 법인인 경우 주주현황

(2) 사업의 목적과 효과

- 사업의 목적 및 내용
- 제조, 상품판매, 서비스 등
- 사업을 함으로써 얻는 효과

(3) 수요예측

- 국내 수요예측
- 국외 수요예측

(4) 투자내용

- 기술성 검토(입지조건, 내 · 외부 시설 등)
- 시설 투자계획(건물, 기계장치, 비품, 인테리어, 간판 등)
- 사업추진 일정계획
- 조직 및 인원계획
- 자금운영계획(소요자금 조달)

(5) 생산(서비스)계획

- 원 · 부자재 사용 및 조달계획
- 생산(서비스)에 필요한 시설 및 설비에 따른 생산(서비스)계획

(6) 판매계획

- 매출액 추정
- 매출원가의 추정
- 손익비용 추정
- 영업외비용(지급이자 등) 추정

(7) 추정 재무제표 작성

- 추정대차대조표
- 추정손익계산서

(8) 차입금 상환계획 및 능력 검토

- 차입금 규모
- 연도별 상환계획

(9) 이익계획

- 손익분기점 추정, 수익성 요인분석을 기술

(10) 준비서류

- 임대차계약서, 사업자등록증, 부동산등기부등본(건물, 토지), 토지 이용계획 확인원, 가맹점계약서, 견적서 및 카탈로그, 기술관련 서류 등

3. 사업계획서 작성 시 유의점

사업계획서는 여러 가지 사유로 인해 다양한 목적과 다양한 양식으로 작성이 된다. 사업계획서 작성 시 유의할 점으로는 다음과 같은 것들이 있을 수 있다.

(1) 목적에 적합하게 작성한다.

사업계획서는 사용용도에 따라 그 목적에 적합하도록 작성되어야 한다. 내부용이라면 모든 사항을 세부적으로 작성하여 효율적인 경영관리가 가능하도록 해야 하며, 자금신청용 또는 인·허가신청용이라면 해당기관에서 요구하는 기준이나 요구사항에 맞도록 작성해야 한다.

(2) 일관성이 있어야 한다.

사업계획서는 시작부터 끝까지 그 내용이나 수치에 있어서 일관성이 있어야 한다. 특히, 숫자로 표시되는 근거, 목표, 결과에 관련된 금전적인 사항들은 추정재무제표나 회사 수익성분석 등에서 일관성 있게 반영되어야 한다.

(3) 객관적이어야 한다.

사업계획서는 확실한 근거와 함께 객관적으로 표현되어야 한다. 특히, 외부기관에 제출하기 위한 사업계획서를 작성할 때 작성자의 주관적인 의견을 위주로 작성된다면 그런 사업계획서는 믿을 수 없는 종이에 불과할 뿐이다 통계적이고 객관적인 자료를 근거로 하여 합리적인

내용으로 작성되어야 한다.

(4) 충분하고 명료성이 있어야 한다.

사업계획서는 각 사업운영 부문별로 충분히 다루어 주면서 그 내용을 명료히 나타내어야 한다. 사업계획은 생산, 판매, 자금, 인력, 상품소개, 시장현황 등 사업과 관련된 내·외적인 요소를 골고루 포함하여야 한다. 그리고 내용은 중복되지 않으면서 명료하여 이해하기 쉽도록 표현하여야 한다.

(5) 강점은 주장하고 약점은 보완하는 전략을 제시하여야 한다.

창업자가 가지고 있는 사업성공을 위한 강점은 최대한 확실하게 주장하여야 한다. 특히 타 경쟁점과 차별화된 요소들에 대해서 확실하게 대비하여 주장할 필요성이 있다. 또한, 계획사업의 약점이나 문제점에 대해서는 숨기려고 하지 말고 오히려 공개한 후 그 약점이나 문제점을 극복할 수 있는 전략을 가지고 있다는 점을 부각시킬 필요가 있다.

(6) 설득력이 있고 검증 가능성이 있어야 한다.

외부용의 경우 특히 설득력이 중요하다. 투자가 또는 금융기관 등에 제출하는 사업계획서는 그 내용이나 형식이 보는 사람들로 하여금 신뢰감을 주고 동조를 얻을 수 있는 힘을 가지고 있어야 한다. 또한, 사업계획서 상에 반영되는 모든 사업내용은 추정 재무제표로 작성이 되고 재무 분석을 통하여 계획사업의 적정 수익성, 성장성 등이 검증되어야 한다.

제 4 부

프랜차이즈 가맹점 경영

제 9 장

마케팅의 이해

소비자의 소비행위는 다양한 요인들에 의해 영향을 받는데, 크게는 문화, 규범, 가치, 신념, 등의 사회문화적 요인과 가족, 친구, 동료집단 등의 사회적 요인 그리고, 문화적환경과 물리적 환경에 영향을 받고 적게는 태도, 학습, 개성, 지각, 라이프스타일 등의 심리적 요인의 영향을 받는다. 이 밖에도 개인의 직업, 소득, 성별, 학력, 등 개인적인 요인에 의해서 직접적인 영향을 받는다고 하겠다. 이러한 소비자를 알기 위해 그들의 심리나 소속집단, 의사결정 요인 등을 조사하며, 이러한 조사 자료는 마케팅 활동의 요소인 제품, 가격, 유통, 촉진 등을 효과적적으로 집행하는데 기본적인 단서가 된다.

이렇게 많은 자료를 투입하고도 그 결과가 만족스럽지 못하게 나타나는 경우가 많은데 그 이유는 첫째, 마케팅의사결정이 갖는 다목적성(multi-objective) 때문이다. 그 관점이 단기인지 혹은 장기인지에 따라 그 목표가 달라질 수 있고 의사결정 계층에 따른 관점차이나 부서간의 상이한 관점에 따라서도 달라질 수 있기 때문이다. 둘째, 마케팅의사결정과 관련한 불확실성(uncertainty) 때문이다. 마케팅환경에서부터 소비자의 구매시점까지 발생할 수 있는 다양한 변수들이 상호작용하여 동적으로 변하기 때문에 최종적인 결과는 기대치와 상당히 다르게 나타날 가능성이 높다고 하겠다. 셋째, 마케팅의사결정이 갖는 정황성

(context) 때문이다. 소비자가 제품을 평가할 때 그 평가의 시점이 구매시점인지 사용시점인지에 따라 달라질 수 있어 마케팅의사결정도 이를 고려하여 이루어져야 한다. 즉, 과거의 성공사례가 미래의 성공을 보장해 주지 못하는 것이 정황에 따라 달라지기 때문이다.

많은 기업들이 고객만족, 고객감동을 내세우며 소비자의 마음을 사로잡으려 하고 소비자를 만족, 감동시키기 위한 제품을 개발하려고 노력하고 있다. 그러면 이러한 제품들에 대한 소비자는 누구이고 구매자는 누구일까? 보통 유아용품의 소비자는 자녀이지만 그 제품의 구매자는 부모가 된다.

제 1 절 마케팅의 이해

1. 마케팅의 정의

마케팅(Marketing)은 Market + ing 즉 현재진행형이라는 의미이므로 마케팅의 정의는 시대 환경의 변화에 따라 그 정의도 달라지고 있는 것을 볼 수 있는데, 미국마케팅학회에서의 정의의 변천사와 한국마케팅학회의 정의를 살펴보기로 한다.

미국 마케팅학회(American Marketing Association : AMA)의 1960년 마케팅에 대한 정의를 "Marketing consists of the performance of business activities that direct the flow of goods and services from producer to consumer or user."(마케팅은 생산자로부터 소비자 또는 사용자에게 재화와 용역의 흐름을 지시하는 기업 활동의 수행으로 구성된다.)라고 정의 하였다. 이는 생산 이전의 활동을 고려하지 않고, 유통만을 강조하고 있고, 마케팅의 주체를 기업에만 국한하고 있다는 문제점이 있다. 이러한 문제점 보완과 마케팅환경 변화에 따라 1985년 마케팅을 새롭게 정의하고 있다.

"Marketing is the process of planning and executing the conception, pricing, promotion and distribution of ideas, goods and services to create exchanges that satisfy individual and organizational objectives." (마케팅은 개인과 조직의 목적을 충족시키는 교환을 창출하기 위하여 아이디어, 제품과 서비스의 개념, 가격결정, 판매촉진, 유통을 계획하고 실행하는 과정이다.) 1985년의 정의는 마케팅의 주체와 대상을 모두 확대하였고, 4P를 정의에 포함하여 마케팅 의사 결정분야를 명확하게 설명하고 있다.

2004년에는 "Marketing is an organization function and a set of processes for creating, communicating and delivering value to customers and for managing customer relationships in ways that benefit the organization and it's stakeholders."(마케팅은 조직과 이해관계자들에게 이익이 되는 방법으로 고객에게 가치를 창출하고, 의사소통하고, 전달하며, 고객관계를 관리하기 위한 조직의 기능과 일련의 과정이다.) 고객관계관리(customer relationship management: CRM)가 추가됨으로써 관계마케팅이 강조되고 있다는 특징이 있다.

2007년에는 "Marketing is the activity, set of institutions, and processes for creating, communicating, delivering, and exchanging offerings that have value for customers, clients, partners, and society at large."(마케팅은 고객, 클라이언트, 파트너, 더 나아가 사회전반에 가치 있는 제공물을 창출하고, 의사소통하고, 전달하며, 교환하기 위한 활동과 일련의 기관 및 과정이다.) 2007년 마케팅 정의에서는 가치제공과 교환의 대상이 개인과 조직의 범주를 포괄하여 사회전반으로 확장하는 것이 주요 특징이며, 마케팅의 기능적 측면보다는 활동적 측면을 강조하고 있다. 이는 마케팅이 어느 특정 부서에 한정된 기능 또는 활동에 한정된 것이 아니라 기업 차원의 광범위한 활동을 의미한다.

2002년 6월 한국마케팅학회의 마케팅 정의를 살펴보면, "Marketing is the process of defining and managing markets to create and retain exchanges by which organizations or individuals achieve their goals." (마케팅은 조직이나 개인이 자신의 목적을 달성시키는 교환을 창출하고 유지할 수 있도록 시장을 정의하고 관리하는 과정이다.) 이는 교환을 강조하고, 조직이나 개인도 마케팅의 주체가 될 수 있으며, CRM 및 시장의 정의 및 관리에 대해 정의하고 있다.

2. 마케팅 범위

마케팅의 범위에 대한 미국마케팅학회의 정의를 보면 마케팅 행위의 대상을 유형의 제품, 무형의 서비스뿐만 아니라 아이디어를 포함하는 포괄적 개념을 채택하고 있다. 이는 넓은 의미의 제품이라고 하겠다.

(1) 소비재 마케팅

개인적인 소비를 위하여 제품을 구매하는 개인 및 가정을 대상으로 하는 마케팅을 말한다.

(2) 산업재 마케팅

다른 제품의 생산을 목적으로 구매하는 기업을 대상으로 하는 마케팅을 말한다.

(3) 서비스 마케팅

유형의 제품이 아닌 무형의 서비스를 대상으로 하는 마케팅을 말한다.

3. 마케팅 환경

마케팅 환경이란 기업의 마케팅목표 달성에 영향을 미치는 기업내부 또는 외부의 요인을 말한다. 기업들은 이러한 요인들에 의해서 마케팅 전략을 수정하면서 진행해 나간다. 최근의 상황은 마케팅 시장의 다변화와 신 시장개척 및 새로운 전략의 개발로 마케팅 환경이 확장되는 경향이 있다. 보통 마케팅 환경이라고 하면 거시적 환경과 미시적 환경으로 구분한다. 거시적환경은 인구통계적 환경, 사회적 환경, 경제적 환경, 법률적 환경, 기술적 환경을 말하고, 미시적 환경은 산업구조분석, 경쟁분석, 외부집단, 내부환경을 말한다.

제 2 절 마케팅 전략

마케팅에서 전략이란 개인이나 조직(기업)의 목표를 달성하기 위한 여러 가지 활동에 그들이 가진 자원이나 능력을 배분하는 과정이다. 전략의 선행과정인 환경분석을 하고 나면 다음으로 기업자산을 분석하여야 한다. 이때 SWOT분석을 하게 되는데 강점(Strength)과 약점(Weakness), 기회(Opportunity), 위협(Treats)을 분석하는 것을 말한다. 이러한 SWOT분석이 끝나면 시장을 대상으로 한 구체적인 전략(STP전략)을 수립한다.

1. 시장세분화(Segmentation)

판매 전략을 수립함에 있어서 모든 소비자를 대상으로 하는 것보다는 자기제품에 맞는 소비자들만을 대상으로 판촉활동을 전개하면 비용도 절감되고 효율적인 판매증대를 이룰 수 있다. 시장세분화를 위해서는 다양한 소비자를 욕구수준, 소득, 성별 등 여러 요인들로 세분화하여 그 특성을 분석할 필요가 있다.

1) 지리적 세분화

기업은 지역에 따른 소비자의 기본적인 욕구와 소비행위에 차이가 있다는 점을 이해해야 한다. 의류 브랜드의 경우 스타일과 브랜드에 따라 지역적으로 선호가 다르다. 서울지역의 강남, 신촌, 영등포 등 7-8개 상권의 특성이 다르고 각 지방의 상권 역시 특성이 다르다. 디자이너 브랜드인 오브제의 경우에는 지방보다는 서울 등 도시에서, 서울 지역 내에서도 외곽지역보다는 압구정, 신촌 등 젊고 세련된, 유행을 따라가는 여성들이 많이 찾는 지역에서의 판매가 더 높아 서울 도심 지역에서의 대리점 개설에 노력하고 있다. 지역을 좀더 세분화하여 살펴보면 숙녀브랜드인 미샤의 경우 할인타운 매장 중 문정동이 목동상권 보다 더 지명도가 높고 상권이 더 크나 목동이 더 매상이 높다. 비슷한 상권으로 생각되기 쉬우나 결과는 목동이 더 효율적인 지역으로 나타났다.

이밖에 카페나 음식점, 케이블 TV도 지리적 특성에 따라 세분되는 전형적인 예라 할 수 있다. 이런 지리적 세분화는 국제마케팅 분야에서 더욱 중요한 문제가 될 것이다. 민족성, 역사, 경제사정, 관습 등에 따라서 특정 국가에 진출하고자 하는 기업이 고려해야 할 문제는 너무도 많을 것이다. 지구촌은 계속 가까워지고 있지만 아직도 언어, 종교, 기호 등을 기초로 한 국제마케팅이나 한 국가 내에서도 서로 상이한 결과를 보이는 지역적 특성은 시장 세분화의 중요한 변수가 되고 있다.

2) 인구통계에 따른 세분화

다른 변수들에 비해 측정이 용이하며 소비자욕구와 연관성이 높기 때문에 인구 통계적 변수는 소비자 집단을 구분하는데 가장 널리 사용한다. 만약 표적시장이 인구 통계적 변수로 묘사되지 않을 때, 예를 들어 개성이나 라이프스타일과 같은 정신 심리적 변수로 표적시장의 크기와 그것에 효율적으로 도달하는 방법을 알아보려 할 때, 인구 통계적 변수와 다시 연관시켜 보면 시장을 세분화하기 쉽다. 인구통계특성별 세분화시 사용되는 변수로는 나이, 성별, 소득, 직업 등이 있다.

3) 연령과 생활주기(라이프 사이클)의 변화

소비자의 욕구와 능력은 연령에 따라 변화하고 이러한 변화는 생활주기에 영향을 주며, 제품을 구입할 때도 영향을 미친다. 신세대 주부층을 겨냥한 동서 컨셉트 가구, 장년층을 겨냥한 사임당 가구 등은 연령에 따른 세분화의 예가 될 것이다. 연령과 결혼여부에 따른 생활 주기 단계에 따라서도 시장이 세분화되는데, 이에 따른 주택 구입 성향은 좋은 실례이다. 20대의 독신 남녀는 원룸을 선호하고, 결혼한 젊은 부부들은 아파트를 선호하고, 50대 노부부들은 전원주택을 선호하는 경향이 있다. 이처럼 연령과 라이프 사이클의 변화는 신체적 변화, 재정력의 변화, 취향의 변화 등을 대변하기 때문에 이를 조사하는 것은 가장 보편적은 시장 세분화의 단계가 될 것이다.

4) 성별에 따른 세분화

성별 세분화는 의복, 미용, 화장품, 잡지에서 오랫동안 사용되어 왔다. 간혹 다른 분야의 마케팅 관리자들도 성별 세분화의 기회를 발견하곤 하였다. 담배 시장이 좋은 예인데, 대부분의 담배 상표는 남녀 똑같이 피우고 있다. 그러나 담배의 종류가 너무나 다양하고 흡연에 대한 성차별이 드문 미국에서는 담배의 성별 세분화가 많이 진행되어 있는데, 거친 남성의 표상이 되어 있는 말보로 담배도 초기에는 여성용이었으나 판매부진을 겪은 후 말보로 맨을 등장시켜 고독하고 강한 남자의 이미지를 내세운 후 현재의 위치를 갖게 되었다. 이브나 버지니아 슬림과 같은 여성용 상표는 여성 이미지를 강화시켜 주는 적당한 향, 포장 광고를 사용하고 있다. 또한, 과거 자동차는 기본적으로 남자에게 소구하도록 설계되었다. 그러나 많은 여성들이 자동차를 소유하게 됨에 따라 일부 제조업자들은 특별히 여성들에게 소구할 수 있는 모형의 자동차를 설계하고 있다. 그러나 반대로 성별 세분화가 진행된 분야에서는 오히려 남녀 공용제품이 새로운 시장으로 받아들여지는데, 캘빈클라인 의류나 향수, 남녀 구분 없는 미용실 등은 그런 특성으로 성공할 수 있었다.

5) 소득에 따른 세분화

소득 세분화는 연령, 성별 다음으로 자주 사용되는 세분화 변수로 자동차, 보트, 의류, 화장품, 여행과 같은 제품 및 서비스 범주에 주로 이용된다. 고소득, 고학력의 젊은 독신 남녀를 지칭하는 여피족은 소득과 연령을 세분화 변수로 이용하는 대표적인 예이다. 때때로 고학력자를 고소득자로 간주하여 시장을 세분화하기도 하지만, 소득계층과 사회계층은 엄연한 차이를 지니고 있다는 점을 고려해야 한다. 또한 소득과 구매력은 다른 문제이므로 위에서처럼 다른 변수와 결합시켜 사용할 때보다 효과적일 것이다.

6) 다변수의 인구 통계적 세분화

대부분의 기업들은 2개 또는 그 이상의 인구 통계적 변수를 결합하여 시장을 세분화하게 된다. 예를 들어, 어떤 대형은행은 자사의 창구고객들을 세분화하기 위해 두 가지 중요한 인구 통계적 변수로서 소득과 연령을 선정하였다. 그리고 각각 3개의 그룹으로 나누어 분석하였다. 하지만 여기에는 몇 가지 주의할 점이 있다.

첫째, 연령분류는 분명해야 한다. 한꺼번에 묶어져 있지만, 40대 초반의 사람들은 재무적 욕구에 있어 50대 후반의 사람들과는 실질적으로 차이가 있을 것이다. 즉, 중간부분이 두 개의 부분으로 다시 나누어진다는 사실은 바로 중년과 일찍 정년한 사람들 간에 차이가 있을 것이다.

둘째, 소득은 자산 범주에 의해서 보완되어져야 한다. 예를 들어, 어떤 정년퇴직자는 자산은 많지만 소득은 낮다. 또 다른 정년자는 자산은 없지만 소득은 많을 수 있다. 그럼에도 불구하고, 이러한 인구 통계적 세분화 계획은 은행이 상이한 고객 집단에 대해 상이한 상품을 개발하는 출발점을 제공한다. 다민족 국가로 인구 통계적 정보를 중시하는 미국의 예를 들면 미국의 여피족들은 25-39세 고소득, 고위전문가로 도시에 주소를 두고 있는 사람들로 정의된다.

심리 묘사적으로 정의하면, 그들은 테니스, 스키, 보트타기와 같은 스포츠를 선호하며, 미식가용 식품과 포도주를 즐기고, 유행, 예술 및 문화행사에 참여하며 또한 외국여행을 선호한다. 그러나 인구 통계적 특성 및 심리 묘사적 특성이 항상 밀접하게 연관되지는 않는다. 인구 통계적으로 여피족으로 정의되지만, 뉴잉글랜드와는 반대편인 중서부에 거주하는 여피족들은 골프, 사냥, 낚시 등을 선호하며 또한 소금에 절인 고기와 맥주를 좋아하지만, 예술과 문화에 대한 관심이 상당히 낮다. 이때 은행은 인구 통계적으로 정의한 여피족과 심리 묘사적으로 정의된 여피족 중 어느 쪽에 소구할 것인가를 결정해야만 하는데, 그 이유는 그 결정에 따라 은행의 제품과 서비스개발과 커뮤니케이션 믹스 간에 큰 차이가 날 수 있기 때문이다.

7) 세분시장 분석

3C분석(세분시장 분석) - 표적시장 선정을 위하여 세분시장의 규모와 성장성, 상대적 경쟁력, 자사와의 적합성 등 세분 시장별 매력도를 평가하는 것이다. 시장을 세분화한 다음 기업은 세분된 시장 내에서 마케팅 전략을 펼칠 시장, 즉 표적시장을 선정해야 한다. 이때 기업들은 표적시장 선정을 위하여 각 세분시장 별 매력도를 평가하는데, 평가 시 고려해야 할 사항이 고객(Customer), 경쟁사(Competitor), 자사(Company)의 3C이다. 기업들은 시장 규모와 시장 성장률, 현재의 경쟁사와 잠재적 경쟁사, 자사와의 적합성 분석 등을 통해 세분시장별 매력도를 평가하고 자사와 가장 적합한 시장, 즉 표적시장을 선정하게 된다.

각 평가요소는 5점 또는 7점 척도를 사용하여 평가하고, 평가 요소별 중요도를 감안하여 각 세분 시장의 매력도를 산출한다. 그리고 각 평가요소의 중요도는 기업에 따라 다르게 나타날 수 있다.

2. 표적시장 선정(Targeting)

세분 시장별 3C분석과 수요예측을 통해 기업에 가장 유리한 시장을 선정한다.

각 세분 시장은 3C분석에 의해 평가한 후 진출할 가치가 있는 전략 시장을 선정하게 된다. 시장 세분화를 통해 몇 개의 잠재적 세분시장으로 나눈 다음에는 각 세분시장별 3C분석과 수요 예측 등을 통하여 기업에 가장 유리한 하나 또는 그 이상의 표적 시장을 선정하게 된다. 이 때 기업은 각각의 표적 시장의 측정가능성, 최소한의 이윤이 보장될 만큼의 크기, 접근 가능성 등을 분석하여 여기에 자사의 능력을 대입하여 수행할 전략을 세우게 된다. 표적시장 선정은 세분화 정도에 따라 비 차별화 전략, 차별화 전략, 집중화 전략의 세 가지로 접근할 수 있다.

(1) 비 차별화 마케팅(non-differentiated marketing)

대량 마케팅과 일맥상통하는 비 차별화 마케팅은 구매자 욕구의 차이보다는 공통적인 것에 소구점을 맞춰 동일한 마케팅믹스(Product, Price, Place, Promotion)를 적용시키는 마케팅전략이다. 표준화와 대량생산을 통해 원가 경쟁력을 가질 수 있는 비 차별화 마케팅은 광고와 유통에 있어서도 비용을 절감시킬 수 있다. 따라서 비 차별화 마케팅 전략을 선택하는 기업들은 규모의 경제를 통한 저가격으로 가격을 중요시 여기는 세분 시장을 확보하려고 노력하게 된다. 맥도널드나 코카콜라 같은 기업은 전 세계에서 제품, 광고, 가격 정책 등에 있어 동일한 전략과 목표를 추구한다. 이런 경우 기업은 막대한 자금력을 필요로 하며 비 다각화에 따른 위험을 고려하여야 한다. 전형적으로 비 차별화 마케팅 전략을 이용하고 있는 기업은 그 시장에서 가장 큰 세분시장을 목표로 제품을 개발하게 된다. 하지만 시장이 변화하거나 전략이 잘못 수립됐을 경우 쉽게 포용할 수 없는 결과가 나올 수도 있다.

(2) 차별화 마케팅(differentiated marketing)

차별화 마케팅은 상이한 구매자 욕구에 소구점을 맞춰, 세분화된 각각의 시장에 상이한 마케팅믹스를 사용하는 전략이다. 소비자들에게 제품의 이미지를 강화할 수 있는 장점이 있지만 각각 세분된 제품, 유통, 촉진을 이용함으로써 비용이 많이 들 수 있다.

(3) 집중화 마케팅

표적 마케팅 전략이라고도 불리는 집중화 마케팅은 세분된 시장 중 특정 시장에 초점을 맞춰, 기업의 역량을 한곳으로 마케팅 믹스를 집중시키는 전략이다.

3. 포지셔닝(Positioning)

경쟁제품과 효과적으로 경쟁하기 위하여 마케팅믹스를 이용하여 소비자의 의식에 자사 제품의 정확한 위치를 심어주는 것이다. 우리가 특정 상품에 대해 생각할 때 각 제품이 가진 느낌이 자동적으로 떠오르는 경우가 있다. 이는 기업이 소비자에게 보여준 총체적 마케팅 전략의 결과로 이 제품들이 우리들의 생각 속에 그렇게 자리 잡고 있기 때문일 것이다. 기업에서 시장 세분화와 표적 시장 선정을 마친 후 마케팅 전략을 구사하고자 할 때는 이미 대부분 경쟁 제품이 존재한다. 따라서 이때는 자사 제품이 경쟁 제품과는 다른 차별적인 특징을 보유하여 소비자들의 욕구를 보다 잘 충족시킬 수 있다는 것을 소비자들에게 인식시키는 과정이 필수적이다.

차나 전자제품 등의 제품을 출시할 때 고급품으로 할 것인가 아니면 크기를 줄여 중급으로 할 것인가 등에 따라 제품개발, 디자인, 가격, 광고, 판촉, 유통 등 모든 마케팅전략의 방향이 달라기 때문이다. 이와 같이 포지셔닝은 마케팅 믹스 전략의 방향을 정하는데 있어 결정적인 영향을 미치기 때문에 매우 중요한 마케팅 활동이다. 특히 오늘날과 같은 제품과 정보의 홍수 시대에는 자사 제품의 위치를 명확히 정하고 일관된 마케팅 전략을 구사하지 않으면 소비자의 인식 속에 확실히 각인되기 어렵고, 소비자 인식 속에 확고한 그 무엇을 심어주지 못한다면 모든 마케팅 전략이 아무런 효과를 거두지 못하고 실패로 끝날 수도 있을 것이다.

(1) 포지셔닝 방법론

제품의 포지셔닝에는 여러 가지 방법이 있으나 크게 다음의 4가지로 분류할 수 있다.

① 속성에 의한 포지셔닝

가장 흔히 사용되는 포지셔닝의 방법으로 경쟁 제품과 다른 편익이나 속성을 지녔다고 소비자에게 인식시키는 것이다. 앞서 예를 들면 튼튼한 탱크주의 전자제품, 음성만으로 전화를 걸어주는 핸드폰, 눈이 많이 오는 우리나라 기후를 감안하여 물에 젖지 않는 특성을 소구하는 무스탕 등이 이 유형에 속한다. 이 방법은 경쟁 제품이 가지지 않은 특징 또는 경쟁 제품이 소구하지 않는 속성, 종전 자사 제품이 부족했던 점을 부각시켜 포지셔닝하는 방법이다. 삼성전자의 애니콜이 산이 많은 한국지형에 자사 제품이 적합하다는 것을 강조함으로써 시장 점유율에서 1위였던 모토롤라를 제친 것은 포지셔닝 전략의 승리라고 할 수 있다. 한편 기능적 편익뿐만 아니라 상징적 편익이나 감각적 차별성을 강조하는 것도 이 유형에 속한다. (주)좋은사람들의 보디가드는 BYC, 쌍방울, 태창 같은 빅3사가 득세하던 내의 시장에 '감각내의'라는 차별성을 내세워 무섭게 성장하여 급기야는 흰색 일색이던 우리나라 속옷시장을 패션의류시장으로 바꿔놓았다.

② 사용 상황에 의한 포지셔닝

소구하고자 하는 제품의 적절한 사용 상황을 묘사함으로써 포지셔닝하는 방법이다. 리복이 만든 구두 '락포트'는 마라톤을 완주하는 모습을 묘사함으로써 마라톤을 완주할 만큼 편안한 구두임을 내세우고 있고, 동아 오츠카에서 만든 '컨피던스'는 친구들과 뛰어놀면서 마시는 '놀이음료'라는 신 개념을 도입하여 자사 제품을 포지셔닝 했다.

③ 제품 사용자에 의한 포지셔닝

제품이 특정 사용자 계층에 적합하다고 강조하여 포지셔닝하는 방법이다. 제일제당은 숙취해소음료 컨디션을 출시하면서 술을 많이 마시면서도 긍정적인 이미지를 주는 계층을 모색한 후 접대가 많은 비즈니스맨을 제품 사용자로 삼아 포지셔닝하였다. 그 이후에 많은 me-too제품이 쏟아져 나와 숙취 해소 드링크 시장이 새로 형성되었고 제일제당 컨디션은 시장 점유율이 50%를 훌쩍 넘는 부동의 1위를 지키고 있다.

④ 경쟁 제품에 의한 포지셔닝

경쟁 제품과 비교하여 자사 제품만이 줄 수 있는 혜택이나 편익을 강조함으로써 포지셔닝하는 방법으로서 비교 광고 등이 여기에 속한다.

우리나라에서는 법으로 비교 광고가 금지되어 있어 직접적으로 표현할 수 없는 한계를 가지고 있다.

직접적인 비교가 아니더라도 기존 제품으로 충족되지 않은 소비자들의 욕구를 공략하는 것도 이 유형의 포지셔닝에 속한다. 기존 섬유린스의 탁한 헹굼물과 자사 제품의 맑은 헹굼물을 비교한 제일제당의 섬유린스 '맑은물 이야기'와 건더기가 크다는 것을 강조한 즉석카레 '레또', 기지국이 많다는 것을 강조한 이동통신의 광고 등이 이 유형에 속한다.

(2) 포지셔닝 전략의 절차

포지셔닝 전략은 크게 아래의 5단계의 과정을 거치게 된다.

① 소비자 분석

해당 제품군에서 소비자들이 얻고자 하는 것이 무엇인지, 그리고 기존제품들에 대해서는 어떤 불만을 가지고 있는지 등 소비자 요구와 기존 제품에 대한 불만족 원인을 파악하는 과정이다.

② 경쟁자 확인

도입하고자 하는 제품의 경쟁 상대를 파악하는 과정으로서 이 때 주의할 것은 표적시장을 어떻게 설정하느냐에 따라 경쟁자가 달라질 수 있다는 점이다. 린스겸용 샴푸를 개발하고자 할 때 소극적인 의미에서는 겸용 샴푸만이 경쟁자가 될 수 있으나 소비자 관점에서 보면 샴푸를 구입할 때 모든 샴푸를 구매대상으로 고려하므로 현존하는 모든 샴푸가 경쟁자가 될 수 있을 것이다. 한편 해당 제품군에 대체재가 있는 경우에는 이 대체재도 넓은 의미에서 경쟁자가 될 것이다. 다이어트 식품을 개발하고자 할 때 기존의 다이어트 식품만을 경쟁자로 볼 수 있겠지만 다이어트 욕구가 있는 소비자 관점에서 보면 칼로리가 낮은 모든 간편식이 다이어트식이 될 수 있으므로 이 대체재를 간과해서는 안 될 것이다. 그리고 이처럼 대체재가 존재하는 경우에는 시장의 크기를 예측할 때 주의해야 한다.

③ 경쟁제품의 포지션 분석

경쟁제품이 소비자들에게 어떻게 인식되고 평가받는지 파악하는 작업이다. 이 때 포지셔닝 맵을 작성해 보면 경쟁 제품의 속성과 소비자의 지각상태를 파악하는 데 매우 유용할 것이다.

④ 자사 제품의 포지션 개발

경쟁제품에 비하여 소비자의 욕구를 더 잘 충족시킬 수 있는 적합한 자사 제품의 포지션을 결정하게 된다. 예를 들어 겸용 샴푸를 개발할 때 지금까지의 겸용 샴푸가 간편성 위주의 제품이었다면 간편성에 영양까지 겸비한 고급 겸용 샴푸라는 비어 있는 포지션을 개발할 수 있을 것이다.

⑤ 재 포지셔닝

포지셔닝 전략이 실행된 후에는 자사 제품이 목표한 위치에 포지셔닝되었는지 확인하여야 한다. 매출성과로도 마케팅 전략의 효과를 알 수 있겠으나 전문적인 조사를 통해 보다 구체적으로 소비자와 시장에 관한 분석을 해 보아야 한다. 만약에 탈모 방지 겸용 샴푸를 출시하였다면 소비자들이 그 제품을 간편하면서도 탈모방지 기능 샴푸로 인식되고 있는지 되짚어 봐야 할 것이다. 또한 초기에 성공적인 포지셔닝이 되었다 하더라도 시간이 흐름에 따라 경쟁 환경과 소비자 욕구가 변화하였을 경우에는 목표 포지션을 재설정하여 그곳으로 이동시키는 재포지셔닝을 하여야 할 것이다.

제 3 절 마케팅 믹스

마케팅의 기본적인 요소를 Products(상품), Price(가격), Place(유통), Promotion(촉진) 4가지로 분류했다. 이 4가지 요소를 결합하여 소비자에게 최대의 만족을 주는 가치를 창출하는 활동을 마케팅 믹스(Marketing Mix) 또는 4P Mix라고 한다. 이들 요소들은 따로 움직이는 것이 아니라 유기적으로 상호 결합하면서 시너지효과를 창출하게 된다. 여기서는 마케팅 믹스에 대한 기본적인 개념을 알아보기로 한다.

1. 제품(Products)

제품의 속성은 유통경로설계에 중요한 의미를 갖는다. 유통경로는 비탄력적이기 때문에 한번 경로가 결정되면 쉽게 바꾸기 어렵다. 유통경로 결정시 고려해야 할 변수들은 다음과 같다.

(1) 제품의 특성 변수들

① 제품의 단가

② 구매주기

③ 부패가능성

④ 기술적 복잡성(기술제품 전문판매원 필요)

⑤ 취급방법(부피, 무게 등)
⑥ 표준화 정도(표준화가 높으면 간접유통경로)

(2) 제품의 수명주기와 유통전략(중간상의 수 고려)
(3) 상표명의 관리(제조업체 상표와 소매업체 상표)
(4) 신제품개발과 유통경로

2. 가격(Price)

가격은 소비자의 입장에서 결정되어야 한다.

(1) 원가에 기초하여 결정한다.
(2) 경쟁자보다 싸게 책정한다.
(3) 소비자 인식에 기초하여 결정한다.

3. 유통(Place)

유통이란 크게 상품의 흐름(도-소매상)과 물류의 흐름(운송-보관-하역)으로 구분된다. 따라서 기업의 유통은 도·소매상의 경로를 의미한다. 즉 도·소매상을 수직적으로 계열화한다거나 위탁하여 상품을 공급할 것인가를 결정한다.

4. 촉진(Promotion)

촉진이란 소비자를 설득하거나 소비자와 기업 간의 의사소통이다. 촉진에는 광고, 홍보, 인적판매, 판매촉진 등의 방법이 있다. 유통경로 내에서 각 경로구성원이 수행하는 촉진활동에는 풀(Pull) 전략과 푸쉬(Push) 전략이 있다. 풀 전략은 소비자로 하여금 중간상(특히 소매상)

에게 자사제품을 요구하도록 만드는 전략으로써 광고 등으로 소비자의 구매 욕구를 자극하는 것이다. 푸쉬 전략은 제조업체들이 중간상들을 대상으로 하여 판매촉진활동을 수행하여 그들이 최종소비자에게 적극 판매를 하도록 유도하는 것을 말한다.

제4절 창업환경 분석

창업을 하기 전에 최근의 창업환경을 분석하는 것은 본인의 사업에 대한 미래를 전망하고 준비하는 방법 중의 하나이다. 창업환경을 분석하는 방법 중 가장 많이 쓰이는 것이 통계자료를 이용하는데 이는 통계자료가 어떤 자료보다 구하기도 쉽고 신뢰성이 있기 때문이다. 통계청의 자료를 토대로 최근의 창업환경을 보면 다음과 같다.

(1) 제조업이 위축되고 벤처기업, 서비스업, 유통업이 성장세를 나타내고 있다.

최근 계속된 경기 위축과 3D업종에 대한 기피현상 등으로 제조업은 위축된 반면 IT위주의 벤처 창업이 급증하고 있으며, 유통업과 서비스업에 대한 창업도 증가하고 있다.

(2) 창업자의 나이가 젊어지고 있다.

경제 불황으로 인해 발생한 조기퇴직과 명예퇴직의 대안으로 창업시장이 부각되고 평생직장의 개념이 무너지면서 직업관의 변화와 함께 미래에 대한 불안감을 해소하기 위해 창업을 생각하게 된 많은 젊은층이 창업 시장으로 유입되면서 창업자의 나이도 점점 젊어지고 있다. 통계자료를 보면, 총 창업자 중 약 35% 정도가 30대로 나타나고 컴퓨터관련 창업시장은 더욱 젊어져 20-30대의 연령층이 주를 이루고 있으며, 소규모 창업 중 외식업관련 창업이 가장 많은 비중을 차지하였다.

(3) 이색창업, 아이디어 상품 등이 늘고 있다.

정보화의 급속한 발전으로 인해 이색창업과 아이디어 상품은 인터넷을 통해 소비자에게 급속하게 전달하여 즉각적인 반응을 얻을 수 있게 되었다. 이러한 시장 환경의 변화에 대처하기 위해 이색상품과 아이디어 상품이 결합된 창업이 늘고 있다.

(4) 고학력 창업자의 비중이 증가하고 있다.

창업자의 학력 분포를 살펴보면, 대졸 창업자가 차지하는 비중이 60%이상으로 나타났다. 고급인력이 창업시장에 적극적으로 참여함으로써 창업사장의 해당 업종 내 사업아이디어 분야가 점차 전문화, 세분화된다는 긍정적인 측면도 있지만, 청년 실업의 증가와 취업에 실패한 대졸인력이 어쩔 수 없이 창업시장에 진입한다는 부정적인 측면도 있다.

(5) 해당 업종에 대한 기술력을 보유한 창업자가 증가하고 있다.

제조업의 경우는 전통적으로 대표가 기술을 보유하고 있는 비중이 높게 나타나지만, 그 외 다른 업종분야에서도 기술 및 자격을 요하는 업종에 대표가 기술 및 자격을 갖추고 창업을 하는 경우가 증가하고 있다.

(6) 이전 직장에서의 경험을 기반으로 하는 창업이 증가하고 있다.

창업자의 62%가 중소기업에서 근무한 경험이 있는 직장인들로서 대기업에서 근무한 직장인들보다 창업시장에 진입하는 비율이 높게 나타났다. 이는 중소기업의 특성상 자신의 업무영역이 대기업에 비해 덜 세분화되어 포괄적인 업무처리를 통해 기업 경영 전반에 걸친 업무를 습득하고 사업에 대한 노하우를 직접 터득할 수 있는 기회가 많기 때문으로 보인다. 특히, 전문업종의 경우 이러한 현상이 더욱 두드러지게 나타나고 있다.

(7) 창업의 형태가 독립점포에서 프랜차이즈 가맹점 창업으로 변화하고 있다.

프랜차이즈 비즈니스는 21C의 가장 유망한 사업형태 중 하나로 창업자들은 가맹본부의 입증된 노하우와 소비자에게 잘 알려진 브랜드 파워를 이용하여 창업 시장에 안정적으로 진입할 수 있기 때문이다. 이러한 현상은 제조업과 서비스 관련 산업뿐만 아니라 유통업, 외식업 등 산업 전반에 걸쳐 급속한 속도로 확산하고 있다.

제 10 장 상품관리

보통 제품전략이란 본사차원에서 관리가 되고 있는 부분이라 할 수 있으며, 이런 사유로 인하여 프랜차이즈 가맹점의 경우는 제품전략을 상품관리로 규정할 수 있을 것이다. 그러므로 여기서는 상품관리에 대해 설명하고자 한다.

일반적으로 상품관리라고 하면 상품분류, 상품구성, 매입계획, 가격결정, 재고관리 등을 포함한 용어로 사용이 되고 있다. 일반점포가 아닌 프랜차이즈 점포의 경우는 상당한 부분을 프랜차이즈 본부에서 그 역할을 담당하고 있어 가맹점은 본인에게 필요한 부분만을 관리하면 된다고 하겠다. 그러나 프랜차이즈 본부에서 담당하고 있는 부분에 대해 몰라도 된다는 것은 물론 아니다. 본인이 판매하고 있는 상품의 경우 어떻게 관리가 되고 있으며, 본인이 관리하여야 할 부분은 어떠한 부분인지를 알고 관리를 하여야 한다는 것이다.

제 1 절 제품관리

1. 제품의 개념

제품의 개념을 이해할 때 생산자와 소비자의 입장을 고려할 필요가 있다. 예를 들어 '처음처럼'이라는 상표를 생각해 보자. 생산자인 롯데주류 입장에서는 '세계 최초 알칼리환원수로 만든 소주', '알칼리환원수로 만든 목넘김이 부드러운 소주' 그 자체를 생산 및 판매하고 있다고 생각할 수 있다. 한편 소비자는 처음처럼이라는 소주는 친구들과 우정을 나누거나 대화와 친목도모를 위해 또는 스트레스를 해소하기 위한 도구로 생각할 수 있다.

일반적으로 시장지향적인 기업은 소비자 입장에서 제품의 개념을 먼저 생각한다. 소비자가 제품을 구매하여 충족시키고자 하는 필요와 욕구를 먼저 이해하고, 구매 욕구에 따라 다음과 같이 나뉘어진다.

① 기능적 욕구

일반적으로 소비자는 제품을 구매한다고 하면 제품의 본원적 기능을 구매하는 것이다. 예를 들어 시계는 정확한 시간을 알려주기 때문에, 운동화는 발을 보호하기 위해 구매하는 것이다. 이와 같이 소비자의 기능적 욕구를 만족시켜 주는 제품을 기능적 상품이라고 한다.

② 감각적 욕구

소비자는 제품사용과정에서 즐거운 느낌을 경험하고자 제품을 구매할 경우가 있는데, 이처럼 감각적 욕구의 충족을 위해 제품을 구매할 수도 있다. 즉, 상쾌한 냄새가 나는 치약, 향기 나는 화장지 등과 같이 소비자의 감각적 욕구를 만족시켜 주는 제품을 감각적 상품이라고 한다.

③ 상징적 욕구

소비자는 제품구매를 통해 자신의 소속감을 표현하거나 위상을 강화하려고 제품을 구매할 수가 있다. 예를 들어 롤스로이스 자동차, 에르메스 핸드백 등과 같이 소비자의 상징적 욕구를 충족시키는 제품을 상징적 제품이라고 한다.

2. 제품의 구성요소

기업의 마케팅 담당자는 이처럼 다양한 소비자의 욕구를 충족시키기 위해 자사가 생산하는 제품을 다차원적으로 이해해야 한다. 일반적으로 제품은 핵심제품, 유형제품, 확장제품으로 구성된다.

① 핵심제품(core product)

소비자는 제품이 주는 혜택을 구매하는 것이다. 예를 들어 배고픔을 해결하기 위해 음식을 구매하며, 목이 마르면 음료수를 구매한다. 핵심제품을 구성하는 제품이 기능을 적절하게 잘 수행할 때 소비자의 기능적인 욕구를 만족시킨다.

② 유형제품(tangible product)

핵심제품은 유형제품에 의해 구체화 된다. 예를 들어 배고픔을 해결하고자 음식을 구매하였더라도 실제로 다양한 음식, 예를 들어 한식, 중식, 일식 등은 차별화 된 제품특성이 있으며, 또한 한식이라고 하더라도 비빔밥, 김밥, 갈비탕 등 서로 다른 제품특성을 가진 제품을 제공한다. 그러므로 소비자는 서로 다른 유형제품 특성 가운데 하나를 구매하는 것이다. 유형제품의 구매요소에는 포장, 상표, 품질, 특징 및 스타일이 있다. 기업은 유형제품 특성을 경쟁사와 다르게 구성하여 소비자에게 차별화 된 제품을 제공해야 한다.

③ 확장제품(augmented product)

기술의 발달 및 보편화로 인하여 시장경쟁은 더 치열해지고 있어 기업은 핵심제품과 유형제품 만으로 경쟁우위를 확보하기 어렵다. 소비자는 추가적으로 유형제품 속성 외에 부가적인 서비스를 더 요구하는데, 이를 확장제품이라고 한다. 확장제품에는 제품의 설치, 배달, 기존 제품 회수, 결제방식, 보증 및 보장, A/S 등이 포함된다.

3. 제품의 분류

제품은 여러 유형으로 구분할 수 있지만, 일반적으로 물질적 형태의 유무에 따라 유형제품과 무형제품으로 구분한다. 유형제품은 다시 소비자의 구매목적에 따라 소비재와 산업재로 나뉘어진다.

(1) 소비재

소비재는 최종소비자가 자신들의 필요와 욕구를 충족시키기 위해 구매하는 제품을 말한다. 구매행동에 따라 편의품, 선매품, 전문품 등으로 구분한다.

① 편의품(Convenience Goods)

소비자가 제품구매를 위해 많은 노력을 하지 않으며, 최소의 노력으로 구매하는 제품들로 일반적으로 가격이 비싸지 않다. 편의품은 화장지, 음료수, 밀가루, 설탕 커피, 치약, 칫솔, 라면, 빵 등과 같이 정기적으로 구매하는 필수품과, 충동적으로 사전계획 없이 구매하는 껌, 사탕 등과 같은 충동품, 우산, 후레쉬, 두통약 등 비상상황 발생시에 즉각적으로 구매되어야 하는 긴급품으로 구분이 가능하다. 편의품의 특징은 구매시 별다른 노력을 기울이지 않고 다수의 소비자들에게 구매가 가능하게 되어야 하므로 넓은 유통망 전략과 판매촉진 전략이 필요하다.

② 선매품(Shopping Goofs)

일반적으로 편의품보다 많은 주의를 가지고 구매하며, 제품의 질, 포장, 디자인 등 제품특성을 구매하고자 하는 몇몇 제품으로 비교평가 한 후 최종 구매결정을 내리는 품목으로 가구, 자동차, 텔레비전, 냉장고, 에어컨 등이다. 대체로 정보탐색에 많은 시간을 사용하며, 대체로 고가격으로 구매빈도는 높지 않다. 따라서 선택적 유통경로 전략과 촉진전략 중 인적판매가 중요하다.

③ 전문품(Speciality Goods)

전문품은 소비자가 상품구매에 있어 시간과 노력을 아끼지 않는 것으로 고관여이며, 높은 제품 차별성, 강한 상표 충성도로 가격보다는 상품에 특수한 매력을 갖고 구매결정요인이 품질인 품목으로 고급향수, 고급자동차, 고급 카메라 등이다. 전문품을 구매하는 소비자들은 특정 상표에 높은 충성도를 보이므로 전속적 유통경로 전략과 표적소비자층을 대상으로 하는 광고를 실시해야 한다.

(2) 상품의 라이프사이클

상품의 라이프사이클이란 상품이 발매되어 시장에서 판매되기까지의 변화를 단계적으로 나타내는 것이며 도입기상품, 성장기상품, 성숙기상품, 쇠퇴기 상품으로 나눌 수 있다.

제2절 상품구성

1. 상품구성의 개념

상품계열의 폭과 상품품목의 깊이를 결정하기에 앞서서 상품구성에 대한 제반 계획을 세워서 상품구성에 전략적으로 접근하기 위해 정보를 수집하고 대안을 탐색하며 상품계열의 폭, 수익성, 경쟁 가능성과 상품의 수명주기, 상품품목의 깊이, 단위품목과 그 재고량을 어떻게 결정할지를 구상하는 일련의 과정을 상품구성계획이라 한다.

2. 상품구성의 원칙

넓은 의미의 상품구성은 상품계열구성과 상품계열 내에서의 품목구성 모두를 그 개념에 포함시키고 있다.

① 상품계열 : 상품계열은 동종에 속하는 상품그룹을 말한다.
② 품목 : 상품계열 내에 포함되는 재고유지단위로 불린다.

3. 상품구성의 종류

① 상품가용성

특정상품의 시장수요에 대해 상품 공급면에서 만족되는 정도 또는 비율을 의미한다.

② 단품수량계획

단위제품의 재고를 어느 정도로 유지할 것인가 확정하는 것을 의미한다.

③ 이종구색계획

상품계열을 어떻게 나눌 것이며 몇 가지나 보유할 것인가를 결정하는 것이다.

④ 동종구색계획

특정 상품계열 내에 포함될 상품품목의 종류와 숫자에 대한 결정을 의미한다.

4. 상품구성 계획 시 고려요소

① 대체재

상품구성에 있어서 완전한 대체관계에 있는 상품은 가급적 취급을 하지 않는 것이 좋다. 소비자들의 선택의 폭은 증가하지만 점포의 매출증대에는 기여하지 않는다. 따라서 재고관리와 매장의 진열면적만 늘어나므로 추가적인 관리비용이 증가할 가능성이 크다.

② 보완재

완전 보완재이건 불완전 보완재이건 상관없이 보완재는 상품구성에 반드시 반영해야만 한다. 보완재의 배치는 판매량을 크게 좌우하기 때문이다.

③ 중립재

중립재라 하더라도 추가적인 매출증가를 가져올 수 있기 때문에 상품구성의 경우에 고려 대상이 된다. 대표적인 상품으로 충동상품이 있다.

제 3 절 상품매입

매입이란 고객을 만족시킬 수 있는 상품을 구매하는 활동이다. 상점의 성공여부는 매입기능에 달려 있다고도 할 수 있는데, 비효율적인 매입은 상품의 품절을 가져와 기회손실을 발생시키고 고정고객 확보를 어렵게 한다. 그렇다고 정해진 공간에 모든 상품을 다 취급할 수 없으므로 자기 상점에 찾아오는 고객들이 원하는 상품위주로 구색을 갖추고 그에 맞춰 상품을 매입해야 한다.

1. 매입 활동

- 특정상품에 대한 수요의 결정
- 재고상품의 평가
- 필요한 상품의 종류와 수량파악
- 상품공급원의 결정
- 상품매입 상담과 주문
- 상품의 검품, 보관, 가격설정
- 판매 속도
- 수요가 있는 상품의 재 주문

2. 상품 매입처

일반적으로 대규모 소매기업의 경우에는 대개 제조업체나 도매상으로부터 상품을 구입하며 소규모의 소매기업에서도 대부분 도매상을 이용한다. 일반적으로 소매기업들은 지역도매상으로부터 상품을 공급받기도 하지만 도매상가 밀집지역에서 상품을 직접 선별하여 매입하기도 한다. 특히 주의해야 할 것은 일개 도매상이 관련업종의 모든 상품을 다 취급하는 것이 아니고 관련업종 중에서도 몇 가지 품목만을 중점적으로 취급하기 마련이다. 그러므로 소매기업가는 상품매입 시 몇 군데의 도매상들과 거래를 갖고 다양한 구색을 갖추도록 노력해야 한다.

프랜차이즈 가맹점의 경우는 가맹본부에서 일괄 구매하여 가맹점에 배송한다. 물론 가맹점에서의 주문에 의해 결정된다. 그러나 가맹점의 경우도 입지에 따라 고객이 찾는 상품이 다를 수 있으므로 본인의 점포를 찾는 고객이 찾는 상품을 선별하는 것은 가맹점주가 할 일이다.

3. 매입 상품 선정

(1) 신제품 취급품목의 선정

신제품이 시장에 나왔을 때 소매점은 신제품을 취급하기 위하여 신제품 가운데서 매입품목을 결정해야 한다. 신제품의 매입 품목을 선정하기 위해서는 다음과 같은 몇 가지 사항을 고려해야 한다.

1) 구입하고자 하는 상품이 본인점포에서 취급하는 상품이나 상점이미지에 부합되는가를 검토해야 한다. 새로이 취급할 상품이 상점이미지와 어울린다면 매출액증가에 크게 기여할 수도 있지만 어울리지 않는다면 상점이미지에 손상을 입힐 수도 있다.
2) 상품자체가 가지고 있는 가장 기본적인 상품가치를 형성하는 구조나 내구성 같은 기능적인 측면과 지명도를 나타내는 유명 브랜드인가도 고려해야 한다.
3) 매입조건의 가격, 대금지급 조건, 할인, 관련서비스 등에 있어서 합리적인가를 고려한다.

(2) 기존 상품의 재 주문 검토

이미 취급하고 있는 상품도 재 주문할 때마다 재 주문 여부를 검토해야 한다. 특히 유행상품의 경우에는 그 상품이 유행 주기 중 어떤 단계에 와 있는가를 검토하여 재 주문 여부를 결정해야 한다. 유행상품은 어느 날 갑자기 판매가 끊길 수도 있으므로 매입 시에는 항상 주의해야 한다.

(3) 상품 매입 전 점검사항

- 구매에 대한 기준 설정
- 현재의 재고량을 고려한 구매
- 과거의 판매 동향을 고려한 구매

- 판매를 예측한 구매
- 시장의 변화를 고려한 구매
- 상품 보관공간을 고려한 구매

4. 상품 매입 시의 고려사항

(1) 매입 종류

상품구매를 결정할 때 어떤 가격대의 어떤 메이커의 상품을 구매할 것인지 명확히 판단해야 한다. 가격이 싸고 마진이 높다하여 이류브랜드의 상품을 구입할 수는 없다. 다시 말하면 고객이 선호하는 상품을 구매해야 한다는 것이다. 일류브랜드여서 마진이 적더라도 고객이 많이 찾는다면 모자란 마진폭을 보충할 수 있다. 이러한 원칙아래 기존상품 및 신규상품을 선택하여 상품을 선정한다면 우수한 상품선정이 될 것이다.

(2) 매입량

상품의 구매량을 결정할 때에는 과거의 판매량과 향후의 판매예측을 고려하여 구매량과 구매예산을 수립해야 한다. 상점운영에 있어서는 상품재고를 최소화해야 자금의 활용과 공간의 활용을 원활히 할 수 있다. 과거의 판매실적은 반드시 자료로 남겨 하루의 판매량을 산정하여 향후 며칠간의 판매량을 갖고 갈 것인가를 결정해야 한다. 이때 결정된 수량에 주변지역의 행사 및 국경일, 날씨 등을 고려하여 최종 구매량을 결정한다. 특히, 날씨와 연관되는 상품은 각별히 날씨의 동향을 파악한 후 구매량을 결정하는 것이 현명하다.

(3) 마진율

상품의 가격과 마진은 정비례 관계에 있다. 즉 판매가격이 높을수록 상점에서 취하는 이익의 폭은 높은 것이다. 그러나 판매를 하는 입장에서 높은 가격은 장애요인이다. 고객의 입장에서는 비싼 가격의 상품구매를 꺼리기 때문이다. 이때 상점경영주는 박리다매로 갈 것인가 아니면 상품가격을 높게 소량판매로 운영을 할 것인가 하는 결정을 내려야 한다. 물론 두 가지 모두 장단점은 있다. 박리다매일 경우에는 마진의 폭은 적지만 상점의 외형적인 곳에는 많이 투자할 필요가 없다. 즉 투자비가 적을 수 있다. 후자의 경우는 아무래도 높은 가격에 대한 고객의 불만을 좋은 상점분위기로 상쇄시켜야 하기 때문에 상점이 깨끗해야 하며, 인테리어도 고급으로 시공하여 투자비가 많이 지출될 것이다. 어떻게 결정을 내릴 것인가는 경영주의 능력 및 스타일에 따라 결정되겠으나 현재와 같이 대형유통점이 개점하여 운영되고 있는 상황에서 소규모상점을 운영한다면 아무래도 특화된 소품종의 상품을 찾아 판매를 하는 것이 바람직하다고 볼 수 있다.

(4) 매입처

일반적으로 프랜차이즈시스템에서 매입은 가맹본부가 일괄처리하게 된다.

독립점포의 경우 상품을 구매할 때 좋은 구매처를 찾는 것은 가장기본이다. 특히 장기적인 거래관계를 위해 서로 간의 믿음을 쌓는 것은 더욱 중요하다고 볼 수 있다. 일시적으로 가격이 싸다고 하여 이곳저곳에서 상품을 구매한다는 것은 근시안적인 발상이다. 특정 매입처와 꾸준한 거래를 할 경우 얻을 수 있는 이득은 의외로 많다. 대금결제의 융통성, 상품배달의 편리함 등이다. 처음 매입처를 선택할 때에는 특히 신경을 써야 한다. 매입처에 대한 주변의 평판 및 상점의 영업상황 및 자금력 등도 파악하여 매입처를 선택할 때 고려해야 할 것이다.

(5) 매입 시기

기존에 팔던 상품은 물론 재고물량이 떨어지기 전에 물량을 확보해야 한다. 그러나 신상품 등 새로이 입점되는 상품에 대해서는 상품구매의 타이밍이 매우 중요하다. 계절상품의 경우에는 재고관리에 특히 신경을 써야 될 상품으로 가급적이면 그 해에 다 팔수 있도록 계절이 시작되기 전에 상품을 입점시켜야 한다. 이러한 계절상품은 반품이 불가능한 경우가 많아 판매를 못한다면 악성재고로 남아 다음해에는 정상적인 판매가 불가능하기 때문이다.

신상품의 경우는 메이커에서 매체 등에 광고를 시작하는 시점에 상품을 구입하여 입점하는 것이 가장 좋다. 또한, 상품을 구입할 때에는 가격변동의 정보를 인상 전에 입수하여 가격이 인상되기 전에 물량을 확보하는 재치도 필요하다.

5. 매입관리 과정

고객은 매장에 진열되어 있는 상품만을 보게 되지만 상점에서는 상품이 매장에 도착했을 때부터 여러 가지 활동을 수행해야 한다. 매입관리는 수화, 검품, 표시부착, 보관과 배송, 상품의 보호 등의 순서에 따라 행해야 한다.

(1) 수화

수화활동이 합리적으로 수행되려면 충분한 수화장이 있어야 하지만 대개는 수화장을 마련할 만큼 여유가 없으므로 점내에서 검품과 표시붙이기 작업을 하기 마련이다. 그러므로 수화작업은 되도록 고객의 이용빈도가 적은 시간에 작업을 하는 것이 좋다.

(2) 검품

검품은 상품의 부족이나 손상여부를 밝히기 위한 것으로 실제로 주문한 상품과 도착한 상품이 일치하는가를 확인하는 과정이다.

1) 수량 확인

도착한 상품을 영수증과 대조하여 정확한 수량이 도착하였는지를 확인한다.

2) 부족품 및 손상품 처리

부족품이나 손상품이 있으면 이는 납품업자나 운송업자의 책임이므로 즉각 통지하여 사후의 말썽을 제거해야 한다.

3) 품질 검토

상품명세서와 일치하는 품질을 가진 상품인지를 확인한다. 대형점의 경우에는 구매상담 시에 받은 견본과 비교 검토한다. 이 검품단계는 불량품이나 부적격품을 가려내어 점포의 이익을 확보한다는 목적도 있지만 이에 못지않게 소비자에게 결함상품이나 유해상품을 공급하지 않는다는 책임감을 항상 염두에 두어야 한다.

(3) 가격표 붙이기

고객들은 상점에 들어오면 제일 먼저 자신이 필요한 상품과 더불어 그 상품가격을 명확하게 식별할 수 있는 가격표부터 찾으려고 한다. 그러므로 점포에서는 정확한 가격표시를 해야 하는데, 이를 위한 활동이 가격붙이기 작업이다. 이와 같이 고객의 구매판단에 도움이 되는 정보를 담고 있는 표시를 하여 두면 점포에서는 다음과 같은 이익을 얻을 수 있다.

1) 고객이 원하는 상품의 가격을 빨리 알 수 있어 가격에 대한 즉각적인 만족을 얻을 수 있다.
2) 정찰제를 실시하면 판매원이 고객과 신경전을 벌이지 않아도 되므로 판매원이나 고객 모두가 편안한 마음가짐을 가질 수 있다.
3) 가격표에 상품을 매장에 반입한 날짜를 기입해 두면 할인판매나 재고처리를 하는데 도움이 된다.
4) 고객은 다른 사람과 동일한 상품에 대하여 동일한 가격을 지급한다는 사실을 알게 된다.

5) 가격표시 등을 통해서 고객 스스로 구매를 결정할 수 있다.
6) 가격표에 사이즈나 디자인 같은 추가적인 정보를 기재해 두면 총 코스트 내지 이익액을 쉽게 계산할 수 있다. 이는 부문별이나 상품유형별로도 할 수 있다.

(4) 보관과 유통

표시가 끝난 상품은 매장에 진열하거나 매장근처의 보관용 상자 또는 선반 위에 보관한다. 창고가 있을 때에는 창고에 예비재고를 보관한다.

제 4 절 재고관리

1. 상품 재고관리

점포에서 고객의 요구를 제대로 충족시키고 자신이 원하는 매출을 올리기 위해서는 고객이 수긍할 수 있는 범위 내에서 충분한 상품구색과 재고를 가지고 있어야 한다. 그러나 점포에 상품재고가 필요이상으로 많아지면 재고비용이 증가하기 때문에 가능한 기초재고수량을 줄이고 상품회전율을 높이는 것이 점포를 잘 경영하는 방법이다. 사실상 점포에서 환금이 잘 안되는 상품에 많은 자금이 묶여 있다면 점포의 자금순환을 악화시키게 된다. 그러나 지나치게 적은 재고는 고객들이 구매를 원하는 상품의 품절을 가져올 수 있다. 상점에서 상품이 품절되면 상품을 판매할 기회를 상실할 뿐만 아니라, 상점에 대한 고객의 신뢰감을 떨어 뜨려 단골을 잃게 될 수도 있다.

(1) 상품재고의 종류

1) 기초재고

상점이 항상 보유해야 하는 상품으로 구성되는데, 이것이 품절되면 이를 찾는 고객이 실망하게 된다.

2) 구색재고

기초재고의 다양성을 살리기 위한 재고를 망라하는데 이의 다양성과 수량은 고객의 수요에 따라 달라진다. 고객충실성의 확보를 위해 이를 계획적으로 유지하기도 한다.

3) 신규재고

처음으로 상점에 도입된 상품으로서 이에는 신개발품은 물론이고 신규 취급상품도 포함된다.

(2) 재고유지를 위한 정보수집

상품의 재고수준을 적정선에서 유지하려면 다음과 같은 정보를 가지고 있어야 한다.

- 매장과 창고에 있는 상품의 수량
- 보유하고 있는 상품별 판매 빈도
- 주문해야 할 상품의 유형과 수량

(3) 재고부족의 이유

재고유지를 위한 정보가 파악되고 나면 파악된 정보를 통하여 잘 판매되는 상품은 재고보유수량을 늘리고, 잘 팔리지 않는 상품은 재고 보유수량을 줄일 수 있다. 한편 상점에서 상품의 재고수량이 적정선에서 유지되지 못하고 넘치거나 모자라는 현상이 발생하는 것은 다음과 같은 원인 때문에 일어난다.

- 부정확한 판매예측

- 상품매입자금의 부족
- 예상하지 못한 고객수요
- 도매상으로부터의 상품공급의 지연

2. 재고 파악

상품판매를 원활하게 하기 위해서는 현재 상점이 보유하고 있는 재고상황을 명확하게 파악해야 한다. 상점에서 보유하고 있는 상품의 재고를 정확하게 파악하지 못하면 상품매입결정은 물론 어떤 품목을 폐기처리 해야 할지 결정할 수도 없으며 나아가서는 판매계획을 세우기도 어렵다.

(1) 재고수량의 실제조사

상점 내의 매장과 창고의 상품을 직접 파악하는 방법인데, 정확성은 있지만 시간과 노력이 많이 들게 된다. 그러나 재고파악은 수시로 하는 것이 좋기 때문에 불편하더라도 몇 달 간격으로 실제조사를 하는 것이 좋다. 왜냐하면 재고실사를 통하여 상품손실을 방지하고 팔리지 않는 상품이나 파손품 등을 폐기 처리할 수 있기 때문이다. 점포에서는 이와 같은 과정을 통하여 오래된 상품이나 파손품을 처리하고 새로운 상품을 재고로 보유함으로써 상점이미지를 신선하고 활력 있게 바꿀 수 있다.

- 일정계획을 수립한다.
- 상품을 섹션별로 정리한다.
- 실제 재고조사표를 준비한다.
- 실사계획에 따라 실제로 아이템 하나 하나 세어 기록한다.

(2) 장부조사법

점포에서 매일 재고조사를 하면 가장 좋겠지만 현실적으로 매일 할 수 없기 때문에 이를 보완하는 형식으로 실시하는 재고파악방법이 장부조사이다. 이는 실제수량을 조사하는 방법이 시간과 노력을 많이 필요로 하기 때문에 장부에 기재되어 있는 수량을 수시로 파악하여 재고관리를 하는 방법이다.

3. 재고차이 발생의 원인

(1) 재고차이의 개념

재고차이란 유지 기록해온 장부상의 재고와 실제 현물조사를 통하여 파악한 실제 재고와의 차이를 말하는 것이다.

- 장부재고 〉 실사재고: 재고부족
- 장부재고 = 실사재고
- 장부재고 〈 실사재고: 재고초과

(2) 재고부족의 원인

1) 종업원이 계산하지 않고 먹는 경우

- 먹거나 마신 상품에 대하여 항상 지불하도록 한다.
- 근무 중에 상점 내에서 상품을 구매할 경우에는 항상 상품 구입표를 기록하며 퇴근 시에 계산하도록 한다.
- 근무 시 개인의 돈은 따로 보관하도록 한다.
- 상품구매 시 상점의 현금을 이용하지 않게 한다.

2) 외부인 침입에 의해 발생하는 경우

- 상점 폐점 시에는 모든 출입구가 잠겨 있는지 확인한다.
- 금전등록기에 있는 현금은 금고, 또는 안전한 장소로 이동 보관한다.
- 점포 열쇠를 취급했던 종업원이 퇴직하면 열쇠를 교체한다.
- 사설 방범용역업체를 이용하여 상점의 경비를 맡긴다.

3) 납품업자에 의해 발생하는 경우

- 모든 배송은 정문을 통해서만 한다.
- 납품업자의 방문시간은 가급적이면 미리 지정하여 한 번에 한 업체씩 방문하도록 한다.
- 바쁜 시간대에 혹은 고객이 있을 시에는 납품업자에게 기다릴 것을 요청하거나 다음에 방문하도록 요청한다.
- 상품의 검수는 중립지역에서 한다.
- 상품을 검수할 때에는 직접 터치카운트를 한다.
- 반품할 상품은 상품검수 전에 검수위치에 가져와서 배송된 상품과 동시에 계산이 되도록 한다.
- 거래명세서에 기록된 상품명 및 수량도 중요하지만 상품의 단가 및 중량을 재확인한다.
- 거래명세서의 내용을 수정했을 시에는 원본 및 사본에 필히 납품업자의 확인서명을 받도록 한다.

4) 종업원이 훔치는 경우

- 정기적으로 근무상황을 점검한다.
- 근무 시에는 친구나 인척의 방문을 삼가게 한다.
- 현금부족이 많이 발생하였을 경우에는 반드시 종업원과 원인을 파악하여 책임을 요구한다.
- 고가품에 대해서는 항상 일일재고점검표를 작성하여 재고를 관리한다.
- 근무자별 매출일보를 작성한다.

5) 고객에 의하여 발생하는 경우

- 고가품이나 쉽게 도난이 가능한 상품은 잘 보이는 곳에 진열한다.
- 고객이 상점을 방문했을 시 필히 인사를 한다.
- 상품을 훔친 고객에게는 절대 폭력을 행사하지 말고 경찰서에 연

락한다.
- 매장 사각지대에 대한 주의를 기울인다.
- 방범거울, 방범비디오를 설치한다.

4. 재고 과부족시의 문제점

(1) 재고가 많을 때

- 자금이 상품으로 묶여 있어 현금의 회전이 어려워진다.
- 보관비용이 발생한다.
- 폐기상품이 발생할 수 있다.
- 상품의 가치가 떨어져 판매가 어려워진다.

(2) 재고가 적을 때

- 상품이 떨어져 판매기회를 잃어 기회손실이 발생될 우려가 있다.
- 상품매입 시 소량매입에 따른 원가상승 우려가 있다.
- 빈번한 매입으로 매입비용이 추가적으로 발생된다.
- 상품구색이 부족하여 고객이 감소한다.

5. 적정 재고량의 유지

- 구입량을 조절하여 재고를 통제한다.
- 판촉행사를 통한 재고의 처분한다.
- 특매 및 할인 판매한다.

6. 재고 상품 처리방법

- 가격을 낮추어 판매한다.
- 덤핑상점과 같은 타 상점에 넘긴다.
- 기타 가공재로 돌린다.
- 경품으로 처리한다.
- 반품한다.
- 사회복지 단체에 기부한다.

제 11 장
판매촉진

제 1 절 판매촉진의 개념

1. 판매촉진의 개요

미국 마케팅 학회(AMA)는 판매촉진(sales promotion)을 '고객의 구매를 자극하고 유통의 효율성을 향상시키기 위한 제반 마케팅활동'이라고 정의하면서, '고객의 수요를 촉진시키고 유통에서의 제품 취급률을 향상시키기 위하여 한정된 기간 동안 소비자와 유통에 제공되는 마케팅 인센티브'라고 설명하고 있다. 이러한 판매촉진은 영어로 sales promotion이라고 하여 전술적 마케팅, 즉, 마케팅믹스의 한 분야인 촉진(promotion)에 속하는 하위 개념이다. 전체 마케팅 안에서 판매 촉진의 위치는, 마케팅 믹스(4P) 중 Promotion 속에 들어가 있으며 프로모션을 구성하는 4가지 요소, 즉 광고, 홍보, 판매촉진, 인적판매 중의 하나이다.

그러나 프랜차이즈 가맹점에서 판매촉진을 보면 이러한 구분이 없이 촉진활동을 판매촉진으로 활용하기도 하고, 광고, 홍보 등 큰 부분은 가맹본부가 실시하고 있으므로 가맹점 현장에서 이루어지는 판매촉진으로 설명하고자 한다.

2. 판매촉진의 목적

매출 하락 시, 영업 정체 시, 또는 영업 활성화 시 가장 먼저 생각하고 실행하는 것이 판매촉진이다. 판매촉진은 비용이 드는 대신 큰 이익을 가져다 줄 수 있는 효과적인 수단이다. 그렇다면 점포사업에서 효과적으로 사용할 수 있는 판매촉진 방법은 무엇일까? 어떻게 계획하고 실행해야 할까? 고객들은 그 점포에서 어떤 상품을 팔고 있는지 알지 못하면 상품을 사러 오지 않는다. 따라서 점포에서는 고객들에게 자기 점포가 취급하는 상품을 소개하기 위해 판매촉진 활동을 하는 것이다. 판매촉진은 점포와 고객 간 의사소통을 통해 고객의 행동에 변화를 일으키기 위해 여러 가지 방법으로 실시한다.

판매촉진의 목적은 다음과 같이 나누어 볼 수 있다.

(1) 정보 제공

고객에게 점포 및 상품의 존재를 적극적으로 알리는 것이다. 상품이 신제품이면 고객들에게 더욱 알려야 하며 새로 개점한 점포라면 점포 자체를 홍보해서 고객들에게 점포의 존재를 인식시켜 고객을 유인해야 한다. 판매촉진의 근본적인 목적은 더 많은 고객들을 점포로 유인해 상품의 판매를 증대시키는 것이다.

(2) 매출 유지

계절에 따라 매출의 기복이 심한데 이를 안정시키는 역할을 한다. 겨울에는 아이스크림의 매출이 부진하기 때문에 아이스크림 가게의 매출은 부진하다. 이럴 때 판매촉진이 사용되는 것이다.

(3) 매출 증대

잘 팔리는 상품은 판매를 촉진함으로써 상품의 판매량을 더욱 증가시킨다. 현대는 광고의 시대이다. 각종 광고들이 잠재고객들에게 자신의 상품이 좋으니 사달라고 요구한다. 소점포의 경우에도 예외는 아니다. 점포의 간판부터 각종 사인물, 신문에 끼워 들어오는 전단지 등 다양한 방법으로 쉴새없이 고객들을 유혹하고 있다. 점포사업을 하고 있거나, 혹은 새로 시작하려는 사람들은 앞으로 경쟁이 더욱 치열해질 것이므로 경쟁점보다 우위에 서고 싶다면 고객을 자기 점포로 끌어들일 수 있는 광고 선전의 종류와 특징에 대해서 알아두어야 한다.

제2절 판매촉진 방법

1. 판매 촉진기법

판매촉진은 시험구매를 유도하거나 기존의 매출을 증가시키기 위해 실시하며, 가격할인, 경품제공 등의 방법으로 단기적으로 시행하는 직접적인 인센티브활동이라고 할 수 있다. 판매촉진활동은 주로 한정된 기간 내에 시행하기 때문에 적극적이고 빠르게 판매를 늘릴 수 있으며 결과에 대한 효과분석이 가능하다. 고객들 대상으로 구매의욕을 상승시키는 판매촉진방법에는 여러 가지가 있다. 여기서는 가맹점에서 활용가능한 일반적인 판매촉진방법을 소개하기로 한다. 이러한 다양한 판매촉진방법을 자기의 점포에 맞게, 자신의 업종에 맞게 새롭게 변형, 개발하는 사람만이 판매촉진의 효과를 얻을 수 있을 것이다

(1) 샘플 제공

고객의 구매 욕구를 자극해 주의를 집중시켜 인지도를 제고시킬 목

적으로 사용된다. 보통 샘플은 신상품이 도입될 때, 모델이 변경될 때, 캠페인 행사 때 제공된다.

(2) 경품 및 기념품 제공

고객확대 및 고정고객을 만들기 위한 목적으로 사용되는 방법으로 많이 사용하는 것이 고객에게 사은품을 제공하는 방식이다. 사은품제공은 구입자 일부에게 제공하는 현상경품방법과 구입자전원에게 제공하는 기념품제공방식이 있다. 일정액이상을 구매하는 고객에게 그에 상응하는 사은품을 증정하는 방식이 많이 사용되고 있으며, 일정 구매금액 단위로 스티커를 제공해 일정매수 이상의 스티커를 모으는 고객에게 경품을 제공하는 방식도 사용된다.

(3) 가격 할인

고객의 구매를 촉진시키며 신규고객을 확보하기 위해 사용하는 방식으로 특매 캠페인, 시즌 캠페인을 통해 시행한다. 비수기 및 불경기가 지속될 때, 특정상품의 과다재고를 처분할 때, 전략적으로 경쟁점포를 이기고자 할 때 사용된다. 이 방법은 일반적으로 가장 손쉽게 매상을 증진시킬 수 있으나 남발할 경우 싸구려 상품을 파는 점포라는 이미지를 가지게 하여 매출에 악영향을 미칠 수 있다. 가격할인판매촉진방법은 음식점에서는 가급적 사용하지 말아야 한다. 먹는 음식에 할인행사를 하면 고객입장에서는 품질에 의심을 갖게 되기 때문이다. 그러나 가격할인 경로에 대한 이해가 동반될 때는 의심을 불식시킬 수도 있다.

(4) 회원제

고객을 조직화해 각종 정보제공 등의 혜택을 줌으로써 고객확대 및 고정고객으로 만들기 위해 사용하는 방법이다. 우수 고객으로 고객을 분류해 멤버십 카드를 발급해 각종 행사에 초대하거나 할인특전을 제공한다.

(5) 전단지 배포

점주사진을 넣기도 하여 그의 경영이념, 신조를 강력히 피력하면서 고객을 위한 점포라는 것을 강조하고 점포의 주요아이템 및 가격대를 소개한다. 배포방법은 직접 가두에서 배포하는 방법이 있고, 신문에 끼워 배포하는 경우가 있는데, 이때에는 2차 상권(일반적으로 점포반경 1km)까지를 대상으로 해서 배포한다.

(6) 지역 봉사활동 참여

지역의 고객과 밀착해 점포의 이미지를 상승시키기 위한 목적으로 각종 지역행사에 참여하거나 행사를 지원하며, 지역 불우단체를 방문한다. 이 방법은 장기적으로 점포의 이미지를 제고시켜 지역의 고정고객을 많이 창출시킬 수 있는 방법이다. 그러나 바로 효과가 나타나지 않는다는 이유로 실행을 꺼리고 있다.

(7) 지불조건의 다양화

신규고객확대 및 구매를 촉진시키기 위해 사용하는 방법으로 고객의 신용도에 따라 무이자할부판매, 현금가분할판매 등을 시행한다. 위에서 설명한 다양한 판매촉진방법 중에서 자신에게 적합한 방법을 결정하고 효과적으로 진행하기 위해서는 행사에 맞는 적절한 홍보방법이 있어야 한다.

(8) 고객 분산마케팅

고객 분산마케팅이란 고객이 덜 붐비는 한가한 시간에 고객이 상품을 구매하면 가격을 할인해 주는 방법이다. 현재 서비스업종인 미용실, 호텔, 유통업체 등에 확산되고 있다. 이 방법은 고객에게는 한가한 시간에 점포를 이용하도록 유도함으로써 싼 가격으로 쾌적한 공간에서 상품을 구매하도록 하며, 점포입장에서는 바쁜 시간대의 고객을 한가한 시간대로 분산시키면서 더 많은 고객을 유치할 수 있는 효과를 볼 수

있다. 업체들이 표방하는 타이틀은 "타임서비스", "모닝세일", "해피아워 제도", "조조할인" 등이다

- 미용실

기존에 시행해 오던 방법으로 오전 9시에서 12시까지 이용하는 고객들에게 파마가격을 30~50% 정도 할인해 주는 제도이다. 모닝파마는 현재 어느 정도 정착이 되어 이용하는 고객이 늘어가는 추세이다.

- 호텔

"해피아워"란 이름으로 오후 5시에서 7시까지 호텔 바를 이용하는 고객에게 기본안주를 무료로 제공하거나 술과 안주를 20% 정도 할인해 주고 있으며, 뷔페식당에서도 일요일 점심시간에는 저렴한 가격에 고객을 맞이하고 있다.

- 유통점

고객이 뜸한 시간인 매주 금요일에서 일요일 오전 11~12시, 오후 3~4시에 식품류를 10~50% 싸게 판매한다. 슈퍼에서 타임서비스 제도를 운영하여 매달 20~29일 오전 10~12시에 점포를 찾는 고객에게 식품류에 한해 30~40% 할인해 주고 있다.

(9) 음악마케팅

음악마케팅이란 매장 내에 시간대 및 날씨에 맞추어 적절한 음악을 틀어 줌으로써 분위기에 젖은 고객들을 유도해 매출을 올리는 방법이다. 음악에 따라 고객의 점내체류시간을 조절할 수 있으며, 소비 형태에 변화를 줄 수 있다. 이에 따라 슈퍼마켓, 패스트푸드점, 음식점 등에서는 매출극대화를 위해 다양한 종류의 음악을 틀어 주고 있으며, 이를 전문으로 하는 유선방송사도 설립되고 있는 실정이다. 즉 고객이 바쁜 시간대에는 경쾌한 음악을 틀어 고객이 빠른 시간 내에 상품을 구매하

고 자연스럽게 밖으로 나가게끔 유도한다. 한가한 시간에는 부드럽고 조용한 음악을 틀어 고객이 점내에 체류하는 시간을 늘려 상품의 추가 구매를 유도하는 것이다. 화창한 날에는 경쾌한 행진곡을, 눈이나 비가 오는 날에는 부드러운 음악을 틀어준다. 또 어린이날이나 크리스마스시즌 등에는 분위기나 계절에 맞는 음악을 준비해 제공하는 것이다.

(10) 기상마케팅

기상상태에 따라 생산량을 증감시키거나, 고객을 유인하기 위해 판매가격을 변경하는 활동이 바로 기상마케팅이다. 상품의 판매량은 날씨와 온도에 많은 영향을 받는다. 음료의 경우에는 25℃를 넘어서면 기온이 1℃ 상승할 때마다 매출이 20%씩 상승한다. 또한 맥주의 판매량은 흐린 날씨에는 평소보다 8%가 감소되고, 맑은 날에는 1℃ 상승할 때마다 4%씩 증가한다. 따라서 기상변화에 따라 상품의 판매량이 변하기 때문에 적절한 대응책이 필요하다. 국내의 한 에어컨회사가 여름의 무더위를 정확히 예측해 판매량을 목표보다 50% 이상 초과달성한 사례는 이미 잘 알려진 사례이다. 이 회사는 일본지사에서 입수한 일본기상청의 예보자료를 기초로 에어컨의 주요 부품을 경쟁사보다 많이 구매해 놓아 경쟁사들이 부품이 없어 제작을 못하고 있을 때 기온의 상승으로 인한 특수를 고스란히 매출로 연결할 수 있었던 것이다.

해외에도 이런 기상마케팅이 자리를 잡고 있다. 프랑스의 한 양품점은 기온이 35℃ 이상 상승하면 상품의 가격을 35% 할인해 주고 있다. 이것은 더위 때문에 외부로 출입을 삼가는 고객을 유인하기 위한 방법이다. 날씨를 고려하지 않은 상품준비는 기회손실, 또는 과다재고를 발생시킨다. 특히 패스트푸드점이나 유효기간이 짧은 식품을 취급하는 점포는 더욱 신경을 써야 한다.

2. 판매촉진 시행계획 수립

판매촉진행사를 해서 좋은 결과를 얻으려면 사전에 치밀한 계획을 세워야 한다. 가맹점에서는 보통 판매촉진 행사가 점포위주라기보다는 가맹본부의 주도에 따라 이루어지는 경우가 많다. 다시 말하면 체계적인 판매촉진이 아닌 이끌려 가는 판매촉진행사를 진행하는 것이다. 가맹본부가 제공한 가격, 경품, 판촉사원 등을 이용해서 하는 판매촉진행사는 안하는 것보다는 하는 것이 좋을 것이다. 그러나 이왕이면 철저한 계획을 수립해 가맹본부의 권장 판매촉진 행사에 가맹점의 특수성을 고려한 판매촉진을 가미하여 진행하는 것이 점포에 대한 고객의 기대심리를 증대시켜 고정고객을 증가시킬 수 있다. 뿐만 아니라 연간계획을 세워 실시하면 고정적인 매출도 확보될 뿐 아니라 판매촉진행사에 대한 경영기법을 습득할 수 있다.

다음은 **판매촉진 활동시의 고려사항**을 단계별로 나열하였다.

① 1단계 : **상황분석 및 자료수집**

- 계절적인 상황, 고객의 요구파악
- 지역의 행사상황 수집
- 경쟁점포의 판촉계획 계획 수집
- 고객이 가장 원하는 것은 무엇인지 파악
- 경쟁점포의 판촉시기 및 방법 수집

② 2단계 : **판매촉진 계획수립**

- 목표 설정
- 행사기간 설정
- 목표고객 설정
- 판매촉진 방법결정

- 판매촉진 홍보 수단결정
- 종업원별 직무 할당
- 예산 수립
- 일 단위 고객 수, 품목, 객단가, 매출액 목표설정
- 판매촉진방법 연구
- 소요예산 수립
- 행사기간 결정

③ 3단계 : 준비

- 전단 등 홍보물 제작
- 상품 확보
- 판촉물 구입
- POP부착, 가격표 준비
- 홍보물 배포
- 행사내용이 정확히 고객에게 전달될 수 있는 홍보수단 결정

④ 4단계 : 행사시행 및 정비

- 고객반응 점검
- 행사참여도 조사
- 점포 청결유지
- 추가홍보여부 검토
- 일별계획대비 목표관리
- 판매촉진 상품의 재고 확보
- 판매촉진 행사 분위기를 연출할 수 있도록 동적인 분위기 마련
- 일일 고객반응 조사를 통해 행사내용 보완
- 일일 목표점검으로 잔여행사 일 목표 조정

⑤ 5단계 : 결과 분석

- 매출결과 집계
- 효과 분석

- 문제점 도출 및 개선책 강구
- 고객 리스트 정리
- 정확한 행사 손익 분석
- 다음 진행을 위한 문제점 및 개선사항 기록 유지

3. POP(Point of Purchase)촉진

POP촉진을 제작할 때 카피포인트는 먼저 가격을 정확하게 알리고, 상품의 사용법 및 주요기능을 알리며, 고객이 얻을 수 있는 효과를 강조해야 한다.

(1) 구매시점촉진의 정의 및 역할

1) 구매시점촉진의 정의

POP(Point of Purchase)촉진이란 구매시점에서의 촉진이라는 의미이다.

2) POP촉진의 역할

① 한정판매, 특가판매 등의 상품 구매조건을 제안하는 역할을 한다.
② 포스터, 현수막, 계절 POP 등으로 점포내부의 이미지를 조성하는 역할을 한다,
③ 상품명, 가격, 규격, 사용방법 등을 알려주어 상품의 특징을 알기 쉽게 전달하는 역할을 한다.
④ 배달서비스, 고객카드 등의 서비스 제공범위를 알리는 역할을 한다.

(2) 구매시점촉진의 기능

POP촉진의 기능은 광고와 소매점의 인적판매활동의 중간시점에서 광고효과를 보완해 주고, 판매 원조를 하거나 혹은 직접 구매행위를 유발하기도 한다. POP촉진에서 가장 중점을 두어야 하는 것은 어떻게 소

비자의 발길을 멈추게 할 것이며, 어떻게 소비자의 눈길을 상품으로 향하게 하느냐 하는 부분이다. 그러므로 POP촉진이 소비자에 대하여 어떠한 역할을 하고 있으며 광고주는 POP촉진에 무엇을 기대할 것인가를 알아야 한다.

POP촉진의 기능은 다음과 같다.

- 잠재 또는 연기된 구매를 빨리 하도록 하는 힘이 있다.
- 구매자에게 그 상품의 구입을 실행시키는 설득력이 있다.
- 가족을 위하여 어떠한 상품을 구매한다는 기분을 준다.
- 쇼핑의 범위를 넘어 충동구매를 자극한다.
- 특별한 분위기를 제공하여 판매를 증가시킬 수 있다.
- 셀프서비스를 채택하고 있는 슈퍼마켓과 같은 상점의 판매에 도움을 준다.

이상에서 구매시점촉진의 역할을 소비자, 상점, 메이커의 입장에서 살펴보았다. 상점과 메이커는 소비자에게 상품을 판매하는 것이 궁극적인 목적이므로 구매시점촉진을 이용하여 소비자의 구매 욕구를 증진시켜야 한다. 이는 구매시점촉진이 상점을 매개로 하여 이루어지므로 상점과 메이커는 서로 협력하여 보다 나은 구매시점촉진을 만들어 나가야 한다.

(3) POP촉진의 카피

POP촉진은 디자인된 그림과 문자를 가지고 상품을 구매하도록 고객을 설득한다. 다만 POP촉진과 인쇄매체광고가 시간성을 가지고 평면위에 국한되는 것에 비해 구매시점촉진은 공간성을 가지고 있다는 점이다. 매스미디어에서 메시지라고 불리는 카피가 불특정다수를 대상으로 상품의 효용과 기능을 알리고 이미지를 창출하는데 비하여 POP촉진의 카피는 매장에 들어온 특정다수에게 제품을 표시하고 증명해주는 역할을 한다.

POP촉진 카피를 작성할 시의 고려사항을 보면 다음과 같다.

① 구매시점은 고객이 상품을 구매하는 장소이지 기업이 제품을 판매하는 장소가 아니다. 이것은 POINT OF PURCHASE의 정확한 뜻이 '상품을 구매하는 장소'라는 것에서도 알 수 있다. 즉, POP촉진의 주체는 기업이 아니고 고객이라는 것이다. 따라서 POP촉진은 제품을 판매하는 입장에서가 아니라 상품을 구매하는 입장에서 실행되어야 한다.

② POP촉진은 고객에게 상품에 대한 정보를 제공하여 상품을 선택하는데 도움을 주어야 한다. 고객이 매장에 들어와서 상품에 대해 알고 싶어하는 것을 설명해 주는 것이 POP촉진의 메시지이기 때문이다.

③ 고객은 상품을 구매하기 위해 매장에 들어오는 것이지 POP촉진을 보러 오는 것은 아니다. POP촉진은 고객이 상품을 구매하고자 하는 능동적인 의지를 가지고 있을 때 행해지는 것이다. 따라서 매스미디어의 메시지가 소비자로 하여금 상품에 흥미를 가지게 하여 매장으로 오게 하는 설득수단이라면, POP촉진의 메시지는 상품을 선택하게 하는 구체적인 행위를 유발시키는 실행수단이라고 할 수 있는 것이다.

(4) POP촉진물 부착 시 주의사항

1) 오자, 틀리기 쉬운 숫자

오자를 발견하지 못한 채 게시되어 있는 POP촉진을 볼 수 있다. 영어의 경우는 더욱 그렇다. 따라서 확실치 않은 단어를 발견했을 경우에는 반드시 사전에서 찾아 확인한 후에 부착하는 것이 바람직하다. 그 밖에 숫자를 흘림체나 자유체로 표시하는 경우에는 숫자를 너무 흘림체로 쓸 경우 경박한 인상을 줄 수 있으므로 고객들이 알기 쉽게 표시해서 사용하는 것이 좋다. 가격표의 가격이 다를 경우도 있는데 이것도 점검해서 같은 것으로 통일해야 한다.

2) 더러워진, 파손된 POP촉진

손때가 묻었고 먼지가 앉았거나 종이가 변색되어 누렇게 된 POP촉진은 점포의 이미지를 손상시킬 뿐만 아니라 상품의 가치를 떨어뜨리게 한다. 이런 POP촉진은 눈에 띄는 대로 교체해야 하며 정기적으로 책임자가 관리해야 한다.

3) 올바른 POP촉진의 위치

게시물이 점포의 빈자리에 의미 없이 게시되어 있는 경우가 있는데 이와 같은 POP촉진은 단지 게시만 하면 된다고 하는 안일한 사고방식에서 나온 것이다. 그러므로 POP촉진물을 게시할 때는 많은 사항을 고려하여 결정해야 한다.

4) 계절에 맞지 않는 POP촉진

판촉행사가 끝났는데도 불구하고 이전의 POP촉진이 점포에 그대로 설치되어 있는 경우가 있다. 가을바람이 불고 있는데 여름철포스터가 점포정면에 붙어 있는가 하면 성탄절이 끝났는데도 크리스마스를 알리는 POP촉진이 달려 있는 경우도 있다. 이런 것은 제때에 치우려고 하지 않는 안이함에서 발생하므로 이런 사소한 점이 고객들로 하여금 신뢰를 잃게 한다.

제 5 부

프랜차이즈 상생협력

제 12 장 가맹사업의 갈등관리

제 1 절 프랜차이즈산업에서 갈등관리의 필요성

보편적 의미에서 갈등은 개인이나 집단이 다른 개인이나 집단의 목적에 순응할 수 없는 상태를 말한다. 그러나 구성원들이 갈등을 인지하고 갈등을 효과적으로 잘 관리·극복하면 구성원 간 관계를 발전시켜 성과를 극대화할 수 있으므로, 표면화된 갈등에 대해서만 강조하여 너무 부정적이며 역기능적인 측면만을 강조하는 것은 옳지 않은 자세이다.

1. 프랜차이즈산업에서 갈등의 원인

국내 프랜차이즈산업은 양적으로는 지속적으로 성장하고 있으나, 질적으로 살펴보면 가맹사업 분쟁 증가, 영업지속기간의 감소 등의 문제점이 상존하고 있는 것이 현실이다.

국내 프랜차이즈산업의 발전으로 가맹본부 및 브랜드 수는 해마다 증가하고 있다.

① 가맹본부 수 : ('09) 1,505 → ('10) 2,042 → ('11) 2,405 → ('12) 2,678 → ('13) 3,482 → ('14) 3,482 → ('15) 3,910 → ('16) 4,268

② 브랜드 수 : ('09) 1,901 → ('10) 2,550 → ('11) 2,947 → ('12) 3,311 → ('13) 3,311 → ('14) 4,288 → ('15) 4,844 → ('16) 5,273

한편, 베이비부머의 준비되지 않은 은퇴로 인하여 창업시장에 진입 등으로 인해 가맹점 창업도 지속적으로 증가하고 있다.

① 가맹점 수 : ('09) 132,443 → ('10) 148,719 → ('11) 170,926 → ('12) 176,788 → ('13) 190,730 → ('14) 194,199 → ('15) 208,104 → ('16) 218,997

또한 산업통상자원부에서 2016년 1월에 발표한 자료에 의하면 가맹본부의 고용인원은 174,542명으로 가맹본부당 평균 임직원은 54.9명으로 지속적으로 증가되고 있지만 가맹점은 월 평균 4곳이 개업하고 3곳이 폐업하는 것으로 나타났다.

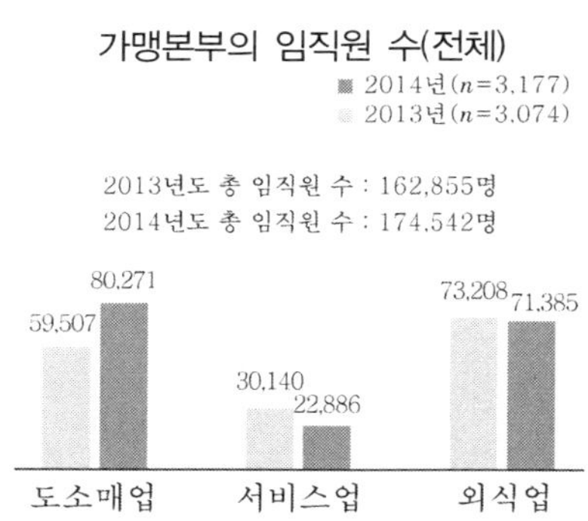

가맹점 수에 따른 임직원 수(평균)

	도소매업	서비스업	외식업
전체	189.8	43.0	32.1
1~5개	245.9	16.5	19.6
6~10개	16.8	7.8	10.4
11~30개	62.6	34.5	8.1
31~100개	91.9	62.2	66.3
101개 이상	862.1	89.0	168.9

자료 : 임직원 수 현황이 기재되어 있는 가맹본부(단위 : 명)

〈그림 12-1〉 2014년 가맹본부 임직원 수

산업통상자원부의 '프랜차이즈산업 실태조사 결과'에 따르면 가맹본부 임직원은 총 17만4,542명으로 전년보다 1만1,687명이 증가했으며, 도소매업 임직원 수가 8만명으로 가장 많았고 외식업과 서비스업의 임직원 수는 각각 7만1,000명, 2만3,000명으로 조사되었으며, 월 평균 가맹점 신규 개점 수는 3.79개, 폐업 수는 2.80개로 확인되었다.

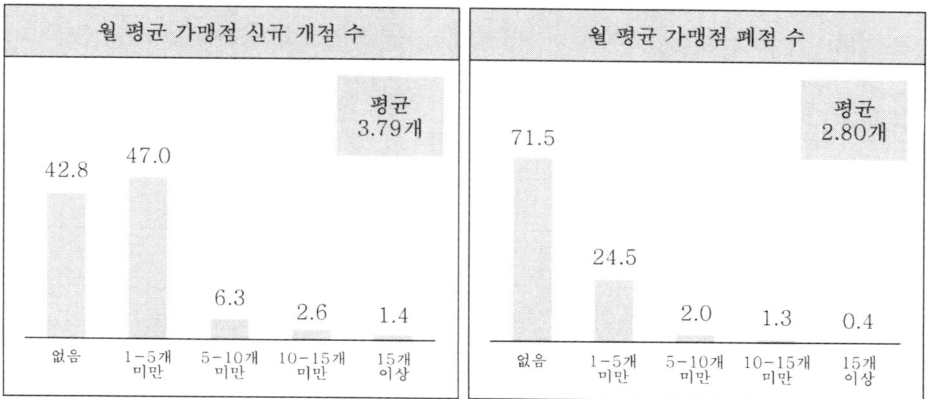

자료 : 전체가맹본부(n=800, 단위 : %)

〈그림 12-2〉 최근 1년간 월 평균 가맹점 신규 개점 및 폐점 수

또한 가맹본부에게 설문한 기업의 애로사항으로 전체 가맹본부 중 30.5%는 가맹점과 갈등 경험이 있으며, 그 중 결제 대금 지연으로 인한 갈등이 13.8%로 가장 많았으며, 이는 가맹점뿐만 아니라 가맹본부 입장에서도 갈등의 문제를 인식하고 있다.

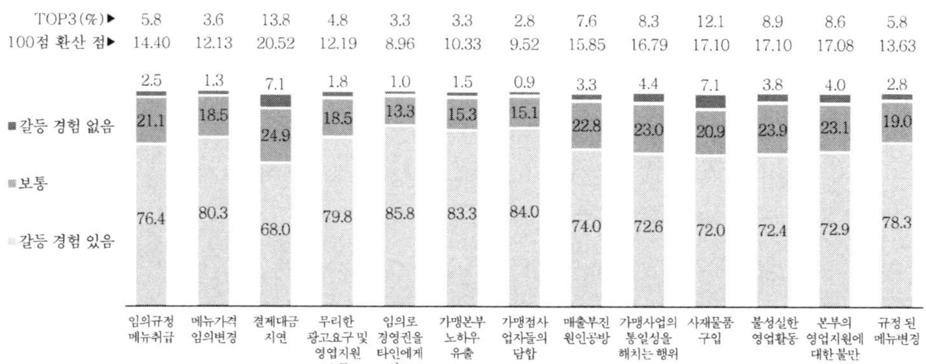

〈그림 12-3〉 가맹점과의 갈등 유형별 발생 빈도

가맹점과의 갈등 유형별 발생 빈도를 살펴보면 결제 대금 지연으로 인한 갈등이 많다는 응답이 13.8%로 가장 높으며, 사재물품 구입(12.1%), 불성실한 영업활동(8.9%)등의 순으로 나타났다.

한국공정거래조정원 가맹사업거래분쟁조정협의회에서 가맹본부・가맹점 간의 분쟁도 지속 증가하고 있으며, 최근 가맹사업불공정거래 이슈가 사회적 문제로 부각되고 있다.

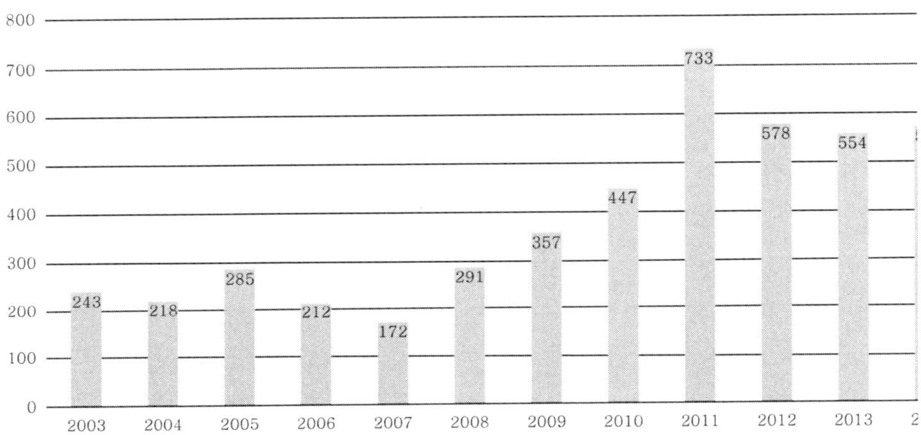

〈그림 12-4〉 가맹분야 분쟁조정 접수현황(연도별)

또한, 프랜차이즈산업에서 나타나는 소위 '프랜차이즈 갑질논쟁'으로 인하여 지속적인 프랜차이즈산업의 부정적인 인식 확산되고 있다. 잇따른 가맹본부와 가맹점의 분쟁과 가맹본부의 통일성을 유지하기 위한다는 조건으로 본사의 상품을 강매하고 있고, 광고・판촉비용을 과도하게 책정하고 허위・과장된 정보제공 행위 등이 여러 매체를 통하여 알려지고 있어 사회적 물의를 야기하고 있다.

최근 MBC PD수첩의 '프랜차이즈 하지마세요'(2017년 4월 25일), SBS의 '뉴스토리'(2017년 4월 29일) 등에서 지속적으로 일부 프랜차이즈 본사의 갑질문제와 실태를 방영하고, 상생협약 등의 문제점을 보도하고 있으며, 다른 언론매체에서도 프랜차이즈의 부정적인 요인에 대하여 지속적으로 노출되고 있다.

프랜차이즈에 대한 대중의 인식을 확인하고자 프랜차이즈에 대한 키워드 검색(다음소프트 소셜 매트릭스 http://insight.some.co.kr/socialSearch.html(조사일 2017-04-27)을 통하여 프랜차이즈에 대한 관심과 변화의 인식을 알아보았다. 〈표 12-1〉에서 확인하는 봐와 같이 긍정적인 키워드로는 좋은, 맛있는, 맛있다 등으로 나타나고 부정적인 키워드로는 논란, 비판하다, 문제삼다로 나타남을 확인하였다.

〈표 12-1〉 프랜차이즈의 키워드 검색(긍정/부정)

(기간 : 2017-03-27 ~ 2017-04-27)

분류	연관어	건수	비율	분류	연관어	건수	비율
긍정	좋은	276	19.4%	부정	논란	2,439	35.0%
	맛있는	260	18.3%		비판하다	1,470	21.1%
	맛있다	223	15.7%		문제삼다	1,466	21.0%
	이쁜	149	10.5%		걱정	961	13.8%
	유명	110	7.7%		심하다	214	3.1%
	성공	100	7.0%		고뇌하다	114	1.6%
	유망	99	7.0%		고통받다	98	1.4%
	좋다	80	5.6%		횡포	92	1.3%
	편한	66	4.6%		대재앙	59	0.8%
	기대되다	61	4.3%		갑질	54	0.8%
	합계	1,424	100%		합계	6,967	100%

조사기간 30일 동안 긍정적인 연관어는 총 1,424개로, 부정적인 연관어는 총 6,967개로 긍정적인 연관어에 비하여 5배 가까이 차이가 나는 것으로 나타나고 있으며, 이러한 부정적인 프랜차이즈산업에 대한 인식의 개선이 없으면 프랜차이즈산업도 발전하기 어렵다는 사실을 인지해야 한다.

제 2 절 국내 프랜차이즈산업의 갈등 현황

한국공정거래조정원이 발표한 분쟁조정현황을 통하여 갈등의 현주소를 파악하고자 한다.

1. 연도별 분쟁조정 접수 현황

〈표 12-2〉 연도별 분쟁조정 접수 현황

(단위 : 건)

연도	2003	2004	2005	2006	2007	2008	2009	2010	2011	2012	2013	2014
사건수	243	218	285	212	172	291	357	447	733	578	554	572

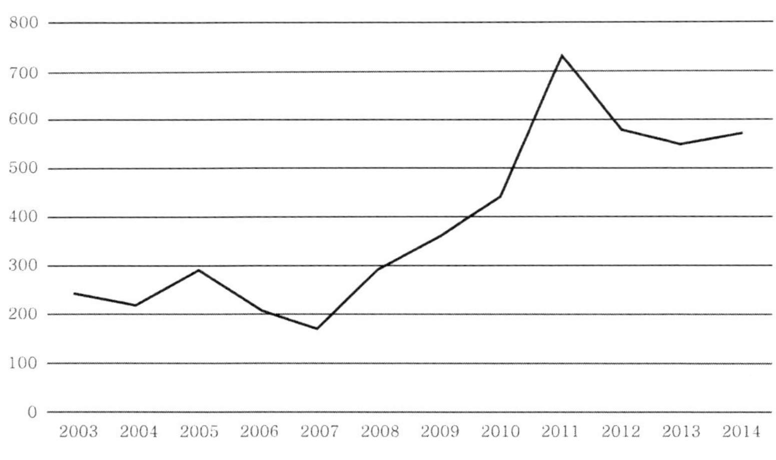

〈그림 12-5〉 연도별 분쟁조정 접수 현황

2003년부터 2011년까지 계속 늘고 있다가 그 후 약간 주춤하였으나 요즘 프랜차이즈 관련 불만내용이 언론에 많이 노출되면서 다시 늘어나고 있는 추세이다.

〈표 12-3〉 연도별 분쟁조정내역

(단위: 건)

연도	처리사건					총계
	조정완료			기각**	조정절차 중단***	
	조정성립*	불성립	소계			
2008	154(65%)	81	235	26	41	302
2009	201(80%)	51	252	34	81	367
2010	170(72%)	67	237	28	149	414
2011	459(81%)	106	565	14	131	710
2012	324(79.8%)	82	406	17	186	609
2013	381(89%)	45	426	51	130	607
2014	249(93%)	18	267	62	200	529
합계	1,938(81.2%)	450	2,388	232	918	3,538

* 조정성립률 : 조정성립/조정완료
** 기각 : 분쟁조정신청 이유 없음
*** 조정절차중단 : 소제기, 신고취하, 가맹본부의 소재불명 및 폐업 등

2008년부터 2014년까지 분쟁조정 내역을 확인한 결과 81.2%가 조정성립되었으며, 불성립은 18.8%로 나타났다.

한편 분쟁조정유형은 가맹점사업자의 가맹계약해지 및 가맹금 반환신청이 압도적으로 제일 많았으며, 그 뒤를 이어 부당한 갱신거절의 철회, 계약이행의 청구, 일방적 계약변경의 철회, 부당이득반환, 영업지역의 보장, 상표 및 의장권 침해의 순으로 나타났다.

〈표 12-4〉 분쟁조정 유형

형 별	조정절차 완료		기각	조정절차 중단	계
	조정성립	조정 불성립			
가맹점사업자의 가맹계약해지 및 가맹금 반환 신청	990	461	142	327	1920
일방적 계약변경의 철회	70	40	66	16	192
부당한 갱신거절의 철회	113	56	44	28	241
계약이행의 청구	106	56	21	31	214
부당이득반환	76	35	20	26	157
영업지역의 보장	95	19	18	21	153
상표 및 의장권 침해	4	1	0	0	5
기타	681	147	78	273	1,179
합 계	2,135	815	389	722	4,061

제3절 정부의 대책 및 노력

가맹본부와 가맹점 간의 분쟁이 증가하며, 갑질논쟁 등 사회적 물의를 야기하는 일이 많아 2017년 7월 19일 공정거래위원회에서 발표한 '가맹분야 불공정관행 근절대책'을 중심으로 설명하고자 한다.

1. 대책 추진 배경

첫째, 가맹사업이 소자본 창업수단으로 각광받으면서 프랜차이즈 시장의 급성장에 따라 가맹본부의 불공정행위 및 관련 분쟁도 함께 증가하였다.

〈표 12-5〉 가맹본부 및 가맹점 수 증가추이

구 분	2008년(A)	2010년	2012년	2014년	2016년(B)	증가율 (A/B)
가맹본부수	1,009	2,042	2,678	3,482	4,268	423.0%
가맹점수	107,354	148,719	176,788	194,199	218,997	204.0%

같은 기간 신고(247건→511건) 및 조정신청(291건→593건)도 2배 이상 증가

둘째, 2017년도 동반성장위원회의 중소기업 체감도 조사에서도 가맹점주의 체감도(74.3점)는 업종별(제조 79.0점, 도소매 79.3점, IT 93.8점) 최하위로 나타났다. 또한, 외식업종 가맹점의 평균 영업이익률(16.94%)이 독립점포(18.38%)보다 낮은 것으로 조사되었다(한국외식산업연구원). 특히, 2017년 최저임금 인상에 따라 가맹점주들의 어려움이 더욱 가중될 전망이다.

셋째, 가맹본부의 소위 "갑질"에 대한 언론보도가 지속되는 가운데 가맹분야 불공정관행 개선 및 정부 역할에 대한 국민적 관심 고조되고 있다. 치킨 · 피자 · 제빵 등 생활경제와 밀접한 분야의 가맹사업을 영위하는 가맹본부의 불공정행태가 계속해서 사회문제로 대두되고 있다. 광고비 전가, 친인척을 통한 물품구매, 제품 밀어내기 등이 그 사례이다.

또한, 고용시장 불안 등으로 가맹점 창업이 지속 증가하고 있는 만큼, 예비창업자들을 위한 양질의 일자리로 자리매김하기 위해서는 가맹본부의 불공정관행 근절과 상생문화 확산이 필요하다. 가맹본부 1개 창업시 평균 220명 고용창출(가맹본부 53명, 가맹점 167명)이 발생한다(산업자원부). 이는 가맹분야 종사자들의 처우 개선으로 이어져 양극화 해소 및 포용적 성장에 기여해야 한다.

마지막으로는, 가맹분야 불공정관행 근절에 대한 정부의 강력한 의지를 표명하여 업계 자정을 유도하고, 대국민 신뢰를 회복할 필요가 있다.

이러한 이유로 인하여 가맹점주 권익보호를 위한 제도개선, 법집행 강화 등 「가맹분야 불공정관행 근절대책」 수립 · 발표하게 되었다.

2. 가맹사업 분야 실태 및 문제점

(1) 가맹관련 정보제공 미흡

프랜차이즈 선진국(미국 등)에 비해 가맹본부의 정보공개가 부족하다. 가맹본부가 가맹점에 식자재를 공급하면서 매입단가에 마진을 붙여 가맹금을 수취하나, 마진 부가여부 · 규모 등의 정보가 사전에 제공되지 않는 가맹본부가 많은 것이 현실이다. 미국 FTC 규정에는 가맹본부 · 계열사가 식자재 등 공급과정에서 이윤 수취 여부 및 그 내용 공개하도록 되어 있다.

또한, 가맹본부가 직접 · 특수관계인을 통하여 수령하는 리베이트, 특수관계인이 인테리어 시공 등 가맹사업에 참여하여 수취하는 이윤은 점주의 비용부담과 밀접히 연관되나, 해당 정보가 제공되지 않는 경우가 많다. 호주 ACCC의 규정에 의하면 가맹본부 · 특수관계인의 납품업체 등으로부터의 리베이트 수취 여부 및 금액, 가맹점주와의 리베이트 배분여부 등 공개하도록 규정하고 있다.

(사례 1) 김밥전문 브랜드 A는 시중에서 3만원대에 구입가능한 ○○○ 쌀(20kg)을 가맹점주들에게 5만원대에 공급하는 등 식자재 공급을 통해 폭리를 취하고 있으나, 계약체결 단계에서 관련 가격정보가 전혀 제공되지 않아 최근 본부-점주간 가격 분쟁이 과열됨

(사례 2) 떡볶이전문 브랜드 B는 가맹본부 대표가 가맹점의 인테리어 시공 및 식자재 공급과 관련하여 독점권을 주는 조건으로 납품업체 등으로부터 수십억원의 리베이트를 수령하여 최근 해당 대표가 배임혐의로 구속되었는데, 해당 리베이트가 가맹점의 비용에 그대로 전가된 것으로 알려짐

(2) 가맹점주의 낮은 경제사회적 지위와 협상력

경제사회적 격차, 계속적 거래관계 등으로 인하여 가맹본부의 불공정행위에 대한 가맹점주의 협상력 및 대응력에 한계가 있다. 가맹점주들이 단체를 구성하여 비용분담 등 협상을 요청하면 가맹본부가 요청에 응하지 않거나, 공정거래위원회에 신고하면 계약해지 등 보복조치로 대응하는 경우도 있다.

(사례 1) 커피전문 브랜드 C는 잦은 판촉행사에 대응하기 위하여 가맹점주들이 단체를 구성하여 협상을 요구하자, 가맹본부는 이들의 협상요구를 무시하고, 오히려 법상 적법하게 구성된 단체인지 여부에 대한 입증, 구성원 명단 등을 요구함

(사례 2) 피자전문 브랜드 D는 식자재 폭리에 대응하기 위하여 가맹점주들이 단체를 구성하여 항의하자, 표적점검을 통해 가맹점주협의회 대표와의 가맹계약을 해지함

(3) 새로운 유형의 불공정행태 확산

약 5,000개 가맹본부와 약 20만개 가맹점주들이 거래를 하는 만큼, 권익침해행위도 다양해지고 확산되는 추세다. 최근 가맹본부 오너의 성추행 등 부도덕한 행위가 해당 브랜드 불매운동으로까지 이어져 가맹점에 큰 피해를 초래하고 있는 것이 현실이다. 가맹본부의 인테리어 강요 등 전형적인 불공정행위 뿐만 아니라 비용 부풀리기, 뒷돈 수령 등 새로운 권익침해행위 확산되고 있다.

(사례 1) '16년 E 가맹본부 회장의 폭행사건, '17년 F 가맹본부 회장의 성추행사건 등 가맹본부 오너의 추문이 공개되면서, SNS를 통해 해당 브랜드 불매운동이 확산되고 이는 고스란히 가맹점주의 피해로 이어짐

(사례 2) G 가맹본부 대표이사가 설립한 회사가 인테리어 시공업체로부터 리베이트를 수령하여 해당 대표가 검찰에 고발되었는바, 해당 리베이트 금액이 가맹점의 인테리어 시공비용에 그대로 전가된 것으로 알려짐

(4) 가맹시장 급성장에 따른 정부집행력의 한계

공정거래위원회의 가맹분야 전담인력은 10명에도 미치지 못하여 급증하는 법집행 수요를 충족시키는데 한계가 발생하고 있다. 지난 8년간 가맹본부는 4배, 가맹점은 2배 증가했고, 이에 따라 신고건수도 2배 이상 폭증(공식적인 신고 외에도 국민신문고, 익명제보센터 등을 통해 상담・제보 등이 거의 매일 접수)했으나, 가맹분야 인력은 확충되지 않아 업무처리에 애로사항이 발생하고 있다.

〈표 12-6〉 '08년 이후 가맹사업법 위반 신고건수(상세)

연도	2008년(A)	2010년	2012년	2014년	2016년(B)	증가율(A/B)
신고건수	247	236	494	524	511	206.9%

"ㄱ사 가맹점주들은 2014년 12월 공정거래조정원에 조정신청을 냈다. 본사의 거부로 조정에 실패해 공정위에 사건이 접수됐고, … 2년이 자났지만 공정위는 어떤 답도 내놓지 않고 있다. 가맹점주들 사이에서 '차라리 혐의 없음, 증거부족으로 끝내도 좋으니 결론을 내달라'는 소리가 나는 이유다." - (경향신문, '17.4.7., 가맹점 구제 공정위는 뒷짐, 점주 "광고비 반환 등 조정신청, 공정위 2년째 무소식")

3. 추진방향 및 과제

정책추진방향

목표 | 가맹거래 공정화를 통한 가맹점주 권익보호 및 건전한 가맹시장 조성

① 가맹본부-점주간 정보비대칭
② 가맹점주의 낮은 지위·협상력
③ 가맹시장內 갑을행태 확산
④ 법집행수요 대비 행정력 한계

→

· 필수물품 등 구매부담 가중
· 광고·판촉·인테리어 등 비용 전가
· 오너일탈에 의한 불매운동 피해 등
· 사건처리 및 피해구제 지연

< 원인 >   < 가맹점주 피해 >

가맹점주 권익보호를 위한 "제도개선"	가맹본부 불공정관행 개선을 위한 "법집행 강화"
㉮ 정보공개 강화	㉮ 불공정행위 감시 강화
㉯ 가맹점주 협상력 제고	㉯ 광역지자체와 협업체계 마련
㉰ 가맹점주 피해방지수단 확충	㉰ 피해예방시스템 구축

자료 : 공정거래위원회(2017)

〈그림 12-6〉 정책추진방향

(1) 가맹점주 권익보호를 위한 제도개선

1) 정보공개 강화

① 필수물품 의무기재사항 확대
② 리베이트 관련 사항 정보공개
③ 특수관계인 관련 사항 정보공개
④ 외식업종 필수물품 마진 공개

첫째, 정보공개서에 위 4가지 사항 기재사항 추가로 시행할 예정이다(시행령 개정, ~'17.12월까지 시행 예정).

가맹본부의 필수물품(가맹본부가 가맹사업의 통일성 유지 명목으로 가맹점주에게 직접 공급하는 물품(가맹점주의 구입물품 중 필수물품 비중(금액기준):87.4%('16년 서울시 실태조사)) 공급과 관련하여 지속적으로 제기되는 가격 분쟁 해소를 위해 필수물품 관련 의무기재사항 대폭 확대하기로 하였다. 현행 시행령상 필수물품 품목만 의무적 기재사항에 해당되고 있으나 이를 확대 시행할 예정이다.

〈표 12-7〉 정보공개서에 향후 확대 예정 필수품목(안)

	향후 확대될 필수물품 관련 정보공개사항(안)
①	필수물품 공급을 통한 가맹금 수취여부 및 가맹점 평균 지급 가맹금 규모
②	가맹점 매출액 대비 필수물품 구매금액 비율
③	필수물품 품목별 공급가격 상·하한

둘째, 가맹점주 부담비용이 공정하고 투명하게 책정될 수 있도록 가맹점주의 비용 상승을 야기하는 리베이트 등 관련 정보 공개하도록 할 예정이다. 가맹본부 또는 특수관계인이 납품업체나 유통업체 등으로부터 지급받은 대가 일체(판매장려금, 리베이트 등) 공개하는 것이다.

셋째, 특수관계인이 필수물품의 공급·유통, 인테리어 시공·감리 등 가맹사업과정에 참여하는 경우 업체명, 매출액 등 세부정보 공개하도록 하는 것이다. 최근 친인척이 운영하는 회사를 통해 필수물품을 비싸게 구매·유통하는 사례가 지속적으로 사회적 문제로 보도되고 있다.

넷째, 외식업종 가맹본부의 필수물품 마진규모 공개를 2017년 하반기까지 실시하도록 조치할 예정이다. 필수물품 마진율 인하, 가맹점주 인건비 지원 등 가맹본부의 자발적인 상생 노력을 유도하기 위해 가맹본부별 필수물품 상세내역·마진규모, 가맹점의 필수물품 구입비중 등을 분석·공개하는 것이며, 이는 기업의 사회적 책임을 의식하는 가맹본부들이 앞장서 상생의 모범사례를 보여줄 수 있도록 대형 가맹본부들부터 우선 공개하도록 유도한다는 것이다. 공정거래협약(지속적으로 대형 가맹본부들에게 공정거래협약 체결 확산 유도) 평가 기준에 마진율 인하·인건비 지원 등 상생노력을 포함하고 배점을 높여 인센티브(예: 직권조사 면제)를 부여하는 방안을 고려한다.

2) 가맹점주 협상력 제고

① 가맹금 조정가능한 거래환경 조성
② 가맹점사업자단체 법적 지위 강화
③ 판촉행사시 가맹점주 사전동의 의무화
④ 보복조치 금지제도 마련

첫째, 최저임금 인상 시 가맹금 조정 가능한 거래환경 조성한다. 가맹점주가 최저임금 인상 시 인상률 등을 반영하여 필수물품 공급가격 등 가맹금 조정 요구 가능토록 2017년 12월까지 표준가맹계약서 개정을 유도한다. 현행 표준계약서상 필수물품 매입단가 인상 시 공급가격 조정이 가능토록 되어 있는 바, 이에 맞추어 가맹점주 비용인상 요인도 가맹금 조정사유에 포함하도록 한다.

둘째, 가맹점사업자단체 법적지위 강화이다. 가맹점단체가 행정기관 신고(공식화)를 통하여 지위향상 및 가맹본부와의 협상력을 제고할 수 있도록 가맹점사업자단체 신고제 도입을 유도한다. 현재는 가맹점단체의 협의요청이 있어도 가맹본부들이 단체의 대표성을 문제 삼으며 협의요청에 응하지 않고 있어 공식 신고증 교부로 이들 단체를 인정하도록 할 예정이다. 가맹본부가 협의에 응하도록 유도하기 위해 신고된 가맹점사업자단체 및 회원 수, 가맹본부와의 협의횟수 등을 정보공개서상 공개하도록 한다.

셋째, 판촉행사시 가맹점주 사전동의 의무화 제도를 시행하도록 한다. 가맹본부가 판촉행사(예: 1+1, 통신사 제휴할인)시, 비용을 임의로 전가하지 못하도록 가맹점주들의 사전동의 의무화를 시행할 예정이다. 개개인 가맹점의 모든 동의를 받기 어려운 문제가 있어 일정 비율 이상의 가맹점주 동의시 또는 일정 비율 이상의 가맹점사업자가 가입한 가맹점사업자단체의 동의시 전체 동의로 간주하도록 한다.

넷째, 가맹점주에 대한 보복조치 금지제도를 마련하도록 한다. 가맹점주가 안심하고 공정위에 신고·조사협조 등을 할 수 있도록 가맹본부의 보복조치(예: 표적 위생점검을 통한 계약해지) 금지제도를 마련하도록 한다. 현행제도는 가맹점사업자단체 활동을 이유로 한 보복만 금지하며, 위반시 행정적 제재를 취하고 있으나, 개정안은 신고·조사협조·분쟁조정신청·서면실태조사협조까지 확대하며, 위반시에는 형벌규정을 도입할 예정이다. 보복조치 금지제도의 실효성을 높일 수 있도록 징벌적 손해배상 대상에 포함할 예정이다.

3) 가맹점주 피해방지수단 확충

① 오너리스크 등에 의한 배상책임 도입
② 가맹본부의 즉시해지사유 축소
③ 영업시간 단축 허용요건 완화
④ 인테리어 비용 분담절차 간소화
⑤ 허위과장정보제공행위 가이드라인 마련
⑥ 신고포상금 제도 도입

첫째, 가맹본부 오너리스크 등에 의한 배상책임 도입한다. 가맹본부·임원의 위법·부도덕한 행위 등으로 발생한 가맹점주 손해(매출감소 등)에 대한 배상책임을 가맹계약서에 기재 의무화를 추진한다.

둘째, 가맹본부의 즉시해지사유를 축소할 예정이다. 가맹본부가 보복수단으로 악용할 우려가 있는 가맹계약 즉시해지사유 정비하도록 한다. 현재 즉시해지사유 중 (ⅰ) 허위사실 유포로 가맹본부의 명성·신용을 훼손한 경우, (ⅱ) 가맹본부의 영업비밀·중요정보를 유출한 경우, (ⅲ) 공중의 건강·안전에 급박한 위해를 일으킬 염려가 있는 형태로 가맹점을 운영하는 경우 등은 제외한다.

셋째, 영업시간 단축 허용요건 완화하도록 한다. 편의점 등 가맹점의 심야영업에 따른 부담을 축소하기 위하여 영업시간 단축 허용요건을 완화하도록 한다(시행령 개정, ~'17.12월까지). 심야영업[5시간(현행1시~6시)→7시간(개선)]으로 직전 6개월[→3개월(개선)]간 영업손실이 발생, 또는 질병 등 불가피한 사유가 있을 경우 가맹점 영업시간 단축을 허용하는 방안을 강구한다.

넷째, 인테리어 비용 분담절차 간소화이다. 가맹점주의 공사비용 청구부담을 완화하기 위해, 가맹본부를 통한 점포환경개선공사에 대해 지급청구행위가 없어도 공사완료 후 90일 이내 가맹본부가 부담액을 지급토록 개선(시행령 개정, ~'17.12월)한다.

다섯째, 허위·과장정보제공행위 가이드라인을 마련한다. 가맹점주의 대응력 제고를 위해 가맹본부의 허위·과장정보제공행위의 유형·기준에 대한 가이드라인 마련(지침 마련, ~'17.12월)하도록 한다. 징벌적 손해배상제 실시에 따른 법위반 억지력 및 예측성 제고 측면도 감안한다.

여섯째, 신고포상금 제도 도입을 한다. 신고활성화 및 이에 따른 법집행 강화를 위해, 신고포상금 제도를 새로 도입한다.

(2) 가맹본부 불공정관행 개선을 위한 법집행 강화

1) 가맹본부 불공정행위 감시 강화

① 외식업종 필수물품 구입강제 실태점검

② 정보공개제도 준수실태 합동점검

③ 민원빈발 가맹본부 불공정행위 신속대응

첫째, 외식업종 필수물품 구입강제 실태점검을 2017년 하반기에 실시한다. 외식업종 가맹점주의 주요 비용부담 요인으로 지목되는 가맹본부의 필수물품 구입강제 관행에 대해 일제 점검을 통해 브랜드 통일성 유지와 무관한 품목(예: 행주·세제) 구입강제 관행을 개선한다.

둘째, 정보공개제도 준수실태 공정위-지자체 합동점검을('17년下) 실시한다. 서울시·경기도와 협력하여 외식업종의 정보공개제도 준수실태에 대해 현장밀착형 심층조사를 실시한다. 외식업 가맹점 2,000곳을 방문하여 가맹금·평균매출액·인테리어 비용 등 주요 항목에 대해 정보공개 기재사항과 실제 가맹점 현장을 대조 점검하여, 점검 결과에 따라 허위·과장 기재 가맹본부 정보공개서 등록 취소를 할 예정이다.

셋째, 민원빈발 가맹본부 불공정거래행위에 신속 대응(상시)한다. 익명제보센터 등을 통해 민원이 빈번하게 제기된 주요 외식업 가맹본부에 대해 신속하게 대응하고, 법위반 발견시 엄중 제재 예정이다.

〈표 12-8〉 주요 언론보도 내용

업체명	주요 언론보도 내용
○○○	• 가맹점주에게 광고분담금 일방적 징수
○○○	• 필수물품 폭리
○○○	• 필수물품 거래과정에서 특정업체 지원을 위한 가격인상 • 탈퇴한 가맹점주에 대한 보복행위 • 광고·판촉비용 가맹점주 비용전가
○○○	• 물품 거래 공급 과정에서 특정업체(가족) 지원
○○○	• 인테리어 공사 강요 및 본사분담비용 전가 • 가맹계약을 일방적으로 불리하게 변경
○○○	• 제품 밀어내기 • 과도한 판촉행사 실시
○○○	• 필수물품(식재료) 폭리 및 인테리어 비용 전가
○○○	• 과도한 판촉비용(통신사 할인) 전가

2) 광역지자체와 협업체계 마련

① 조사·처분권(일부) 위임
② 정보공개관련 업무 이양
③ 분쟁조정업무 분담

첫째, 가맹사업법상 조사·처분권 일부를 광역지자체 위임하도록 한다. 공정위의 집행력을 보완하기 위해 현장에서 법위반을 확인해 신속히 조치할 수 있는 유형은 시·도지사가 조사할 수 있도록 집행체계 개편하도록 한다. 법 집행절차·시간을 단축할 수 있도록 시·도지사가 조사한 사건에 대해서는 공정위 심결 없이 직접 과태료를 부과하도록 개선한다. 공정위는 쟁점이 많거나 법 위반여부 판단이 복잡한 분야에 조사역량을 집중한다.

〈표 12-9〉 법위반행위 조사 · 처분권 분담방안(案)

지자체(시·도지사)	공정위
• 가맹계약서 제공·보존의무 위반 • 정보공개서 등록·제공의무 위반 • 가맹금 예치의무 위반 • 가맹점 예상수익 정보 제공의무 위반 등	• 가맹점·가맹희망자에 대한 허위·과장 정보제공 • 가맹점 영업지역 침해, 매장리뉴얼 강요 등 기타 불공정행위

둘째, 가맹본부 정보공개관련 업무 이양을 추진한다. 정보공개서 등록관련 업무체계를 효율화하기 위해 심사 및 거부·취소권한 등을 시·도지사에게 이양한다.

셋째, 분쟁조정업무 분담제를 실시한다. 지역가맹점의 신속한 피해구제를 지원하기 위해 현재 공정거래조정원에만 설치된 분쟁조정협의회를 시·도에도 설치한다.

〈시 · 도별 분쟁조정협의회 구성 및 운영 안〉

- (구성) 위원장 포함 9명의 분쟁조정위원으로 구성하되, 위원 임명 · 위촉은 시 · 도지사 담당
  * 각 입장을 대변할 수 있는 위원 6명(예: 가맹본부측 3명, 가맹점주측 3명)과 공익위원 3명으로 구성
- (업무범위) 법령상 조정이 가능한 모든 분쟁(공정거래조정원과 동일)
- (조정의 효력) '재판상 화해'의 효력 부여

3) 피해예방시스템 구축

① 공정위-조정원 업무연계 강화

② 가맹분야 옴부즈만 제도 도입

③ 가맹희망자 피해주의보 발령

첫째, 공정위-조정원 가맹분야 업무연계 강화를('17.10월~) 유도한다. 가맹 관련 사회적 이슈들을 선제적으로 파악 · 대응할 수 있도록 공정위-조정원 간 업무연계 강화를 하는 것이다. 과거('11~'13년) 편의점 업종은, 가맹점 폐점 시 가맹본부가 과도한 위약금을 부과하여 조정신청이 빈발하였고, 급기야 편의점주의 자살이 사회적으로 이슈화되어 가맹법에 과도한 위약금 부과 금지규정 도입되었던 바, 향후 조정원과의 업무연계 강화로 선제적 대응이 가능하도록 한다. 조정원은 가맹분야 조정신청 · 처리결과 등 빅데이터를 분석하여 공정위(본부)로 송부(분기별), 공정위는 이를 직권조사 · 제도개선에 활용한다. 조정신청이 빈발하는 가맹본부는 세부내용을 분석하여 직권조사에 활용하고, 분쟁이 빈발하는 유형에 대해서는 제도개선 방안 도출한다. 공정위-조정원간 반기별 대면회의를 개최하여 조정신청 · 처리결과 등 분석결과를 공유 · 토의하고, 조정원을 통해 현장의 목소리 청취한다.

둘째, 「가맹점사업자 보호 옴부즈만 제도」를 도입('17.7월)한다. 가맹

본부의 법 위반혐의를 조기에 포착해 신속하게 대응하기 위해 가맹분야에 옴부즈만 제도를 도입한다. 가맹점사업자단체 등으로부터 추천을 받아 가맹사업 업종별로 옴부즈만을 지정・운영(공정위-옴부즈만 간 핫라인 설치)한다.

〈가맹점사업자 보호 옴부즈만 구성 및 운영(안)〉

- (구성) 주요 업종별(외식, 도소매, 서비스)로 전・현직 가맹점주, 조정원 직원 등 현장 경험자로 구성
  *무보수・비상근직으로 임명하며, 옴부즈만 명단은 비공개를 원칙으로 함
- (회의개최) 年 2회 옴부즈만 전체회의 개최하고, 시급한 현안 발생 시 수시회의 개최
- (임기) 2년을 원칙으로 하되, 1차에 한하여 연임가능하도록 하여 독립성・연속성 보장

*주: 다만, 제1기 옴부즈만은 외식업종에 대하여 가맹점사업자단체장 중심으로 구성하되, 임기 1년으로 시범운영하고, 명단도 공개 예정

셋째, 가맹희망자 피해주의보 발령을(상시) 시행한다. 가맹희망자의 신중한 가맹계약 체결을 유도하고 유사 피해를 방지하기 위해, 주의가 필요한 피해 사례 및 유의사항을 널리 전파함을 목적으로 한다.

4. 추진일정

추진일정은 〈표 12-10〉과 같다.

〈표 12-10〉 추진일정

추진과제	일정
1. 법률 개정사항	
1 가맹점사업자단체 법적 지위 강화	~'17.12월
2 판촉행사 시 가맹점주 사전동의 의무화	
3 보복조치 금지제도 마련	
4 가맹본부 오너리스크 등에 의한 배상책임 도입	
5 가맹본부의 즉시해지사유 축소	
6 신고포상금제 도입	
7 광역자치단체에 가맹분야 분쟁조정협의회 설치	
8 광역자치단체에 조사권 및 처분권 일부 위임	~'18년
9 정보공개서 관련 업무 광역자치단체에 이양	
2. 시행령 개정사항	
1 필수물품 의무기재사항 확대	~'17.12월
2 리베이트 관련 정보공개	
3 가맹본부 특수관계인 관련 사항 정보공개	
4 점포리뉴얼 비용 분담절차 간소화	
5 영업시간 단축 허용요건 완화	
3. 정책집행사항	
1 표준가맹계약서 개정	~'17.下
2 외식업종 가맹본부 필수물품 마진 공개	
3 허위·과장 정보제공행위 가이드라인 마련	
4 외식업종 필수물품 구입강제 실태점검	
5 외식업종 가맹본부 정보공개제도 실태점검	
6 공정위-조정원 업무연계 강화	
7 가맹분야 옴부즈만 제도 도입	
8 민원빈발 가맹본부 불공정거래행위 신속대응	상시
9 가맹희망자 피해주의보 발령	

제 13 장

가맹사업과 법률

제 1 절 가맹사업공정화에 관한 법률

1. 가맹사업공정화에 관한 법률의 주요 내용

제1조 (목적) 이 법은 가맹사업의 공정한 거래질서를 확립하고 가맹본부와 가맹점사업자가 대등한 지위에서 상호보완적으로 균형있게 발전하도록 함으로써 소비자 복지의 증진과 국민경제의 건전한 발전에 이바지함을 목적으로 한다.

제2조 (정의) 이 법에서 사용하는 용어의 정의는 다음과 같다.

1. "가맹사업"이라 함은 가맹본부가 가맹점사업자로 하여금 자기의 상표·서비스표·상호·간판 그 밖의 영업표지(이하 "영업표지"라 한다)를 사용하여 일정한 품질기준이나 영업방식에 따라 상품(원재료 및 부재료를 포함한다. 이하 같다) 또는 용역을 판매하도록 함과 아울러 이에 따른 경영 및 영업활동 등에 대한 지원·교육과 통제를 하며, 가맹점사업자는 영업표지의 사용과 경영 및 영

업활동 등에 대한 지원·교육의 대가로 가맹본부에 가맹금을 지급하는 계속적인 거래관계를 말한다.

2. "가맹본부"라 함은 가맹사업과 관련하여 가맹점사업자에게 가맹점운영권을 부여하는 사업자를 말한다.
3. "가맹점사업자"라 함은 가맹사업과 관련하여 가맹본부로부터 가맹점운영권을 부여받은 사업자를 말한다.
4. "가맹희망자"란 가맹계약을 체결하기 위하여 가맹본부나 가맹지역본부와 상담하거나 협의하는 자를 말한다.
5. "가맹점운영권"이란 가맹점사업자가 가맹본부의 가맹사업과 관련하여 가맹점을 운영할 수 있는 계약상의 권리를 말한다.
6. "가맹금"이란 명칭이나 지급형태가 어떻든 간에 다음 각 목의 어느 하나에 해당하는 대가를 말한다. 다만, 가맹본부에 귀속되지 아니하는 것으로서 대통령령으로 정하는 대가를 제외한다.
   가. 가입비·입회비·가맹비·교육비 또는 계약금 등 가맹점사업자가 영업표지의 사용허락 등 가맹점운영권이나 영업활동에 대한 지원·교육 등을 받기 위하여 가맹본부에 지급하는 대가
   나. 가맹점사업자가 가맹본부로부터 공급받는 상품의 대금 등에 관한 채무액이나 손해배상액의 지급을 담보하기 위하여 가맹본부에 지급하는 대가
   다. 가맹점사업자가 가맹점운영권을 부여받을 당시에 가맹사업을 착수하기 위하여 가맹본부로부터 공급받는 정착물·설비·상품의 가격 또는 부동산의 임차료 명목으로 가맹본부에 지급하는 대가
   라. 가맹점사업자가 가맹본부와의 계약에 의하여 허락받은 영업표지의 사용과 영업활동 등에 관한 지원·교육, 그 밖의 사항에 대하여 가맹본부에 정기적으로 또는 비정기적으로 지급하는 대가로서 대통령령으로 정하는 것
   마. 그 밖에 가맹희망자나 가맹점사업자가 가맹점운영권을 취득하

거나 유지하기 위하여 가맹본부에 지급하는 모든 대가

7. "가맹지역본부"라 함은 가맹본부와의 계약에 의하여 일정한 지역 안에서 가맹점사업자의 모집, 상품 또는 용역의 품질유지, 가맹점사업자에 대한 경영 및 영업활동의 지원·교육·통제 등 가맹본부의 업무의 전부 또는 일부를 대행하는 사업자를 말한다.
8. "가맹중개인"이라 함은 가맹본부 또는 가맹지역본부로부터 가맹점사업자를 모집하거나 가맹계약을 준비 또는 체결하는 업무를 위탁받은 자를 말한다.
9. "가맹계약서"라 함은 가맹사업의 구체적 내용과 조건 등에 있어 가맹본부 또는 가맹점사업자(이하 "가맹사업당사자"라 한다)의 권리와 의무에 관한 사항(특수한 거래조건이나 유의사항이 있는 경우에는 이를 포함한다)을 기재한 문서를 말한다.
10. "정보공개서"란 다음 각 목에 관하여 대통령령으로 정하는 사항을 수록한 문서를 말한다.
   가. 가맹본부의 일반 현황
   나. 가맹본부의 가맹사업 현황(가맹점사업자의 매출에 관한 사항을 포함한다)
   다. 가맹본부와 그 임원(「독점규제 및 공정거래에 관한 법률」 제2조제5호에 따른 임원을 말한다. 이하 같다)이 다음의 어느 하나에 해당하는 경우에는 해당 사실
      1) 이 법, 「독점규제 및 공정거래에 관한 법률」 또는 「약관의 규제에 관한 법률」을 위반한 경우
      2) 사기·횡령·배임 등 타인의 재산을 영득하거나 편취하는 죄에 관련된 민사소송에서 패소의 확정판결을 받았거나 민사상 화해를 한 경우
      3) 사기·횡령·배임 등 타인의 재산을 영득하거나 편취하는 죄를 범하여 형을 선고받은 경우
   라. 가맹점사업자의 부담

마. 영업활동에 관한 조건과 제한

바. 가맹사업의 영업 개시에 관한 상세한 절차와 소요기간

사. 가맹본부의 경영 및 영업활동 등에 대한 지원과 교육·훈련에 대한 설명

11. "점포환경개선"이란 가맹점 점포의 기존 시설, 장비, 인테리어 등을 새로운 디자인이나 품질의 것으로 교체하거나 신규로 설치하는 것을 말한다. 이 경우 점포의 확장 또는 이전을 수반하거나 수반하지 아니하는 경우를 모두 포함한다.

12. "영업지역"이란 가맹점사업자가 가맹계약에 따라 상품 또는 용역을 판매하는 지역을 말한다.

2. 정보공개서의 기재사항("대통령령으로 정하는 사항")

정보공개서의 기재사항(시행령 제4조제1항 관련)

1. 정보공개서의 표지

가. 정보공개서라는 한글 표시

나. 다음의 문장

이 정보공개서는 귀하께서 체결하려는 가맹계약 및 해당 가맹사업에 대한 전반적인 정보를 담고 있으므로 그 내용을 정확하게 파악한 후에 계약체결 여부를 결정하시기 바랍니다.

「가맹사업거래의 공정화에 관한 법률」에 따라 가맹희망자에게는 정보공개서의 내용 을 충분히 검토하고 판단할 수 있도록 일정한 기간이 주어집니다. 따라서 이 정보공개 서를 제공받은 날부터 14일(변호사나 가맹거래사의 자문을 받은 경우에는 7일)이 지날 때까지는 가맹본부가 귀하로부터 가맹금을 받거나 귀하와 가맹계약을 체결할 수 없습니다.

이 정보공개서는 법령에서 정한 기재사항을 담고 있는 것에 불과하며 그 내용의 사실 여부를 한국공정거래조정원이나 가맹사업

분야의 전문성을 갖춘 법인 · 단체 중 해당 업무를 수행할 수 있다고 공정거래위원회가 인정하여 고시하는 기관에서 모두 확인한 것은 아닙니다. 또한, 귀하께서는 어디까지나 가맹계약서의 내용에 따라 가맹사업을 운영하게 되므로 정보공개서의 내용에만 의존하여서는 아니 됩니다.

다. 가맹본부의 상호, 영업표지, 주된 사무소의 소재지, 가맹사업과 관련하여 가맹본부가 운영하는 인터넷 홈페이지 주소, 가맹사업 담당부서, 가맹사업 안내 전화번호

라. 정보공개서의 등록번호 및 최초 등록일

마. 정보공개서의 최종 등록일

2. 가맹본부의 일반 현황

가. 가맹본부의 설립일(법인인 경우 법인설립등기일, 개인인 경우 최초 사업자등록일을 말한다), 법인등록번호(법인인 경우만 해당한다) 및 사업자등록번호

나. 가맹본부 및 가맹본부의 특수관계인[「독점규제 및 공정거래에 관한 법률 시행령」 제3조제1호에 따른 동일인관련자(가맹본부가 아닌 자의 사용인은 제외한다) 및 「독점규제 및 공정거래에 관한 법률 시행령」 제11조제1호에 따른 특수관계인으로서 정보공개일 현재 최근 3년 동안 가맹사업을 경영한 적이 있거나 경영하고 있는 경우만 해당한다. 이하 같다]의 명칭, 상호, 영업표지, 주된 사무소의 소재지, 대표자의 이름, 대표전화번호(회사인 경우에는 회사의 대표번호를, 개인인 경우에는 주된 사무소의 대표번호를 기재한다. 이하 같다)

다. 가맹본부가 외국기업인 경우에는 가맹본부 및 국내에서 영업 중인 특수관계인의 명칭, 상호, 영업표지, 국내의 주된 사무소의 소재지, 대표자의 이름, 대표전화번호, 국내에서 영업을 허락받은 기간(가맹본부가 다른 사업자에게 국내에서 가맹사업 운영권 을 부여한 경우에만 기재한다)

라. 가맹본부가 정보공개 바로 전 3년간 다른 기업(정보공개일 현재 최근 3년 동안 가맹사업을 경영한 적이 있거나 경영하고 있는 경우만 해당한다)을 인수 · 합병(다른 기업의 가맹사업 관련 사업을 양수 또는 양도한 경우도 포함한다. 이하 같다)하거나 다른 기업에 인수 · 합병된 경우 해당 기업의 명칭, 상호, 주된 사무소의 소재지, 대표자의 이름

마. 가맹희망자가 앞으로 경영할 가맹사업(이하 "해당 가맹사업"이라 한다)의 명칭, 상호, 서비스표, 광고, 그 밖의 영업표지

바. 가맹본부의 정보공개 바로 전 3개 사업연도의 재무상황에 관한 다음의 정보

1) 연도별 대차대조표 및 손익계산서. 다만, 가맹본부가 재무제표를 작성하지 아니하는 경우에는 매출액을 확인할 수 있는 「부가가치세법」에 따른 부가가치세신고서 등의 증명서류로 대신할 수 있다.

2) 연도별 가맹사업 관련 매출액(영업표지별로 나누어 기재하되, 분류가 어려운 경우 에는 그 합계를 기재할 수 있다. 또한 관련 매출액 산정이 곤란한 경우 추정된 매출액임을 밝히고 상한과 하한을 표시한다)과 구체적인 산정기준

3) 개인사업자가 법인사업자로 전환한 경우 종전 개인사업자의 1)의 정보(정보공개 바로 전 3개 사업연도 정보만 해당한다)

사. 가맹본부의 현 임원(「독점규제 및 공정거래에 관한 법률」 제2조제5호에 따른 임원을 말한다. 이하 같다)의 명단(가맹사업 관련 임원과 관련되지 아니하는 임원을 나누어 기재한다) 및 정보공개일 현재 최근 3년 동안의 개인별 사업경력(재직했던 직위 및 사업기간을 포함한다)

아. 가맹본부의 정보공개 바로 전 사업연도 말 현재 임직원 수(상근 · 비상근 임원과 직원을 나누어 기재한다)

자. 가맹본부 및 가맹본부의 특수관계인이 정보공개일 현재 최근 3년 동안 가맹사업을 경영하였거나 경영하고 있는 경우 그러한 사실(영업표지별로 나누어 기재한다)

차. 가맹본부가 가맹점사업자에게 사용을 허용하는 지식재산권에 관한 다음의 정보

1) 등록 및 등록신청 여부(산업재산권의 경우 특허청 등록·등록신청 여부, 등록이 거부된 경우 그 사실, 등록·출원번호 및 등록일·출원일을 포함한다)

2) 지식재산권 소유자 및 등록신청자의 이름

3) 사용이 허용되는 지식재산권의 등록 만료일

4) 가맹본부가 지식재산권의 사용을 허용받은 기간 및 사용범위

3. 가맹본부의 가맹사업 현황

가. 해당 가맹사업을 시작한 날

나. 해당 가맹사업의 연혁(해당 가맹사업을 시작한 날 이후 해당 가맹사업을 경영한 가맹본부의 상호, 주된 사무소의 소재지, 대표자의 이름, 가맹사업 경영 기간)

다. 해당 가맹사업의 업종

라. 정보공개 바로 전 3개 사업연도 말 현재 영업 중인 해당 가맹사업의 전국 및 광역 지방자치단체별 가맹점 및 직영점 총 수(가맹점과 직영점을 나누어 기재한다)

마. 해당 가맹사업과 관련하여 정보공개 바로 전 3년간 신규 개점, 계약 종료, 계약 해지, 명의 변경의 사정이 있는 가맹점의 수(연도별로 나누어 기재한다)

바. 해당 가맹사업 외에 가맹본부 및 가맹본부의 특수관계인이 경영하는 가맹사업의 업 종, 영업표지 및 사업 시작일과 정보공개 바로 전 3개 사업연도 말 현재 영업 중인 가맹점 및 직영점의 총 수

사. 직전 사업연도에 영업한 가맹점사업자(전국 및 광역지방자치단체별로 나누어 기재하되, 바로 전 사업연도 말 현재 5명 미만의 가맹점사업자가 영업 중인 지역은 기재를 생략할 수 있다) 당 지역별 연간 평균 매출액(정확한 매출액이 산정되지 아니하는 경우에는 추정된 매출액임을 밝히고, 상한과 하한을 표시하며, 매장 전용 면적 3.3㎡당 연간 평균 매출액을 함께 적는다)과 구체적인 산정기준

아. 해당 가맹사업을 경영하는 가맹지역본부(가맹본부가 직접 운영하는 지역사무소 등을 포함한다. 이하 이 목에서 같다)에 관한 다음의 정보

1) 가맹지역본부의 상호, 주된 사무소의 소재지, 대표자의 이름, 대표전화번호, 관리지역, 가맹본부와 맺은 계약기간

2) 가맹지역본부가 가맹계약 체결의 상대방인지 여부

3) 가맹지역본부가 관리하는 바로 전 사업연도 말 현재 영업 중인 가맹점 수)

자. 해당 가맹사업과 관련하여 가맹본부가 정보공개 바로 전 사업연도에 지출한 광고비 및 판촉비(광고 및 판촉 수단별로 나누어 기재하되, 분류가 어려운 경우에는 총액만 기재한다)

차. 가맹금 예치에 관한 사항

1) 해당 업무를 수행하는 기관의 상호, 담당 지점이나 부서의 이름과 소재지, 안내 전화번호

2) 가맹금 예치절차

3) 가맹희망자 또는 가맹점사업자의 소재지에 따라 예치기관이 달라지는 경우 관련된 정보

카. 피해보상보험계약 등의 체결 내역(해당 사실이 있는 경우만 기재한다)

1) 보험금액

2) 보장범위 및 지급조건

3) 보험금의 수령절차

4) 그 밖에 필요한 사항

4. 가맹본부와 그 임원의 법 위반 사실 등

가. 정보공개일 현재 최근 3년 동안 가맹사업거래와 관련하여 법, 「독점규제 및 공정거래에 관한 법률」 또는 「약관의 규제에 관한 법률」을 위반하여 공정거래위원회로부터 시정권고 이상의 조치를 받은 사실

나. 정보공개일 현재 최근 3년 동안 가맹사업거래와 관련하여 「가맹사업거래의 공정화에 관한 법률」 또는 「독점규제 및 공정거래에 관한 법률」을 위반하거나, 사기·횡령·배임 등 타인의 재물이나 재산상 이익을 영득 또는 이득하는 죄로 받은 유죄의 확정판결과 관련된 민사소송에서 패소의 확정판결을 받았거나, 민사상 화해를 한 사실

다. 정보공개일 현재 최근 3년 동안 사기·횡령·배임 등 타인의 재물이나 재산상 이익 을 영득 또는 이득하는 죄를 범하여 형의 선고를 받은 사실

5. 가맹점사업자의 부담

가. 영업개시 이전의 부담

1) 가맹점사업자가 해당 가맹사업을 시작하기 위하여 가맹본부에게 지급하여야 하는 대가의 내역과 그 반환조건 및 반환할 수 없는 경우에는 그 사유(계약금, 가입비, 할부금의 첫 지불액, 선급임차료, 교육비, 개점행사비 등 대가에 포함되는 구체적인 내용을 나누어 기재한다)

2) 보증금·담보목적물 등 계약 종료 시 가맹점사업자에게 반환되는 대가(가맹점사업자의 귀책사유 등으로 반환되지 아니하는 경우에는 그 사유를 기재한다)

3) 예치가맹금의 범위와 그 금액(가맹본부가 피해보상보험계약 등에 가입한 경우에도 법 제6조의5제1항에 따라 예치대

상이 되는 가맹금의 액수를 기재한다)

4) 1)과 2) 외에 가맹점사업자 사업을 시작하는 데에 필요한 다른 대가(위치나 점포 크기 등에 따른 비용의 차이를 예시하되, 정확한 금액이 산정되지 않는 경우에는 추정된 금액임을 밝히고 상한과 하한을 표시하며, 매장 전용 면적 3.3㎡당 비용을 함께 적는다)의 내역, 지급대상과 그 반환조건 및 반환될 수 없는 경우에는 그 사유

가) 필수설비 · 정착물 · 인테리어 비용(가맹사업의 통일성을 위하여 가맹본부가 요 구 또는 권장하는 경우만 해당한다)

나) 최초로 공급되는 상품의 비용 또는 용역의 비용

다) 설계 및 감리비용

라) 그 밖의 필요비용

5) 가맹점 입지 선정 주체 및 선정 기준

6) 가맹점사업자와 그 종업원의 채용 및 교육에 대한 기준

7) 가맹점 운영에 필요한 설비, 장비, 정착물 등의 물품 내역 및 공급 방법 · 공급 업체(가맹본부 또는 가맹본부가 지정한 자가 공급하는 경우만 해당한다)

나. 영업 중의 부담

1) 상표 사용료, 리스료, 광고 · 판촉료, 교육훈련비, 간판류 임차료, 영업표지 변경에 따른 비용, 리모델링(remodeling) 비용, 재고관리 및 회계처리 비용, 판매시점 관 리 시스템(POS)을 포함한 운영 시스템 유지 비용 등 가맹점사업자가 해당 가맹사업을 경영하기 위하여 가맹본부 또는 그 관계자에게 정기적으로 또는 비정기적으로 지급하여야 하는 모든 대가의 내역과 그 반환조건 및 반환될 수 없는 경우에는 그 사유(각각의 내역을 나누어 기재한다)

2) 가맹본부가 재고관리 · 회계처리 등에 관하여 가맹점사업자

를 감독하는 내역

다. 계약 종료 후의 부담(부담이 없는 경우에는 그 사실을 기재한다)

1) 계약 연장이나 재계약 과정에서 가맹점사업자가 추가로 부담하여야 할 비용(점포 이 전이 필요할 경우 그 비용도 포함한다)

2) 가맹본부의 사정에 의한 계약 등의 종료 시 조치사항

가) 가맹본부가 가맹사업을 다른 사업자에게 양도하는 경우 기존 가맹점사업자와의 계약승계 여부

나) 가맹본부가 사용을 허락한 지식재산권의 유효기간이 만료되는 경우 조치사항

다) 가맹본부가 해당 가맹사업을 중단하는 경우 조치사항

3) 가맹점사업자가 다른 사업자에게 가맹점운영권을 이전하려는 경우, 가맹점사업자 또는 다른 사업자가 가맹본부에 부담하여야 할 대가

4) 계약종료 후 조치사항(가맹본부 또는 가맹본부가 지정한 자가 공급한 물품의 반품 조건 등 재고물품 처리 방안을 포함한다)

6. 영업활동에 대한 조건 및 제한

가. 가맹점사업자가 해당 가맹사업을 시작하거나 경영하기 위하여 필요한 모든 부동산 · 용역 · 설비 · 상품 · 원재료 또는 부재료의 구입 또는 임차와 관련하여, 가맹본부가 가 맹점사업자에게 특정한 거래상대방(가맹본부를 포함한다)과 거래할 것을 요구 또는 권장할 경우 그 특정한 거래상대방과 거래하는 거래대상물의 품목(가맹본부가 직접 공급하는 품목과 그 외의 특정한 거래상대방이 공급하는 품목을 구분하되, 가맹사업 이 소매업에 해당하는 경우는 구체적인 품목명은 생략할 수 있다)

나. 가맹본부가 가맹점사업자에게 특정한 거래상대방과 거래하도록

요구 또는 권장하고 이와 관련하여 그 특정한 거래상대방이나 가맹점사업자로부터 대가를 받는 경우에는 그 대가의 산정기준(품목명을 포함한다) 및 금액(정확한 금액이 산정되지 않는 경우 에는 추정된 금액임을 밝히고 상한과 하한을 표시하되, 가맹사업이 소매업에 해당하 경우는 구체적인 품목명은 생략할 수 있다)

다. 삭제 〈2014.2.11〉

라. 상품 또는 용역, 거래상대방 및 가맹점사업자의 가격 결정을 제한하는 경우 이에 관 한 상세한 내용

1) 가맹점사업자에게 지정된 상품 또는 용역만을 판매하도록 제한할 필요가 있는 경우에는 그 제한내용

2) 가맹점사업자의 거래상대방에 따라 상품 또는 용역의 판매를 제한할 필요가 있는 경우에는 그 제한내용

3) 가맹점사업자가 판매하는 상품 또는 용역의 가격을 정하여 이에 따르도록 권장하거나, 가맹점사업자가 판매가격을 결정·변경하기 전에 가맹본부와 협의할 필요가 있는 경우에는 그 제한내용

마. 가맹점사업자의 영업지역을 보호하기 위한 구체적인 내용

1) 법 제12조의4에 따라 가맹계약 체결 시 가맹점사업자의 영업지역을 설정하여 가맹계약서에 적는다는 사실과 가맹계약기간 중에는 정당한 사유 없이 가맹점사업자의 영업지역에서 동일한 업종의 직영점·가맹점(가맹본부 또는 그 계열회사가 운영하는 직영점·가맹점으로 한정한다)을 설치하지 아니한다는 사실(가맹본부 또는 그 계열회사가 보유하고 있는 영업표지 중 해당 가맹사업과 동일한 업종의 영업표지 가 존재하는 경우 그 영업표지도 함께 적는다)

2) 영업지역의 설정 기준

3) 가맹계약 갱신과정에서 영업지역을 재조정할 수 있는 사유

및 영업지역을 재조정하는 경우에 가맹점사업자에게 미리 알리는 절차와 동의를 받는 방법

4) 가맹점사업자가 가맹본부로부터 보장받는 영업지역 밖의 고객에게 상품 및 용역을 판매하는 데 따르는 제한

5) 그 밖에 영업지역에 관한 내용

바. 계약기간, 계약의 갱신 · 연장 · 종료 · 해지 및 수정에 관한 상세한 내용

1) 가맹계약의 기간(계약 갱신 기간을 포함하며, 여러 가지의 기간이 있으면 모두 기재한다)

2) 계약 갱신 거절 사유

3) 계약 연장이나 재계약에 필요한 절차

4) 계약 종료, 해지 사유 및 그 절차(가맹본부 및 가맹점사업자의 권리를 각각 기재 한다)

5) 계약 수정의 사유, 사전 통보 여부 및 동의 절차

사. 가맹점운영권의 환매 · 양도 · 상속 및 대리행사, 경업금지, 영업시간 제한, 가맹본부의 관리 · 감독 등에 관한 상세한 내용

1) 가맹점운영권의 환매 및 양도에 필요한 절차

2) 가맹점운영을 대행하거나 위탁할 수 있는지와 그에 필요한 요건

3) 가맹점사업자의 경업금지 범위(경업금지 기간, 업종, 지역을 기재한다)

4) 영업시간 및 영업일수 등의 제한에 대한 내용

5) 가맹점사업자가 고용하도록 권장되는 종업원 수 및 가맹점사업자가 직접 영업장에 서 근무해야 하는지 여부

6) 가맹본부가 가맹점사업자의 영업장을 관리 · 감독하는지와 관리 · 감독하는 항목

아. 광고 및 판촉 활동

1) 광고의 목적(상품광고인지 가맹점 모집광고인지 등)에 따

른 가맹본부와 가맹점사업 자의 비용분담기준

2) 가맹점사업자가 가맹본부와 별개로 광고 및 판촉을 하려는 경우에 필요한 조건 및 절차

자. 해당 가맹사업의 영업비밀 보호 등에 관한 내용(가맹점사업자가 누설하지 아니하여 야 할 영업비밀의 범위 및 그 기간을 포함한다)

차. 가맹계약 위반으로 인한 손해배상에 관한 사항

7. 가맹사업의 영업 개시에 관한 상세한 절차와 소요기간

가. 가맹계약 체결을 위한 상담·협의 과정에서부터 가맹점 영업 개시까지 필요한 절차(시간 순서대로 기재하되 변호사나 가맹거래사의 자문을 받는 방법을 포함한다)

나. 각 절차에 걸리는 기간(기간이 늘어날 수 있다는 점과 그 사유를 기재하되, 정확한 기간이 산정되지 아니하는 경우에는 추정된 기간임을 밝히고 상한과 하한을 포함한 구간으로 표시한다)

다. 각 절차에 드는 비용(절차별로 구체적으로 기재하되, 정확한 비용이 산정되지 아니 하는 경우에는 추정된 비용임을 밝히고 상한과 하한을 포함한 구간으로 표시한다)

라. 가맹계약 체결 이후 일어날 수 있는 분쟁의 해결 절차

8. 가맹본부의 경영 및 영업활동 등에 대한 지원(지원사항이 없는 경우에는 그 사실을 적는다)

가. 가맹점사업자의 점포환경개선 시 가맹본부의 비용지원에 관한 사항(법 제12조의2제2 항에 따라 의무적으로 지급하여야 하는 최소한의 비용을 지급하는 경우라도 해당 내용을 적는다)

나. 판매촉진행사 시 인력지원 등 가맹본부가 지원하는 사항이 있는 경우 그 구체적 내용

다. 가맹본부가 가맹점사업자의 경영활동에 대한 자문을 하는 경우 그 구체적 방식 및 내용

라. 가맹본부가 가맹희망자 또는 가맹점사업자에게 직접 신용을 제

공하거나 각종 금융기관 의 신용 제공을 주선하는 경우에는 신용 제공에 대한 구체적 조건 및 신용 제공 금액

9. 교육 · 훈련에 대한 설명(교육 · 훈련 계획이 없는 경우에는 그 사실을 기재한다)
   가. 교육 · 훈련의 주요내용(집단 강의 및 실습 교육을 구분한다) 및 필수적 사항인지 여부
   나. 가맹점사업자에게 제공되는 교육 · 훈련의 최소시간
   다. 가맹점사업자가 부담하는 교육 · 훈련비용
   라. 교육 · 훈련을 받아야 하는 주체(가맹점사업자가 자기 대신에 지정한 자도 교육 · 훈련을 받을 수 있는 경우에는 이를 기재한다)
   마. 정기적이고 의무적으로 실시되는 교육 · 훈련에 가맹점사업자가 불참할 경우에 가맹 본부로부터 받을 수 있는 불이익

3. 가맹점사업자단체

제14조의2 (가맹점사업자단체의 거래조건 변경 협의 등)

① 가맹점사업자는 권익보호 및 경제적 지위 향상을 도모하기 위하여 단체(이하 "가맹점사업자단체"라 한다)를 구성할 수 있다.

② 특정 가맹본부와 가맹계약을 체결·유지하고 있는 가맹점사업자(복수의 영업표지를 보유한 가맹본부와 계약 중인 가맹점사업자의 경우에는 동일한 영업표지를 사용하는 가맹점사업자로 한정한다)로만 구성된 가맹점사업자단체는 그 가맹본부에 대하여 가맹계약의 변경 등 거래조건(이하 이 조에서 "거래조건"이라 한다)에 대한 협의를 요청할 수 있다.

③ 제2항에 따른 협의를 요청받은 경우 가맹본부는 성실하게 협의에 응하여야 한다. 다만, 복수의 가맹점사업자단체가 협의를 요청할 경우 가맹본부는 다수의 가맹점사업자로 구성된 가맹점사업자단체와 우선적

으로 협의한다.

④ 제2항에 따른 협의와 관련하여 가맹점사업자단체는 가맹사업의 통일성이나 본질적 사항에 반하는 거래조건을 요구하는 행위, 가맹본부의 경영 등에 부당하게 간섭하는 행위 또는 부당하게 경쟁을 제한하는 행위를 하여서는 아니 된다.

⑤ 가맹본부는 가맹점사업자단체의 구성·가입·활동 등을 이유로 가맹점사업자에게 불이익을 주는 행위를 하거나 가맹점사업자단체에 가입 또는 가입하지 아니할 것을 조건으로 가맹계약을 체결하여서는 아니 된다.

[본조신설 2013.8.13] [[시행일 2014.2.14]]

부 록

부록1. 가맹사업기간 상위 100개 브랜드

(2016. 12. 31. 기준)

순번	상호	영업표지	업종		가맹 사업 개시일	가맹사업 기간	외국계 여부*
			대분류	중분류			
1	크리스피크림도너츠 코퍼레이션	크리스피크림	외식	제과제빵	1947-01-01	69년 11개월	외국계
2	세븐일레븐 INC.	7-Eleven	도소매	편의점	1964-03-01	52년 9개월	외국계
3	스타우드아시아퍼시픽 호텔앤리조트	쉐라톤(Sheraton)	서비스	숙박	1973-03-01	43년 9개월	외국계
4	림스상사	림스치킨	외식	치킨	1977-07-24	39년 5개월	
5	TGI Friday's INC.	티지아이 프라이데이스 (TGI Fridays)	외식	서양식	1978-01-01	38년 11개월	외국계
6	(주)롯데리아	롯데리아	외식	패스트푸드	1980-07-19	36년 5개월	
7	피제리아 우노 코포레이션	우노시카고그릴(UNO CHICAGO GRILL)	외식	서양식	1981-02-01	35년 10개월	외국계
8	(주)페리카나	페리카나	외식	치킨	1981-03-20	35년 9개월	
9	록키 마운틴 초콜릿 팩토리, 아이앤씨	록키 마운틴 초콜릿 팩토리	외식	음료(커피 외)	1982-01-01	34년 11개월	외국계
10	(주)신라명과	신라명과	외식	제과제빵	1983-09-20	33년 3개월	
11	케이에프씨 레스토랑 아시아 Pte. Ltd.	케이에프씨(KFC)	외식	패스트푸드	1984-01-01	32년 11개월	외국계
12	Carl's Jr. Restaurants LLC	칼스 주니어	외식	패스트푸드	1984-01-01	32년 11개월	외국계
13	브링커인터내셔널 INC.	칠리스 그릴 앤 바, 칠리스 스페셜 베뉴	외식	기타 외국식	1984-06-29	32년 6개월	외국계
14	(주)비케이알	버거킹 (Burger King)	외식	패스트푸드	1985-01-12	31년 11개월	
15	(유)신포우리식품	신포우리만두	외식	분식	1985-05-01	31년 7개월	
16	(주)맥시칸	맥시칸치킨	외식	치킨	1985-09-03	31년 3개월	

순번	상호	영업표지	업종		가맹사업 개시일	가맹사업 기간	외국계 여부*
			대분류	중분류			
17	(주)아트박스	아트박스	도소매	기타 도소매	1986-06-14	30년 6개월	
18	(주)이연에프엔씨	한촌설렁탕	외식	한식	1986-07-01	30년 5개월	
19	펙에스피에이 (Peck S.p.A.)	펙(Peck)	도소매	기타 도소매	1986-08-29	30년 4개월	외국계
20	풀무원샘물(주)	풀무원샘물	도소매	(건강)식품	1986-11-07	30년 1개월	
21	비알코리아(주)	배스킨라빈스	외식	아이스크림/빙수	1987-03-15	29년 9개월	
22	(주)이원	투다리	외식	주점	1988-04-01	28년 8개월	
23	(주)파리크라상	파리바게뜨	외식	제과제빵	1988-09-30	28년 3개월	
24	(주)놀부	놀부보쌈	외식	한식	1989-04-11	27년 8개월	
25	장모육계유통	장모님치킨	외식	치킨	1989-10-30	27년 2개월	
26	(주)멕시카나	멕시카나	외식	치킨	1989-11-01	27년 1개월	
27	(주)공영식품	기소야	외식	일식	1989-12-15	27년	
28	알파(주)	알파	도소매	기타 도소매	1989-12-16	27년	
29	풀무원식품(주)	풀무원(냉장)	도소매	농수산물	1990-06-01	26년 6개월	
30	풀무원식품(주)	풀무원(냉동)	도소매	기타 도소매	1990-06-01	26년 6개월	
31	(주)바이더웨이	세븐일레븐 (바이더웨이)	도소매	편의점	1990-06-30	26년 6개월	
32	청오디피케이(주)	도미노피자	외식	피자	1990-10-16	26년 2개월	
33	(주)비지에프리테일	씨유	도소매	편의점	1990-10-19	26년 2개월	
34	마스타자동차관리(주)	마스타	서비스	자동차 관련	1991-01-03	25년 11개월	

순번	상호	영업표지	업종		가맹사업 개시일	가맹사업 기간	외국계 여부*
			대분류	중분류			
35	(주)지코프로	지바트	서비스	자동차 관련	1991-01-05	25년 11개월	
36	더오리지널팬케이크하우스프랜차이징 INC.	더오리지널팬케이크하우스	외식	제과제빵	1991-02-26	25년 10개월	외국계
37	(주)이원	칸	외식	주점	1991-04-06	25년 8개월	
38	(주)지에스리테일	지에스25(GS25)	도소매	편의점	1991-06-13	25년 6개월	
39	한국미니스톱(주)	미니스톱	도소매	편의점	1991-07-01	25년 5개월	
40	원앤원(주)	원할머니	외식	한식	1991-08-01	25년 4개월	
41	(주)온누리에이치엔씨	온누리약국	서비스	약국	1991-10-27	25년 2개월	
42	인터이케아시스템 비브이	이케아	도소매	기타 도소매	1992-01-01	24년 11개월	외국계
43	CRESTCOM 인터내셔널 리미티드	크레스트컴(CRESTCOM)	서비스	기타 교육	1992-01-01	24년 11개월	외국계
44	(주)놀부	놀부부대찌개&철판구이	외식	한식	1992-02-01	24년 10개월	
45	동원산업(주)	동원참치	외식	일식	1992-02-01	24년 10개월	
46	송가네식품(주)	송가네왕족발	외식	한식	1992-03-05	24년 9개월	
47	(주)코리아세븐	세븐일레븐	도소매	편의점	1992-07-06	24년 5개월	
48	(주)예삐닷컴	예삐꽃방	도소매	기타 도소매	1992-08-18	24년 4개월	
49	(주)민병철스피킹웍스	민병철스피킹웍스	서비스	교육(외국어)	1992-08-31	24년 4개월	
50	(주)크린토피아	크린토피아	서비스	세탁	1992-10-01	24년 2개월	
51	파파이스 루이지에나 키친(Inc.)	파파이스루이지애나키친/파파이스 치킨 앤 비스킷	외식	패스트푸드	1992-11-05	24년 1개월	외국계

순번	상호	영업표지	업종		가맹사업 개시일	가맹사업 기간	외국계 여부*
			대분류	중분류			
52	(주)짐월드	짐보리	서비스	유아 관련(교육 외)	1993-02-01	23년 10개월	
53	(주)와이비엠넷	이씨씨(ECC)	서비스	교육(외국어)	1993-03-02	23년 9개월	
54	에스케이네트웍스(주)	스피드메이트(Speedmate)	서비스	자동차 관련	1993-03-11	23년 9개월	
55	(주)더본코리아	백종원의 원조 쌈밥집	외식	한식	1993-04-06	23년 8개월	
56	(주)디이노	쟈끄데상쥬	서비스	이미용	1993-06-04	23년 6개월	
57	(주)한솥	한솥	외식	한식	1993-07-07	23년 5개월	
58	종로빈대떡 분점사업부	종로빈대떡	외식	기타 외식	1993-10-01	23년 2개월	
59	메디팜(주)	메디팜	서비스	약국	1993-10-18	23년 2개월	
60	(주)올킨시스템즈	올킨(ORKIN)	서비스	기타 서비스	1994-05-01	22년 7개월	
61	교촌에프앤비(주)	교촌치킨	외식	치킨	1994-06-01	22년 6개월	
62	한국식품	쌔떼치킨& 꾸버불라	외식	치킨	1994-09-30	22년 3개월	
63	(주)오르다코리아	오르다코리아	서비스	유아 관련(교육 외)	1994-12-01	22년	
64	스타우드아시아퍼시픽 호텔앤리조트	포 포인츠 바이 쉐라톤 호텔	서비스	숙박	1995-01-01	21년 11개월	외국계
65	호식이두마리치킨	호식이두마리치킨	외식	치킨	1995-01-05	21년 11개월	
66	(주)판타지오	케이에이지이영재 심화교실	서비스	기타 교육	1995-01-11	21년 11개월	
67	비알코리아(주)	던킨도너츠	외식	제과제빵	1995-01-15	21년 11개월	
68	(주)서강교육그룹	에스엘피영어학당	서비스	교육(외국어)	1995-02-20	21년 10개월	

순번	상호	영업표지	업종		가맹사업 개시일	가맹사업 기간	외국계 여부*
			대분류	중분류			
69	(주)뷰티끄레아	이가자헤어비스	서비스	이미용	1995-03-01	21년 9개월	
70	㈜티에스푸드앤시스템	파파이스(POPEYES)	외식	패스트푸드	1995-03-11	21년 9개월	
71	풀무원건강생활(주)	풀무원녹즙	도소매	(건강)식품	1995-05-29	21년 7개월	
72	㈜동행로지스 피자 2001	피자2001	외식	피자	1995-08-15	21년 4개월	
73	(주)피엔제이	박준뷰티랩	서비스	이미용	1995-08-28	21년 4개월	
74	(주)제너시스비비큐	비비큐치킨(BBQ치킨)	외식	치킨	1995-09-01	21년 3개월	
75	(주)정철어학원주니어	정철어학원주니어	서비스	교육(외국어)	1995-10-01	21년 2개월	
76	스타우드아시아퍼시픽호텔앤리조트	더럭셔리컬렉션	서비스	숙박	1995-10-31	21년 2개월	외국계
77	(주)농협목우촌	목우촌웰빙마을	외식	기타 외식	1995-11-02	21년 1개월	
78	황철수피자	황철수피자	외식	피자	1995-11-19	21년 1개월	
79	(주)이이씨엘리트	윤선생영어교실	서비스	교육(외국어)	1995-12-01	21년	
80	(주)모닝글로리	모닝글로리	도소매	기타 도소매	1996-01-07	20년 11개월	
81	(주)혼	미니골드	도소매	기타 도소매	1996-01-17	20년 11개월	
82	지코바	지코바양념치킨	외식	치킨	1996-01-30	20년 11개월	
83	(주)김가네	김가네김밥	외식	분식	1996-04-05	20년 8개월	
84	(주)크린에이드	크린에이드	서비스	세탁	1996-04-15	20년 8개월	
85	(주)바이오미스트테크놀로지	바이오미스트	서비스	기타 서비스	1996-07-01	20년 5개월	
86	(주)판타지오	케이에이지이영재교육학술원연구실	서비스	기타 교육	1996-07-01	20년 5개월	

순번	상호	영업표지	업종		가맹사업 개시일	가맹사업 기간	외국계 여부*
			대분류	중분류			
87	케이지비(주)	케이지비(KGB)	서비스	이사	1996-07-07	20년 5개월	
88	(주)엠피케이그룹	미스터피자	외식	피자	1996-09-23	20년 3개월	
89	한마음공동체 영농조합법인	에코한마음	도소매	농수산물	1996-10-01	20년 2개월	
90	한국하겐다즈(주)	하겐다즈	외식	아이스크림/빙수	1996-12-01	20년	
91	(주)조마루	조마루감자탕	외식	한식	1997-01-01	19년 11개월	
92	한국맥도날드(유)	맥도날드	외식	패스트푸드	1997-02-01	19년 10개월	
93	Wyndham Hotel Asia Pacific Co. Limited	라마다	서비스	숙박	1997-04-01	19년 8개월	외국계
94	삼화식품	삼화푸드몰	외식	분식	1997-05-01	19년 7개월	
95	(주)피에스씨네트웍스	박승철헤어 스튜디오	서비스	이미용	1997-05-17	19년 7개월	
96	(주)토마토디앤씨	See Channel	서비스	안경	1997-05-19	19년 7개월	
97	(주)춘향골	춘향골남원추어탕	외식	한식	1997-05-30	19년 7개월	
98	(주)일동인터내쇼날	둘둘치킨	외식	치킨	1997-06-13	19년 6개월	
99	(주)토마토디앤씨	안경나라	서비스	안경	1997-07-01	19년 5개월	
100	(주)안경박사	안경박사	서비스	안경	1997-07-24	19년 5개월	

* 외국계 : 본점 소재지가 국외인 가맹본부

부록2. 가맹점 100개 이상 브랜드(2015년말 가맹점수 기준)

(단위 : 개)

순번	상호	영업표지	업종		가맹점수
			대분류	중분류	(2015)
1	(주)비지에프리테일	씨유	도소매	편의점	9,312
2	(주)지에스리테일	지에스25(GS25)	도소매	편의점	9,192
3	(주)코리아세븐	세븐일레븐	도소매	편의점	7,568
4	(주)파리크라상	파리바게뜨	외식	제과제빵	3,316
5	(주)해법에듀	해법공부방	서비스	교육(교과)	3,192
6	(주)해법에듀	해법영어교실	서비스	교육(외국어)	2,741
7	(주)세븐콜택시	세븐콜	서비스	운송	2,636
8	(주)크린토피아	크린토피아	서비스	세탁	2,271
9	한국미니스톱(주)	미니스톱	도소매	편의점	2,158
10	(주)해법에듀	셀파우등생교실	서비스	교육(교과)	1,703
11	(주)이원	투다리	외식	주점	1,662
12	(주)온누리에이치엔씨	온누리약국	서비스	약국	1,661
13	한국자동차전문정비 사업조합연합회	카포스	서비스	자동차 관련	1,591
14	(주)해법에듀	셀파수학교실	서비스	교육(교과)	1,589
15	(주)뮤엠교육	뮤엠영어	서비스	교육(외국어)	1,579
16	(주)이디야	이디야커피	외식	커피	1,577
17	(주)와이비엠교육	와이비엠리딩클럽 (YBM리딩클럽)	서비스	교육(외국어)	1,469
18	현대자동차(주)	블루핸즈(BLUhands)	서비스	자동차 관련	1,403
19	(주)제너시스비비큐	비비큐치킨(BBQ치킨)	외식	치킨	1,381
20	씨제이푸드빌(주)	뚜레쥬르	외식	제과제빵	1,266
21	(주)아모레퍼시픽	아리따움(ARITAUM)	도소매	화장품	1,253
22	(주)한솔플러스	한솔플러스수학교실	서비스	교육(교과)	1,245
23	(주)페리카나	페리카나	외식	치킨	1,225
24	(주)혜인식품	네네치킨	외식	치킨	1,201
25	(유)비에이치씨	비에이치씨(BHC)	외식	치킨	1,199
26	본아이에프(주)	본죽	외식	한식	1,190
27	메디팜(주)	메디팜	서비스	약국	1,181
28	(주)롯데리아	롯데리아	외식	패스트푸드	1,167
29	(주)교원	빨간펜수학의달인	서비스	교육(교과)	1,151
30	(주)와이비엠교육	와이비엠홈스쿨 (YBM홈스쿨)	서비스	교육(외국어)	1,125
31	비알코리아(주)	배스킨라빈스	외식	아이스크림	1,118

순번	상호	영업표지	업종		가맹점수 (2015)
			대분류	중분류	
				/빙수	
32	(주)이마트위드미	위드미	도소매	편의점	1,051
33	교촌에프앤비(주)	교촌치킨	외식	치킨	1,006
34	(주)부자이웃	봉구스밥버거	외식	패스트푸드	958
35	(주)아이북랜드	아이북랜드	서비스	기타 교육	955
36	(주)삼성출판사	삼성영어	서비스	교육(외국어)	926
37	호식이두마리치킨	호식이두마리치킨	외식	치킨	913
38	(주)한국일오삼	처갓집양념치킨	외식	치킨	897
39	(주)지앤푸드	굽네치킨	외식	치킨	888
40	해마로푸드서비스(주)	맘스터치	외식	패스트푸드	825
41	(주)카페베네	카페베네	외식	커피	821
42	롯데칠성음료(주)	롯데칠성음료	도소매	(건강)식품	819
43	(주)롯데리아	엔제리너스 (Angel-in-us Coffee)	외식	커피	813
44	(주)농협목우촌	또래오래	외식	치킨	811
45	지앤비교육(주)	지앤비어학원 (GnB어학원)	서비스	교육(외국어)	807
46	기아자동차(주)	오토큐(AUTO Q)	서비스	자동차 관련	800
47	(주)현진푸드빌	요거프레소	외식	커피	768
48	(주)이이씨엘리트	윤선생영어숲	서비스	교육(외국어)	754
49	(주)한국인삼공사	정관장	도소매	(건강)식품	752
50	(주)옵티마케어	옵티마	서비스	약국	738
51	(주)멕시카나	멕시카나	외식	치킨	713
52	(주)이삭	이삭토스트	외식	분식	690
53	주인프래너스(주)	간이역	외식	주점	684
54	(주)한솥	한솥	외식	한식	666
55	(주)해법에듀	해법중국어교실	서비스	교육(외국어)	662
56	(주)이니스프리	이니스프리	도소매	화장품	655
57	씨제이푸드빌(주)	투썸플레이스	외식	커피	633
58	알파(주)	알파	도소매	기타 도소매	626
59	(주)능률교육	능률 주니어랩	서비스	교육(교과)	624
60	비알코리아(주)	던킨도너츠	외식	제과제빵	623
61	(주)오구본가	오구피자	외식	피자	621
62	(주)푸드죤	피자마루	외식	피자	619
63	케이비엠	고봉민김밥人	외식	분식	600
64	로제타스톤코리아(유)	로제타스톤	서비스	교육(외국어)	596

순번	상호	영업표지	업종		가맹점수 (2015)
			대분류	중분류	
65	(주)이이씨엘리트	윤선생 우리집앞 영어교실	서비스	교육(외국어)	582
66	(주)더페이스샵	더페이스샵	도소매	화장품	576
67	(주)잉글리쉬 무무	잉글리쉬무무	서비스	교육(외국어)	568
68	(주)오투스페이스	아딸	외식	분식	566
69	한국타이어(주)	티스테이션(T'station)	서비스	자동차 관련	556
70	(주)튼튼영어	튼튼영어마스터클럽	서비스	교육(외국어)	533
71	(주)피자스쿨	피자스쿨	외식	피자	529
72	(주)훌랄라	훌랄라참숯바베큐	외식	치킨	526
73	지에스엠비즈(주)	오토오아시스 (autoOasis)	서비스	자동차 관련	512
74	(주)모퉁이돌	통문장영어교실	서비스	교육(외국어)	509
75	(주)놀부	놀부부대찌개&철판구이	외식	한식	507
76	예스스터디(주)	예스셈	서비스	교육(교과)	498
77	또봉이에프앤에스(주)	또봉이통닭	외식	치킨	480
78	(주)설빙	설빙	외식	아이스크림 /빙수	478
79	(주)까투리	까투리	외식	주점	451
80	(주)씨피에프	루마	서비스	자동차 관련	449
81	(주)아소비교육	아소비	서비스	기타 교육	440
82	(주)맥시칸	맥시칸치킨	외식	치킨	435
83	해피브릿지협동조합	국수나무	외식	분식	428
84	사과나무(주)	커피베이	외식	커피	415
85	(주)비케이부어코리아	부어치킨	외식	치킨	414
86	(주)와이비엠넷	와이비엠영어영재학습 관잉글루	서비스	교육(외국어)	413
87	(주)더본코리아	빽다방	외식	커피	412
88	(주)김가네	김가네김밥	외식	분식	407
89	풀무원식품(주)	풀무원(냉장)	도소매	농수산물	402
90	홈플러스(주)	365플러스편의점	도소매	편의점	398
91	(주)세븐앤컴퍼니	차수학	서비스	교육(교과)	396
92	(주)엠피케이그룹	미스터피자	외식	피자	392
93	(주)한우리열린교육	한우리독서토론논술	서비스	교육(교과)	392
94	(주)비상교육	비상아이비츠(IVYTZ)	서비스	교육(교과)	385
95	(주)화신교육	제3교실	서비스	기타 교육	377
96	마스타자동차관리(주)	마스타	서비스	자동차 관련	372

순번	상호	영업표지	업종		가맹점수 (2015)
			대분류	중분류	
97	지코바	지코바양념치킨	외식	치킨	370
98	(주)핫시즈너	불닭발동대문엽기떡볶이	외식	분식	362
99	(주)할리스에프앤비	할리스커피	외식	커피	361
100	(주)다이소아성산업	다이소	도소매	종합소매점	361
101	다인에프씨(주)	치킨마루	외식	치킨	361
102	(주)탐앤탐스	탐앤탐스커피	외식	커피	357
103	(주)신사고아카데미	쎈수학러닝센터	서비스	교육(교과)	356
104	(주)썬더치킨	썬더치킨	외식	치킨	355
105	(주)죠스푸드	죠스떡볶이	외식	분식	354
106	(주)대호가	죽이야기	외식	한식	353
107	(주)파리크라상	파스쿠찌	외식	커피	353
108	(주)참인포텍	샹떼피시방	서비스	PC방	349
109	(주)토마토디앤씨	블루클럽	서비스	이미용	344
110	(주)서일시스템	서일어학원	서비스	교육(외국어)	339
111	한국피자헛(유)	피자헛	외식	피자	338
112	(주)초록마을	초록마을	도소매	(건강)식품	336
113	(주)토니모리	토니모리	도소매	기타 도소매	335
114	(주)이이씨엘리트	윤선생영어교실	서비스	교육(외국어)	329
115	풀무원건강생활(주)	풀무원녹즙	도소매	(건강)식품	327
116	(주)바이더웨이	세븐일레븐(바이더웨이)	도소매	편의점	319
117	청오디피케이(주)	도미노피자	외식	피자	319
118	(주)에뛰드	에뛰드하우스	도소매	화장품	319
119	(주)한솔플러스	한솔독서논술교실	서비스	기타 교육	313
120	미창조(주)	리안	서비스	이미용	312
121	(주)꼬망세네트웍스	꼬마숲 어린이집	서비스	유아 관련(교육 외)	311
122	(주)네이처리퍼블릭	네이처리퍼블릭 (nature republic)	도소매	화장품	310
123	(주)디딤	신마포갈매기	외식	한식	308
124	(주)토마토디앤씨	일공공일안경콘택트	서비스	안경	307
125	(주)에땅	피자에땅	외식	피자	304
126	(주)코리아델로스케이디	치킨매니아	외식	치킨	303
127	(주)에이블씨엔씨	미샤	도소매	화장품	302
128	에스케이네트웍스(주)	스피드메이트 (Speedmate)	서비스	자동차 관련	301

순번	상호	영업표지	업종		가맹점수
			대분류	중분류	(2015)
129	(주)커브스코리아	커브스	서비스	스포츠 관련	301
130	(주)드림디포	드림디포	도소매	기타 도소매	299
131	(주)비상교육	잉글리시아이(englisheye)	서비스	교육(외국어)	296
132	(주)공차코리아	공차	외식	음료(커피 외)	294
133	신전푸드시스	신전떡볶이	외식	분식	293
134	(주)씨에이치컴퍼니	피자스쿨	외식	피자	293
135	3030키즈	3030영어	서비스	교육(외국어)	288
136	풀무원샘물(주)	풀무원샘물	도소매	(건강)식품	285
137	(주)채선당	채선당	외식	한식	285
138	(주)신라외식개발	티바두마리치킨	외식	치킨	283
139	(주)웰빙을만드는사람들	뽕뜨락피자	외식	피자	283
140	(주)커피에반하다	커피에반하다	외식	커피	282
141	(주)놀부	놀부보쌈	외식	한식	278
142	(주)프랜푸드	땅땅치킨	외식	치킨	278
143	(주)정다믄	김밥천국	외식	분식	277
144	(주)디디에프엔비	디디치킨(DD치킨)	외식	치킨	275
145	(주)보강엔터프라이즈	큰맘할매순대국	외식	한식	274
146	(주)점프교육	점프셈교실(공부방)	서비스	교육(교과)	268
147	(주)투모아	투모아	외식	주점	264
148	(주)리치빔	피자나라치킨공주	외식	피자	262
149	(주)오땡큐	오땡큐	서비스	이미용	259
150	(주)에스앤큐플러스	토프레소	외식	커피	257
151	(주)이롬	이롬	도소매	(건강)식품	256
152	(주)에이원앤	이보영의토킹클럽	서비스	교육(외국어)	256
153	(주)아트앤하트글로벌	아트&하트	서비스	기타 교육	256
154	(주)핸디페어	핸디페어에코(Eco)	서비스	기타 서비스	253
155	(주)빅투	그램그램	외식	기타 외식	253
156	(주)지엔에스올떡	올떡볶이	외식	분식	252
157	(주)에듀왕	왕수학교실	서비스	교육(교과)	251
158	(주)깐부	깐부치킨	외식	치킨	246
159	원앤원(주)	원할머니	외식	한식	244
160	(주)피에스씨네트웍스	박승철헤어스투디오	서비스	이미용	244
161	(주)주은교육	어린음악대	서비스	기타 교육	244
162	(주)채움푸드	코리엔탈깻잎두마리칩킨	외식	치킨	243

순번	상호	영업표지	업종		가맹점수 (2015)
			대분류	중분류	
163	(주)유베스타	차일드유	서비스	유아 관련(교육 외)	241
164	(주)카젠	카젠	서비스	자동차 관련	240
165	티에고(주)	커피마마	외식	커피	240
166	(주)크린에이드	크린에이드	서비스	세탁	235
167	(주)티비비씨	코리안바베큐	외식	치킨	235
168	(주)월드크리닝	월드크리닝	서비스	세탁	234
169	CBTL Franchising, LLC.	The Coffee Bean & Tea Leaf	외식	커피	234
170	(주)아이센스에프앤씨	아이센스피시방	서비스	PC방	231
171	(주)일가인터내셔널	뚱스밥버거	외식	분식	230
172	(주)예진희알이에프	바다양푼이 동태탕 찜	외식	한식	227
173	계림에프앤씨	오븐에꾸운닭	외식	치킨	226
174	(주)에땅	오븐에빠진닭	외식	치킨	225
175	(주)알볼로에프앤씨	피자알볼로	외식	피자	221
176	(주)가장맛있는족발	가장맛있는족발	외식	한식	220
177	(주)월드씨앤에프	크린위드	서비스	세탁	219
178	(주)글라스스토리안경	글라스스토리	서비스	안경	218
179	(주)비피알	바푸리	외식	분식	218
180	(주)마세다린	가마로강정	외식	치킨	214
181	예스2424(주)	예스2424	서비스	이사	213
182	케이에프씨 레스토랑 아시아 Pte. Ltd.	케이에프씨(KFC)	외식	패스트푸드	212
183	휴먼인트리(주)	압구정봉구비어	외식	주점	212
184	(주)육칠팔	치킨678	외식	치킨	211
185	(주)삼립식품	따삐오	외식	제과제빵	206
186	(주)비에이지본스	본스치킨	외식	치킨	206
187	(주)다도글로벌	드롭탑(DROPTOP)	외식	커피	204
188	(주)한경기획	압구정봉구비어	외식	주점	204
189	(주)조마루	조마루감자탕	외식	한식	202
190	(주)안경매니져	안경매니져	서비스	안경	201
191	마스타자동차관리(주)	레디카	서비스	자동차 관련	200
192	본아이에프(주)	본도시락	외식	한식	199
193	(주)다비치안경체인	다비치안경	서비스	안경	198
194	(주)금탑에프앤비	청담동말자싸롱	외식	주점	197
195	(주)다울에프앤비	호치킨	외식	치킨	196

순번	상호	영업표지	업종		가맹점수
			대분류	중분류	(2015)
196	(주)일동인터내쇼날	둘둘치킨	외식	치킨	195
197	(주)치어스	치어스	외식	주점	195
198	우보	색연필	도소매	기타 도소매	195
199	(주)노랑푸드	노랑통닭	외식	치킨	194
200	(주)지알테크	브이쿨	서비스	자동차 관련	194
201	(주)커커	이철헤어커커	서비스	이미용	193
202	(주)와이비에프씨	용구비어	외식	주점	193
203	(주)아이비스글로벌	아이비스PC방	서비스	PC방	192
204	(주)올치에프씨	신통치킨	외식	치킨	191
205	(주)이랜드파크	더카페	외식	커피	188
206	풀무원건강생활(주)	그린체	도소매	(건강)식품	188
207	(주)바르다김선생	바르다김선생	외식	분식	187
208	(주)샤마	코코호도	외식	제과제빵	186
209	쥬씨(주)	쥬씨(JUICY)	외식	음료(커피 외)	186
210	리치푸드(주)	피쉬앤그릴too	외식	주점	184
211	(주)마루에프씨	우마루	외식	한식	182
212	(주)에스에프씨	샤브향	외식	한식	182
213	(주)행복한상상에프앤비	화통삼	외식	기타 외식	182
214	비전워크코리아(주)	위트니영어	서비스	교육(외국어)	181
215	(주)가르텐	가르텐호프앤레스트	외식	주점	180
216	케이지비(주)	예스2404	서비스	이사	176
217	(주)이젠교육	이젠수학학습관	서비스	교육(교과)	176
218	(주)불로만	불로만숯불바베큐	외식	치킨	175
219	무봉리토종순대국체인본부	무봉리토종순대국	외식	한식	175
220	(주)보드람씨앤알	보드람 치킨	외식	치킨	175
221	동아리식품	동아리꼬치구이	외식	주점	175
222	(주)스티븐스	뉴욕핫도그앤커피	외식	패스트푸드	174
223	(주)스킨푸드	스킨푸드	도소매	화장품	174
224	(주)펀앤아이	펀비어킹	외식	주점	174
225	(주)라미야코리아	라미야	도소매	기타 도소매	173
226	(주)퀀텀에너지	퀀텀에너지	도소매	기타 도소매	173
227	(주)더본코리아	새마을식당	외식	한식	172
228	(주)띠아모코리아	카페띠아모	외식	아이스크림/빙수	172
229	(주)정철어학원주니어	정철어학원주니어	서비스	교육(외국어)	171
230	(주)봉추푸드시스템	봉추찜닭	외식	한식	170

순번	상호	영업표지	업종		가맹점수
			대분류	중분류	(2015)
231	(주)한국아이지에이	아이지에이마트	도소매	편의점	170
232	(주)석봉토스트	석봉토스트	외식	분식	166
233	(주)농업법인쿱스토어	아이쿱자연드림 (iCOOP자연드림)	도소매	(건강)식품	165
234	(주)용마을	용우동	외식	분식	163
235	현대옥프랜차이즈	현대옥	외식	한식	163
236	(주)장충동왕족발	장충동왕족발보쌈	외식	한식	160
237	(주)떡파는사람들	떡보의하루	외식	한식	158
238	(주)오메가포인트	시매쓰	서비스	기타 교육	158
239	서브웨이 인터내셔널 비브이	서브웨이	외식	패스트푸드	155
240	코오롱웰케어(주)	더블유스토어(W-store)	도소매	기타 도소매	155
241	씨제이올리브네트웍스(주)	올리브영	도소매	종합소매점	154
242	(주)비원에프앤씨	비턴	외식	주점	154
243	(주)토마토디앤씨	안경나라	서비스	안경	153
244	(주)스타비젼	오렌즈	서비스	안경	151
245	(주)대구반야월막창	대구반야월막창	외식	한식	150
246	(주)하남에프앤비	하남돼지집	외식	한식	150
247	(주)퐁텐	쌀통닭	외식	치킨	150
248	(주)안경박사	안경박사	서비스	안경	149
249	(주)호경에프씨	코바코	외식	분식	148
250	(주)더본코리아	홍콩반점0410	외식	중식	147
251	(주)춘자외식	오춘자비어	외식	주점	146
252	(주)다사랑	다사랑	외식	치킨	145
253	(주)한스앤컴퍼니	한스델리	외식	기타 외식	145
254	(주)개념원리에듀	지엠에이개념원리국제 수학교육원	서비스	교육(교과)	145
255	(주)맥스원이링크	시즌아이피시방	서비스	PC방	142
256	(주)에쓰와이프랜차이즈	꼬지사께	외식	주점	141
257	본아이에프(주)	본죽&비빔밥 Cafe	외식	한식	141
258	(주)보우앤파트너스	미소야	외식	일식	140
259	(주)코리아이앤피	EiE 고려대학교 국제어학원 영어교육 프로그램	서비스	교육(외국어)	140
260	장모육계유통	장모님치킨	외식	치킨	139
261	(주)케이에이치컴퍼니	망고식스	외식	음료(커피 외)	139
262	(주)조이매스	조이매스	서비스	교육(교과)	138

순번	상호	영업표지	업종		가맹점수 (2015)
			대분류	중분류	
263	미쳐버린파닭	미쳐버린파닭	외식	치킨	138
264	(주)롯데리아	나뚜루	외식	아이스크림/빙수	137
265	(주)뷰티끄레아	이가자헤어비스	서비스	이미용	136
266	(주)현대씨에스엔	베스트올	도소매	편의점	136
267	(주)푸드머스	푸드머스(SL)	도소매	기타 도소매	136
268	(주)씨드트리	옛날장터치킨	외식	치킨	136
269	(주)청담러닝	클루빌러닝센터	서비스	교육(외국어)	135
270	교육지대(주)	종로엠스쿨	서비스	교육(교과)	134
271	(주)장원교육	장원교육	서비스	교육(교과)	134
272	(주)아로마무역	양키캔들	도소매	기타 도소매	134
273	(주)맛깔	맛깔참죽	외식	한식	133
274	(주)신창NC	오징어나라	외식	기타 외식	133
275	(주)봉자체인본부	옥탑방오봉자싸롱	외식	주점	132
276	(주)더벤티코리아	더벤티	외식	커피	131
277	(주)하늘교육	종로학원하늘교육 교육원/센터	서비스	교육(교과)	130
278	(주)다채원	토마토도시락	외식	한식	130
279	(주)신성유통	계동치킨	외식	치킨	129
280	(주)꼬꼬에프앤비	맛닭꼬	외식	치킨	129
281	(주)유니룩스	클린업24빨래방	서비스	세탁	127
282	(주)루케테	박군치킨	외식	치킨	127
283	(주)육대장	육대장	외식	기타 외식	126
284	(주)홍선생교육	머리에그리는홍선생미술	서비스	기타 교육	125
285	(유)디스	난타5000피자	외식	피자	125
286	(주)케이티에이엠지	케이티에이엠지(KTAMG)	서비스	자동차 관련	125
287	한국맥도날드(유)	맥도날드	외식	패스트푸드	124
288	(유)신포우리식품	신포우리만두	외식	분식	123
289	(주)홍익아트	홍익아트	서비스	기타 교육	123
290	(주)데일리킹	포메인	외식	기타 외국식	123
291	제이엔씨벤자롱(주)	벤자롱스파	서비스	이미용	123
292	원앤원(주)	박가부대	외식	한식	121
293	리치푸드(주)	치르치르	외식	치킨	121
294	(주)오색만찬	오봉도시락	외식	한식	120

순번	상호	영업표지	업종		가맹점수 (2015)
			대분류	중분류	
295	(주)한밭에프앤지	홍짜장	외식	중식	119
296	(주)바이올푸드글로벌	유가네닭갈비	외식	한식	118
297	(주)이비가푸드	이비가 짬뽕	외식	중식	118
298	(주)이바돔	이바돔감자탕	외식	한식	117
299	(주)인토외식산업	와바	외식	주점	117
300	(주)아미아인터내셔날	미플아미아	서비스	이미용	117
301	(주)블록피아교육	블록피아	서비스	유아 관련(교육 외)	117
302	(주)명인에프엔비	명인만두	외식	분식	116
303	그린에프앤씨	꼬치리아	외식	분식	116
304	(주)잇츠스킨	잇츠스킨	도소매	화장품	116
305	(주)엔에이치에프	대칠성포차	외식	주점	115
306	(주)원우푸드	치킨뱅이	외식	치킨	114
307	(주)도네누	도네누	외식	기타 외식	114
308	(주)오니규	오니기리와이규동	외식	일식	114
309	(주)다판다	다판다	도소매	종합소매점	113
310	(주)진진에프씨	배터지는생동까스	외식	분식	113
311	(주)지엔에스에프앤비	우쿠야	외식	일식	112
312	(주)푸드넷시스템	토스피아	외식	패스트푸드	112
313	(주)거성푸드	신의주찹쌀순대	외식	분식	112
314	(주)커피니	커피니(COFFEENIE)	외식	커피	112
315	(주)엔켓	못된고양이	도소매	기타 도소매	112
316	(주)센트온	에코미스트(ECOMIST)	서비스	기타 서비스	111
317	(주)엠엔글로벌	못말리는파닭	외식	치킨	111
318	(주)스마트플레이스	더착한커피	외식	커피	111
319	케이지비(주)	케이지비(KGB)	서비스	이사	110
320	넥스큐브코퍼레이션(주)	에듀플렉스	서비스	교육(외국어)	110
321	(주)준오뷰티	준오헤어	서비스	이미용	109
322	(주)빅토 미술로생각하기	미술로생각하기	서비스	기타 교육	109
323	(주)고봉소어	고봉김밥	외식	분식	109
324	(주)깔끄미크린하우스	깔끄미계단	서비스	기타 서비스	108
325	(주)농협목우촌	목우촌참피자	외식	피자	108
326	(주)창의와탐구	와이즈만영재교육	서비스	교육(교과)	107
327	(주)음식생각	짚신매운갈비찜	외식	한식	107
328	(주)디떼	디에떼에스프레소	외식	커피	107
329	(주)잉큐영어교실	잉큐영어	서비스	교육(외국어)	106

순번	상호	영업표지	업종		가맹점수
			대분류	중분류	(2015)
330	(주)이플푸드	버무리떡볶이	외식	분식	106
331	(주)한국방송영재교육원	아이지미술	서비스	기타 교육	105
332	(주)에버리치에프앤비	생생돈까스	외식	분식	105
333	(주)알통컴퍼니	이승윤의알통떡강정	외식	치킨	105
334	(주)오피스디포코리아	오피스디포 (Office DEPOT)	도소매	기타 도소매	104
335	(주)엔케이로지스틱스	임실N치즈피자	외식	피자	103
336	(주)피투피시스템즈	토즈스터디센터	서비스	기타 교육	103
337	(주)불소	불소식당	외식	기타 외식	103
338	(주)포베이	포베이	외식	기타 외국식	102
339	(주)스타키코리아	금강디지털보청기	도소매	기타 도소매	102
340	(주)농협홍삼	한삼인	도소매	(건강)식품	102
341	(주)타임교육	뉴스터디교육	서비스	교육(교과)	101
342	(주)플랜에이컴퍼니	골든네일	서비스	이미용	101
343	(주)오앤씨웰푸드	치킨신드롬	외식	치킨	100
344	(주) 레드버켓	레드버켓	도소매	(건강)식품	100

부록 3. 대기업 가맹본부 현황

대기업 집단 순위 '17*	'16**	기업 집단명	상호	영업표지	업종 (대분류)	업종 (중분류)
2	2	현대자동차	기아자동차(주)	오토큐(AUTO Q)	서비스	자동차 관련
			현대자동차(주)	블루핸즈(BLUhands)	서비스	자동차 관련
3	3	에스케이	에스케이네트웍스(주)	스피드메이트(Speedmate)	서비스	자동차 관련
4	4	엘지	(주)더페이스샵	더페이스샵	도소매	화장품
				네이처컬렉션	도소매	화장품
			(주)엘지생활건강	비욘드	도소매	화장품
5	5	롯데	(주)롯데리아	나뚜루	외식	아이스크림/빙수
				롯데리아	외식	패스트푸드
				엔제리너스 (Angel-in-us Coffee)	외식	커피
				크리스피크림	외식	제과제빵
			롯데제과(주)	빠뮤(Pamu)	외식	제과제빵
				보네스뻬	외식	제과제빵
			롯데쇼핑(주)	롯데마켓999 (LOTTE market999)	도소매	종합소매점
				롯데슈퍼	도소매	종합소매점
			(주)코리아세븐	세븐일레븐	도소매	편의점
			(주)바이더웨이	세븐일레븐(바이더웨이)	도소매	편의점
			롯데칠성음료(주)	롯데칠성음료	도소매	(건강)식품
7	7	지에스	(주)지에스리테일	지에스25(GS25)	도소매	편의점
				지에스수퍼마켓(GS수퍼마켓)	도소매	종합소매점
			(주)텐바이텐	텐바이텐	도소매	기타 도소매
			지에스엠비즈(주)	오토오아시스(autoOasis)	서비스	자동차 관련
8	8	한화	(주)한화비앤비	빈스앤베리즈	외식	커피
10	10	농협	(주)농협목우촌	또래오래	외식	치킨
				목우촌참피자	외식	피자
				목우촌미소와돈	외식	기타 외식
				목우촌웰빙마을	외식	기타 외식
				헌터스문	외식	기타 외식
			(주)농협홍삼	농협홀푸드	도소매	(건강)식품
				한삼인	도소매	(건강)식품
11	14	신세계	(주)신세계푸드	오슬로	외식	아이스크림/빙수

대기업 집단 순위 '17*	대기업 집단 순위 '16**	기업 집단명	상호	영업표지	업종 (대분류)	업종 (중분류)
			(주)신세계푸드	자니로켓	외식	패스트푸드
			스무디킹코리아(주)	스무디킹(SMOOTHIEKING)	외식	음료(커피 외)
			(주)이마트위드미	위드미	도소매	편의점
			(주)이마트에브리데이	이마트에브리데이	도소매	기타 도소매
15	15	씨제이	씨제이푸드빌(주)	뚜레쥬르	외식	제과제빵
				투썸플레이스	외식	커피
			씨제이올리브 네트웍스(주)	올리브영	도소매	종합소매점
27	추가	케이티앤지	(주)한국인삼공사	정관장	도소매	(건강)식품
30	추가	하림	(주)주원산오리	오릿대	외식	한식
				주원명가	외식	한식
			(주)디디에프엔비	오롯이닭요리	외식	치킨
			(주)맥시칸	맥시칸치킨	외식	치킨
			(주)디디에프엔비	디디치킨(DD치킨)	외식	치킨

* 2017. 5. 1. 기준 대기업 집단 순위

** 2016. 10. 1. 기준 대기업 집단 순위

부록 4. 가맹사업거래의 공정화에 관한 법률

법률 제14812호 일부개정 2017. 04. 18.

제1장 총 칙

제1조 (목적) 이 법은 가맹사업의 공정한 거래질서를 확립하고 가맹본부와 가맹점사업자가 대등한 지위에서 상호보완적으로 균형있게 발전하도록 함으로써 소비자 복지의 증진과 국민경제의 건전한 발전에 이바지함을 목적으로 한다.

제2조 (정의) 이 법에서 사용하는 용어의 정의는 다음과 같다. [개정 2007.8.3, 2013.8.13] [[시행일 2014.2.14]]

1. "가맹사업"이라 함은 가맹본부가 가맹점사업자로 하여금 자기의 상표·서비스표·상호·간판 그 밖의 영업표지(이하 "영업표지"라 한다)를 사용하여 일정한 품질기준이나 영업방식에 따라 상품(원재료 및 부재료를 포함한다. 이하 같다) 또는 용역을 판매하도록 함과 아울러 이에 따른 경영 및 영업활동 등에 대한 지원·교육과 통제를 하며, 가맹점사업자는 영업표지의 사용과 경영 및 영업활동 등에 대한 지원·교육의 대가로 가맹본부에 가맹금을 지급하는 계속적인 거래관계를 말한다.
2. "가맹본부"라 함은 가맹사업과 관련하여 가맹점사업자에게 가맹점운영권을 부여하는 사업자를 말한다.
3. "가맹점사업자"라 함은 가맹사업과 관련하여 가맹본부로부터 가맹점운영권을 부여받은 사업자를 말한다.
4. "가맹희망자"란 가맹계약을 체결하기 위하여 가맹본부나 가맹지역본부와 상담하거나 협의하는 자를 말한다.
5. "가맹점운영권"이란 가맹점사업자가 가맹본부의 가맹사업과 관련하여 가맹점을 운영할 수 있는 계약상의 권리를 말한다.
6. "가맹금"이란 명칭이나 지급형태가 어떻든 간에 다음 각 목의 어느 하나에 해당하는 대가를 말한다. 다만, 가맹본부에 귀속되지 아니하는 것으로서 대통령령으로 정하는 대가를 제외한다.
   가. 가입비·입회비·가맹비·교육비 또는 계약금 등 가맹점사업자가 영업표지의 사용허락 등 가맹점운영권이나 영업활동에 대한 지원·교육 등을 받기 위하여 가맹본부에 지급하는 대가
   나. 가맹점사업자가 가맹본부로부터 공급받는 상품의 대금 등에 관한 채

무액이나 손해배상액의 지급을 담보하기 위하여 가맹본부에 지급하는 대가

다. 가맹점사업자가 가맹점운영권을 부여받을 당시에 가맹사업을 착수하기 위하여 가맹본부로부터 공급받는 정착물·설비·상품의 가격 또는 부동산의 임차료 명목으로 가맹본부에 지급하는 대가

라. 가맹점사업자가 가맹본부와의 계약에 의하여 허락받은 영업표지의 사용과 영업활동 등에 관한 지원·교육, 그 밖의 사항에 대하여 가맹본부에 정기적으로 또는 비정기적으로 지급하는 대가로서 대통령령으로 정하는 것

마. 그 밖에 가맹희망자나 가맹점사업자가 가맹점운영권을 취득하거나 유지하기 위하여 가맹본부에 지급하는 모든 대가

7. "가맹지역본부"라 함은 가맹본부와의 계약에 의하여 일정한 지역 안에서 가맹점사업자의 모집, 상품 또는 용역의 품질유지, 가맹점사업자에 대한 경영 및 영업활동의 지원·교육·통제 등 가맹본부의 업무의 전부 또는 일부를 대행하는 사업자를 말한다.

8. "가맹중개인"이라 함은 가맹본부 또는 가맹지역본부로부터 가맹점사업자를 모집하거나 가맹계약을 준비 또는 체결하는 업무를 위탁받은 자를 말한다.

9. "가맹계약서"라 함은 가맹사업의 구체적 내용과 조건 등에 있어 가맹본부 또는 가맹점사업자(이하 "가맹사업당사자"라 한다)의 권리와 의무에 관한 사항(특수한 거래조건이나 유의사항이 있는 경우에는 이를 포함한다)을 기재한 문서를 말한다.

10. "정보공개서"란 다음 각 목에 관하여 대통령령으로 정하는 사항을 수록한 문서를 말한다.

가. 가맹본부의 일반 현황

나. 가맹본부의 가맹사업 현황(가맹점사업자의 매출에 관한 사항을 포함한다)

다. 가맹본부와 그 임원(「독점규제 및 공정거래에 관한 법률」 제2조제5호에 따른 임원을 말한다. 이하 같다)이 다음의 어느 하나에 해당하는 경우에는 해당 사실

1) 이 법, 「독점규제 및 공정거래에 관한 법률」 또는 「약관의 규제에 관한 법률」을 위반한 경우

2) 사기·횡령·배임 등 타인의 재산을 영득하거나 편취하는 죄에 관련된 민사소송에서 패소의 확정판결을 받았거나 민사상 화해를 한 경우

3) 사기·횡령·배임 등 타인의 재산을 영득하거나 편취하는 죄를 범하여 형을 선고받은 경우

라. 가맹점사업자의 부담

마. 영업활동에 관한 조건과 제한

바. 가맹사업의 영업 개시에 관한 상세한 절차와 소요기간

사. 가맹본부의 경영 및 영업활동 등에 대한 지원과 교육·훈련에 대한 설명

11. "점포환경개선"이란 가맹점 점포의 기존 시설, 장비, 인테리어 등을 새로운 디자인이나 품질의 것으로 교체하거나 신규로 설치하는 것을 말한다. 이 경우 점포의 확장 또는 이전을 수반하거나 수반하지 아니하는 경우를 모두 포함한다.

12. "영업지역"이란 가맹점사업자가 가맹계약에 따라 상품 또는 용역을 판매하는 지역을 말한다.

제 3 조 (적용배제) ① 이 법은 다음 각 호의 어느 하나에 해당하는 경우에는 적용하지 아니한다. [개정 2012.2.17, 2013.8.13] [[시행일 2014.2.14]]

1. 가맹점사업자가 가맹금의 최초 지급일부터 6개월까지의 기간동안 가맹본부에게 지급한 가맹금의 총액이 100만원 이내의 범위에서 대통령령으로 정하는 금액을 초과하지 아니하는 경우
2. 가맹본부의 연간 매출액이 2억원 이내의 범위에서 대통령령으로 정하는 일정규모 미만인 경우. 다만, 가맹본부와 계약을 맺은 가맹점사업자의 수가 5개 이상의 범위에서 대통령령으로 정하는 수 이상인 경우는 제외한다.

② 제1항에도 불구하고 제9조 및 제10조(제10조제1항제1호는 제외한다)는 모든 가맹사업거래에 대하여 적용한다. [신설 2013.8.13] [[시행일 2014.2.14]]

제 2 장 가맹사업거래의 기본원칙

제 4 조 (신의성실의 원칙) 가맹사업당사자는 가맹사업을 영위함에 있어서 각자의 업무를 신의에 따라 성실하게 수행하여야 한다.

제 5 조 (가맹본부의 준수사항) 가맹본부는 다음 각호의 사항을 준수한다.

1. 가맹사업의 성공을 위한 사업구상
2. 상품이나 용역의 품질관리와 판매기법의 개발을 위한 계속적인 노력
3. 가맹점사업자에 대하여 합리적 가격과 비용에 의한 점포설비의 설치, 상품 또는 용역 등의 공급
4. 가맹점사업자와 그 직원에 대한 교육·훈련

5. 가맹점사업자의 경영·영업활동에 대한 지속적인 조언과 지원
6. 가맹계약기간중 가맹점사업자의 영업지역안에서 자기의 직영점을 설치하거나 가맹점사업자와 유사한 업종의 가맹점을 설치하는 행위의 금지
7. 가맹점사업자와의 대화와 협상을 통한 분쟁해결 노력

제 6 조 (가맹점사업자의 준수사항) 가맹점사업자는 다음 각호의 사항을 준수한다.

1. 가맹사업의 통일성 및 가맹본부의 명성을 유지하기 위한 노력
2. 가맹본부의 공급계획과 소비자의 수요충족에 필요한 적정한 재고유지 및 상품진열
3. 가맹본부가 상품 또는 용역에 대하여 제시하는 적절한 품질기준의 준수
4. 제3호의 규정에 의한 품질기준의 상품 또는 용역을 구입하지 못하는 경우 가맹본부가 제공하는 상품 또는 용역의 사용
5. 가맹본부가 사업장의 설비와 외관, 운송수단에 대하여 제시하는 적절한 기준의 준수
6. 취급하는 상품·용역이나 영업활동을 변경하는 경우 가맹본부와의 사전협의
7. 상품 및 용역의 구입과 판매에 관한 회계장부 등 가맹본부의 통일적 사업경영 및 판매전략의 수립에 필요한 자료의 유지와 제공
8. 가맹점사업자의 업무현황 및 제7호의 규정에 의한 자료의 확인과 기록을 위한 가맹본부의 임직원 그 밖의 대리인의 사업장 출입허용
9. 가맹본부의 동의를 얻지 아니한 경우 사업장의 위치변경 또는 가맹점운영권의 양도 금지
10. 가맹계약기간중 가맹본부와 동일한 업종을 영위하는 행위의 금지
11. 가맹본부의 영업기술이나 영업비밀의 누설 금지
12. 영업표지에 대한 제3자의 침해사실을 인지하는 경우 가맹본부에 대한 영업표지침해사실의 통보와 금지조치에 필요한 적절한 협력

제 3 장 가맹사업거래의 공정화

제 6 조의2 (정보공개서의 등록 등) ① 가맹본부는 가맹희망자에게 제공할 정보공개서를 공정거래위원회에 등록하여야 한다. [개정 2013.8.13] [[시행일 2014.2.14]]

② 가맹본부는 제1항에 따라 등록한 정보공개서의 기재사항 중 대통령령으로 정하는 사항을 변경하려는 경우에는 대통령령으로 정하는 기한 이내에 공정거래위원회에 기재사항의 변경등록을 하여야 한다. 다만, 대통령령으로 정하

는 경미한 사항을 변경하려는 경우에는 신고하여야 한다. [신설 2013.8.13] [[시행일 2014.2.14]]

③ 공정거래위원회는 제1항 또는 제2항에 따라 등록·변경등록하거나 신고한 정보공개서를 공개하여야 한다. 다만, 「개인정보 보호법」 제2조제1호에 따른 개인정보와 「부정경쟁방지 및 영업비밀보호에 관한 법률」 제2조제2호에 따른 영업비밀은 제외한다. [개정 2013.8.13, 2016.12.20] [[시행일 2017.3.21]]

④ 공정거래위원회는 제3항에 따라 정보공개서를 공개하는 경우 해당 가맹본부에 공개하는 내용과 방법을 미리 통지하여야 하고, 사실과 다른 내용을 정정할 수 있는 기회를 주어야 한다. [개정 2013.8.13, 2016.3.29] [[시행일 2016.9.30]]

⑤ 공정거래위원회는 제3항에 따라 정보공개서를 공개하기 위하여 예산의 범위 안에서 가맹사업정보제공시스템을 구축·운용할 수 있다. [개정 2013.8.13] [[시행일 2014.2.14]]

⑥ 그 밖에 정보공개서의 등록, 변경등록, 신고 및 공개의 방법과 절차는 대통령령으로 정한다. [개정 2013.8.13] [[시행일 2014.2.14]]

[본조신설 2007.8.3] [[시행일 2008.2.4]]

제6조의3 (정보공개서 등록의 거부 등) ① 공정거래위원회는 제6조의2에 따른 정보공개서 등록 신청이 다음 각 호의 어느 하나에 해당하는 경우에는 정보공개서의 등록을 거부하거나 그 내용의 변경을 요구할 수 있다. [개정 2016.12.20] [[시행일 2017.3.21]]

1. 정보공개서나 그 밖의 신청서류에 거짓이 있거나 필요한 내용을 적지 아니한 경우
2. 정보공개서에 기재된 가맹사업의 내용에 다른 법률에서 금지하고 있는 사항이 포함되어 있는 경우

② 공정거래위원회는 정보공개서의 등록을 하였을 때에는 가맹본부에게 등록증을 내주어야 한다. [개정 2016.12.20] [[시행일 2017.3.21]]

[본조신설 2007.8.3] [[시행일 2008.2.4]]

제6조의4 (정보공개서 등록의 취소) ① 공정거래위원회는 정보공개서가 다음 각 호의 어느 하나에 해당하는 경우에는 그 등록을 취소할 수 있다. 다만, 제1호 및 제2호에 해당하는 경우에는 등록을 취소하여야 한다. [개정 2013.8.13, 2016.12.20] [[시행일 2017.3.21]]

1. 거짓이나 그 밖의 부정한 방법으로 정보공개서가 등록된 경우
2. 제6조의3제1항제2호에 해당하는 경우
3. 제2조제10호 각 목의 기재사항 중 대통령령으로 정하는 중요한 사항(이하 "중요사항"이라 한다)이 누락된 경우

4. 가맹본부가 폐업 신고를 한 경우
5. 가맹본부가 정보공개서 등록취소를 요청하는 경우

② 공정거래위원회는 정보공개서 등록이 취소된 가맹본부의 명단을 공개할 수 있다. [신설 2013.8.13] [[시행일 2014.2.14]]

[본조신설 2007.8.3] [[시행일 2008.2.4]]

제6조의5 (가맹금 예치 등) ① 가맹본부는 가맹점사업자(가맹희망자를 포함한다. 이하 이 조, 제15조의2 및 제41조제3항제1호에서 같다)로 하여금 가맹금(제2조제6호가목 및 나목에 해당하는 대가로서 금전으로 지급하는 경우에 한하며, 계약체결 전에 가맹금을 지급한 경우에는 그 가맹금을 포함한다. 이하 "예치가맹금"이라 한다)을 대통령령으로 정하는 기관(이하 "예치기관"이라 한다)에 예치하도록 하여야 한다. 다만, 가맹본부가 제15조의2에 따른 가맹점사업자피해보상보험계약 등을 체결한 경우에는 그러하지 아니하다. [개정 2016.3.29] [[시행일 2016.9.30]]

② 예치기관의 장은 가맹점사업자가 예치가맹금을 예치한 경우에는 예치일부터 7일 이내에 그 사실을 가맹본부에 통지하여야 한다.

③ 가맹본부는 다음 각 호의 어느 하나에 해당하는 경우에는 예치기관의 장에게 대통령령으로 정하는 바에 따라 예치가맹금의 지급을 요청할 수 있다. 이 경우 예치기관의 장은 10일 이내에 예치가맹금을 가맹본부에 지급하여야 한다.

1. 가맹점사업자가 영업을 개시한 경우
2. 가맹계약 체결일부터 2개월이 경과한 경우. 다만, 2개월이 경과하기 전에 가맹점사업자가 제5항제1호부터 제3호까지의 규정 중 어느 하나에 해당하는 조치를 취한 사실을 예치기관의 장에게 서면으로 통보한 경우에는 그러하지 아니하다.

④ 가맹본부는 거짓이나 그 밖의 부정한 방법으로 예치가맹금의 지급을 요청하여서는 아니 된다.

⑤ 예치기관의 장은 제1호부터 제3호까지의 규정 중 어느 하나에 해당하는 경우에는 제24조에 따른 가맹사업거래분쟁조정협의회의 조정이나 그 밖의 분쟁해결의 결과(이하 "분쟁조정 등의 결과"라 한다) 또는 제33조에 따른 공정거래위원회의 시정조치가 확정될 때(공정거래위원회의 시정조치에 대하여 이의신청이 제기된 경우에는 재결이, 시정조치나 재결에 대하여 소가 제기된 경우에는 확정판결이 각각 확정된 때를 말한다. 이하 이 조에서 같다)까지 예치가맹금의 지급을 보류하여야 하고, 제4호에 해당하는 경우에는 예치가맹금의 지급요청을 거부하거나 가맹본부에 그 내용의 변경을 요구하여야 한다.

1. 가맹점사업자가 예치가맹금을 반환받기 위하여 소를 제기한 경우

2. 가맹점사업자가 예치가맹금을 반환받기 위하여 알선, 조정, 중재 등을 신청한 경우
3. 가맹점사업자가 제10조의 위반을 이유로 가맹본부를 공정거래위원회에 신고한 경우
4. 가맹본부가 제4항을 위반하여 거짓이나 그 밖의 부정한 방법으로 예치가맹금의 지급을 요청한 경우

⑥ 예치기관의 장은 가맹본부 또는 가맹점사업자가 분쟁조정 등의 결과나 시정조치 결과를 첨부하여 예치가맹금의 지급 또는 반환을 요청하는 경우 요청일부터 30일 이내에 그 결과에 따라 예치가맹금을 가맹본부에 지급하거나 가맹점사업자에게 반환하여야 한다.

⑦ 예치기관의 장은 가맹점사업자가 가맹본부의 동의를 받아 예치가맹금의 반환을 요청하는 경우에는 제5항 및 제6항에도 불구하고 요청일부터 10일 이내에 예치가맹금을 가맹점사업자에게 반환하여야 한다.

⑧ 그 밖에 가맹금의 예치 등에 관하여 필요한 사항은 대통령령으로 정한다. [본조신설 2007.8.3] [[시행일 2008.8.4]]

제7조 (정보공개서의 제공의무 등) ① 가맹본부(가맹지역본부 또는 가맹중개인이 가맹점사업자를 모집하는 경우를 포함한다. 이하 같다)는 가맹희망자에게 제6조의2제1항 및 제2항에 따라 등록 또는 변경등록한 정보공개서를 내용증명우편 등 제공시점을 객관적으로 확인할 수 있는 대통령령으로 정하는 방법에 따라 제공하여야 한다. [개정 2007.8.3, 2013.8.13] [[시행일 2014.2.14]]

② 가맹본부는 제1항에 따라 정보공개서를 제공할 경우에는 가맹희망자의 장래 점포 예정지에서 가장 인접한 가맹점 10개(정보공개서 제공시점에 가맹희망자의 장래 점포 예정지가 속한 광역지방자치단체에서 영업 중인 가맹점의 수가 10개 미만인 경우에는 해당 광역지방자치단체 내의 가맹점 전체)의 상호, 소재지 및 전화번호가 적힌 문서(이하 "인근가맹점 현황문서"라 한다)를 함께 제공하여야 한다. 다만, 정보공개서를 제공할 때 장래 점포 예정지가 확정되지 아니한 경우에는 확정되는 즉시 제공하여야 한다. [신설 2013.8.13] [[시행일 2014.2.14]]

③ 가맹본부는 등록된 정보공개서 및 인근가맹점 현황문서(이하 "정보공개서등"이라 한다)를 제1항의 방법에 따라 제공하지 아니하였거나 정보공개서등을 제공한 날부터 14일(가맹희망자가 정보공개서에 대하여 변호사 또는 제27조에 따른 가맹거래사의 자문을 받은 경우에는 7일로 한다)이 지나지 아니한 경우에는 다음 각 호의 어느 하나에 해당하는 행위를 하여서는 아니 된다. [신설 2007.8.3, 2013.8.13] [[시행일 2014.2.14]]

1. 가맹희망자로부터 가맹금을 수령하는 행위. 이 경우 가맹희망자가 예치기관에 예치가맹금을 예치하는 때에는 최초로 예치한 날(가맹본부가 가맹희망자와 최초로 가맹금을 예치하기로 합의한 때에는 그 날)에 가맹금을 수령한 것으로 본다.
2. 가맹희망자와 가맹계약을 체결하는 행위

④ 공정거래위원회는 대통령령이 정하는 바에 따라 정보공개서의 표준양식을 정하여 가맹본부 또는 가맹본부로 구성된 사업자단체에게 그 사용을 권장할 수 있다. [개정 2007.8.3, 2013.8.13] [[시행일 2014.2.14]]

[본조제목개정 2007.8.3] [[시행일 2008.2.4]]

제8조 삭제 [2007.8.3] [[시행일 2008.2.4]]

제9조 (허위 · 과장된 정보제공 등의 금지) ① 가맹본부는 가맹희망자나 가맹점사업자에게 정보를 제공함에 있어서 다음 각 호의 행위를 하여서는 아니된다. [개정 2013.8.13] [[시행일 2014.2.14]]

1. 사실과 다르게 정보를 제공하거나 사실을 부풀려 정보를 제공하는 행위(이하 "허위·과장의 정보제공행위"라 한다)
2. 계약의 체결·유지에 중대한 영향을 미치는 사실을 은폐하거나 축소하는 방법으로 정보를 제공하는 행위(이하 "기만적인 정보제공행위"라 한다)

② 제1항 각 호의 행위의 유형은 대통령령으로 정한다. [신설 2013.8.13] [[시행일 2014.2.14]]

③ 가맹본부는 가맹희망자나 가맹점사업자에게 다음 각 호의 어느 하나에 해당하는 정보를 제공하는 경우에는 서면으로 하여야 한다. [개정 2007.8.3, 2013.8.13] [[시행일 2014.2.14]]

1. 가맹희망자의 예상매출액·수익·매출총이익·순이익 등 장래의 예상수익상황에 관한 정보
2. 가맹점사업자의 매출액·수익·매출총이익·순이익 등 과거의 수익상황이나 장래의 예상수익상황에 관한 정보

④ 가맹본부는 제3항에 따라 정보를 제공하는 경우에는 그 정보의 산출근거가 되는 자료로서 대통령령으로 정하는 자료를 가맹본부의 사무소에 비치하여야 하며, 영업시간 중에 언제든지 가맹희망자나 가맹점사업자의 요구가 있는 경우 그 자료를 열람할 수 있도록 하여야 한다. [개정 2007.8.3, 2013.8.13] [[시행일 2014.2.14]]

⑤ 제3항에도 불구하고 다음 각 호의 어느 하나에 해당하는 가맹본부는 가맹계약을 체결할 때 가맹희망자에게 대통령령으로 정하는 예상매출액의 범위 및 그 산출 근거를 서면(이하 "예상매출액 산정서"라 한다)으로 제공하여야 한다. [신설 2013.8.13] [[시행일 2014.2.14]]

1. 중소기업자(「중소기업기본법」 제2조제1항 또는 제3항에 따른 자를 말한다)가 아닌 가맹본부
2. 직전 사업연도 말 기준으로 가맹본부와 계약을 체결·유지하고 있는 가맹점사업자(가맹본부가 복수의 영업표지를 보유하고 있는 경우에는 동일 영업표지를 사용하는 가맹점사업자에 한정한다)의 수가 대통령령으로 정하는 수 이상인 가맹본부

⑥ 가맹본부는 예상매출액 산정서를 가맹계약 체결일부터 5년간 보관하여야 한다. [신설 2013.8.13] [[시행일 2014.2.14]]

⑦ 공정거래위원회는 예상매출액 산정서의 표준양식을 정하여 사용을 권장할 수 있다. [신설 2013.8.13] [[시행일 2014.2.14]]

제10조 (가맹금의 반환) ① 가맹본부는 다음 각 호의 어느 하나에 해당하는 경우에는 가맹희망자나 가맹점사업자가 대통령령으로 정하는 사항이 적힌 서면으로 요구하는 날부터 1개월 이내에 가맹금을 반환하여야 한다. [개정 2007.8.3, 2013.8.13] [[시행일 2014.2.14]]

1. 가맹본부가 제7조제3항을 위반한 경우로서 가맹희망자 또는 가맹점사업자가 가맹계약 체결 전 또는 가맹계약의 체결일부터 4개월 이내에 가맹금의 반환을 요구하는 경우
2. 가맹본부가 제9조제1항을 위반한 경우로서 가맹희망자가 가맹계약 체결 전에 가맹금의 반환을 요구하는 경우
3. 가맹본부가 제9조제1항을 위반한 경우로서 허위 또는 과장된 정보나 중요사항의 누락된 내용이 계약 체결에 중대한 영향을 준 것으로 인정되어 가맹점사업자가 가맹계약의 체결일부터 4개월 이내에 가맹금의 반환을 요구하는 경우
4. 가맹본부가 정당한 사유 없이 가맹사업을 일방적으로 중단하고 가맹점사업자가 대통령령으로 정하는 가맹사업의 중단일부터 4개월 이내에 가맹금의 반환을 요구하는 경우

② 제1항의 규정에 의하여 반환하는 가맹금의 금액을 정함에 있어서는 가맹계약의 체결경위, 금전이나 그 밖에 지급된 대가의 성격, 가맹계약기간, 계약이행기간, 가맹사업당사자의 귀책정도 등을 고려하여야 한다. [개정 2007.8.3] [[시행일 2008.2.4]]

제11조 (가맹계약서의 기재사항 등) ① 가맹본부는 가맹희망자가 가맹계약의 내용을 미리 이해할 수 있도록 제2항 각 호의 사항이 적힌 문서를 다음 각 호의 날 중 빠른 날 전에 가맹희망자에게 제공하여야 한다. [개정 2007.8.3] [[시행일 2008.2.4]]

1. 가맹계약의 체결일

2. 가맹금의 최초 수령일(가맹희망자가 예치기관에 예치가맹금을 예치하는 경우에는 최초로 예치한 날로 한다. 다만, 가맹희망자가 최초로 가맹금을 예치하기로 가맹본부와 합의한 날이 있는 경우에는 그 날로 한다)

② 가맹계약서는 다음 각호의 사항을 포함하여야 한다. [개정 2007.8.3] [[시행일 2008.2.4]]

1. 영업표지의 사용권 부여에 관한 사항
2. 가맹점사업자의 영업활동 조건에 관한 사항
3. 가맹점사업자에 대한 교육·훈련, 경영지도에 관한 사항
4. 가맹금 등의 지급에 관한 사항
5. 영업지역의 설정에 관한 사항
6. 계약기간에 관한 사항
7. 영업의 양도에 관한 사항
8. 계약해지의 사유에 관한 사항
9. 가맹희망자 또는 가맹점사업자가 가맹계약을 체결한 날부터 2개월(가맹점사업자가 2개월 이전에 가맹사업을 개시하는 경우에는 가맹사업개시일)까지의 기간 동안 예치가맹금을 예치기관에 예치하여야 한다는 사항. 다만, 가맹본부가 제15조의2에 따른 가맹점사업자피해보상보험계약 등을 체결한 경우에는 그에 관한 사항으로 한다.
10. 가맹희망자가 정보공개서에 대하여 변호사 또는 제27조에 따른 가맹거래사의 자문을 받은 경우 이에 관한 사항
11. 그 밖에 가맹사업당사자의 권리·의무에 관한 사항으로서 대통령령이 정하는 사항

③ 가맹본부는 가맹계약서를 가맹사업의 거래가 종료된 날부터 3년간 보관하여야 한다.

④ 공정거래위원회는 가맹본부에게 건전한 가맹사업거래질서를 확립하고 불공정한 내용의 가맹계약이 통용되는 것을 방지하기 위하여 일정한 가맹사업거래에서 표준이 되는 가맹계약서의 작성 및 사용을 권장할 수 있다.

[본조제목개정 2007.8.3] [[시행일 2008.2.4]]

제12조 (불공정거래행위의 금지) ① 가맹본부는 다음 각 호의 어느 하나에 해당하는 행위로서 가맹사업의 공정한 거래를 저해할 우려가 있는 행위를 하거나 다른 사업자로 하여금 이를 행하도록 하여서는 아니된다. [개정 2007.8.3, 2013.8.13, 2016.3.29] [[시행일 2016.9.30]]

1. 가맹점사업자에 대하여 상품이나 용역의 공급 또는 영업의 지원 등을 부당하게 중단 또는 거절하거나 그 내용을 현저히 제한하는 행위
2. 가맹점사업자가 취급하는 상품 또는 용역의 가격, 거래상대방, 거래지역이

나. 가맹점사업자의 사업활동을 부당하게 구속하거나 제한하는 행위
3. 거래상의 지위를 이용하여 부당하게 가맹점사업자에게 불이익을 주는 행위
4. 삭제 [2013.8.13] [[시행일 2014.2.14]]
5. 계약의 목적과 내용, 발생할 손해 등 대통령령으로 정하는 기준에 비하여 과중한 위약금을 부과하는 등 가맹점사업자에게 부당하게 손해배상 의무를 부담시키는 행위
6. 제1호부터 제3호까지 및 제5호 외의 행위로서 부당하게 경쟁가맹본부의 가맹점사업자를 자기와 거래하도록 유인하는 행위 등 가맹사업의 공정한 거래를 저해할 우려가 있는 행위

② 제1항 각호의 규정에 의한 행위의 유형 또는 기준은 대통령령으로 정한다.

제12조의2 (부당한 점포환경개선 강요 금지 등) ① 가맹본부는 대통령령으로 정하는 정당한 사유 없이 점포환경개선을 강요하여서는 아니 된다.

② 가맹본부는 가맹점사업자의 점포환경개선에 소요되는 비용으로서 대통령령으로 정하는 비용의 100분의 40 이내의 범위에서 대통령령으로 정하는 비율에 해당하는 금액을 부담하여야 한다. 다만, 다음 각 호의 어느 하나에 해당하는 경우에는 그러하지 아니하다.

1. 가맹본부의 권유 또는 요구가 없음에도 가맹점사업자의 자발적 의사에 의하여 점포환경개선을 실시하는 경우
2. 가맹점사업자의 귀책사유로 인하여 위생·안전 및 이와 유사한 문제가 발생하여 불가피하게 점포환경개선을 하는 경우

③ 제2항에 따라 가맹본부가 부담할 비용의 산정, 청구 및 지급절차, 그 밖에 필요한 사항은 대통령령으로 정한다.

[본조신설 2013.8.13] [[시행일 2014.2.14]]

제12조의3 (부당한 영업시간 구속 금지) ① 가맹본부는 정상적인 거래관행에 비추어 부당하게 가맹점사업자의 영업시간을 구속하는 행위(이하 "부당한 영업시간 구속"이라 한다)를 하여서는 아니 된다.

② 다음 각 호의 어느 하나에 해당하는 가맹본부의 행위는 부당한 영업시간 구속으로 본다.

1. 가맹점사업자의 점포가 위치한 상권의 특성 등의 사유로 대통령령으로 정하는 심야 영업시간대의 매출이 그 영업에 소요되는 비용에 비하여 저조하여 대통령령으로 정하는 일정한 기간 동안 영업손실이 발생함에 따라 가맹점사업자가 영업시간 단축을 요구함에도 이를 허용하지 아니하는 행위

2. 가맹점사업자가 질병의 발병과 치료 등 불가피한 사유로 인하여 필요 최소한의 범위에서 영업시간의 단축을 요구함에도 이를 허용하지 아니하는 행위

[본조신설 2013.8.13] [[시행일 2014.2.14]]

제12조의4 (부당한 영업지역 침해금지) ① 가맹본부는 가맹계약 체결 시 가맹점사업자의 영업지역을 설정하여 가맹계약서에 이를 기재하여야 한다.

② 상권의 급격한 변화 등 대통령령으로 정하는 사유가 발생하는 경우에는 가맹계약 갱신과정에서 가맹본부와 가맹점사업자가 합의하여 기존 영업지역을 합리적으로 변경할 수 있다. [개정 2016.3.29] [[시행일 2016.9.30]]

③ 가맹본부는 정당한 사유 없이 가맹계약기간 중 가맹점사업자의 영업지역 안에서 가맹점사업자와 동일한 업종(수요층의 지역적·인적 범위, 취급품목, 영업형태 및 방식 등에 비추어 동일하다고 인식될 수 있을 정도의 업종을 말한다)의 자기 또는 계열회사(「독점규제 및 공정거래에 관한 법률」 제2조제3호에 따른 계열회사를 말한다)의 직영점이나 가맹점을 설치하는 행위를 하여서는 아니 된다.

[본조신설 2013.8.13] [[시행일 2014.8.14]]

제12조의5 (업종별 거래기준 권고) 공정거래위원회는 가맹사업거래의 공정한 거래질서 확립을 위하여 필요한 경우 업종별로 바람직한 거래기준을 정하여 가맹본부에 이의 준수를 권고할 수 있다.

[본조신설 2013.8.13] [[시행일 2014.2.14]]

제12조의6 (광고 · 판촉행사 관련 집행 내역 통보 등) ① 가맹본부는 가맹점사업자가 비용의 전부 또는 일부를 부담하는 광고나 판촉행사를 실시한 경우 그 집행 내역을 가맹점사업자에게 통보하고 가맹점사업자의 요구가 있는 경우 이를 열람할 수 있도록 하여야 한다.

② 제1항에 따른 집행 내역 통보 또는 열람의 구체적인 시기·방법·절차는 대통령령으로 정한다.

[본조신설 2016.3.29] [[시행일 2016.9.30]]

제13조 (가맹계약의 갱신 등) ① 가맹본부는 가맹점사업자가 가맹계약기간 만료 전 180일부터 90일까지 사이에 가맹계약의 갱신을 요구하는 경우 정당한 사유 없이 이를 거절하지 못한다. 다만, 다음 각 호의 어느 하나에 해당하는 경우에는 그러하지 아니하다.

1. 가맹점사업자가 가맹계약상의 가맹금 등의 지급의무를 지키지 아니한 경우
2. 다른 가맹점사업자에게 통상적으로 적용되는 계약조건이나 영업방침을 가맹점사업자가 수락하지 아니한 경우

3. 가맹사업의 유지를 위하여 필요하다고 인정되는 것으로서 다음 각 목의 어느 하나에 해당하는 가맹본부의 중요한 영업방침을 가맹점사업자가 지키지 아니한 경우
   가. 가맹점의 운영에 필요한 점포·설비의 확보나 법령상 필요한 자격·면허·허가의 취득에 관한 사항
   나. 판매하는 상품이나 용역의 품질을 유지하기 위하여 필요한 제조공법 또는 서비스기법의 준수에 관한 사항
   다. 그 밖에 가맹점사업자가 가맹사업을 정상적으로 유지하기 위하여 필요하다고 인정되는 것으로서 대통령령으로 정하는 사항

② 가맹점사업자의 계약갱신요구권은 최초 가맹계약기간을 포함한 전체 가맹계약기간이 10년을 초과하지 아니하는 범위 내에서만 행사할 수 있다.

③ 가맹본부가 제1항에 따른 갱신 요구를 거절하는 경우에는 그 요구를 받은 날부터 15일 이내에 가맹점사업자에게 거절 사유를 적어 서면으로 통지하여야 한다.

④ 가맹본부가 제3항의 거절 통지를 하지 아니하거나 가맹계약기간 만료 전 180일부터 90일까지 사이에 가맹점사업자에게 조건의 변경에 대한 통지나 가맹계약을 갱신하지 아니한다는 사실의 통지를 서면으로 하지 아니하는 경우에는 계약 만료 전의 가맹계약과 같은 조건으로 다시 가맹계약을 체결한 것으로 본다. 다만, 가맹점사업자가 계약이 만료되는 날부터 60일 전까지 이의를 제기하거나 가맹본부나 가맹점사업자에게 천재지변이나 그 밖에 대통령령으로 정하는 부득이한 사유가 있는 경우에는 그러하지 아니하다.

[전문개정 2007.8.3] [[시행일 2008.2.4]]

[본조제목개정 2007.8.3] [[시행일 2008.2.4]]

제14조 (가맹계약해지의 제한) ① 가맹본부는 가맹계약을 해지하려는 경우에는 가맹점사업자에게 2개월 이상의 유예기간을 두고 계약의 위반 사실을 구체적으로 밝히고 이를 시정하지 아니하면 그 계약을 해지한다는 사실을 서면으로 2회 이상 통지하여야 한다. 다만, 가맹사업의 거래를 지속하기 어려운 경우로서 대통령령이 정하는 경우에는 그러하지 아니하다. [개정 2007.8.3] [[시행일 2008.2.4]]

② 제1항의 규정에 의한 절차를 거치지 아니한 가맹계약의 해지는 그 효력이 없다.

제14조의2 (가맹점사업자단체의 거래조건 변경 협의 등) ① 가맹점사업자는 권익보호 및 경제적 지위 향상을 도모하기 위하여 단체(이하 "가맹점사업자단체"라 한다)를 구성할 수 있다.

② 특정 가맹본부와 가맹계약을 체결·유지하고 있는 가맹점사업자(복수의 영

업표지를 보유한 가맹본부와 계약 중인 가맹점사업자의 경우에는 동일한 영업표지를 사용하는 가맹점사업자로 한정한다)로만 구성된 가맹점사업자단체는 그 가맹본부에 대하여 가맹계약의 변경 등 거래조건(이하 이 조에서 "거래조건"이라 한다)에 대한 협의를 요청할 수 있다.

③ 제2항에 따른 협의를 요청받은 경우 가맹본부는 성실하게 협의에 응하여야 한다. 다만, 복수의 가맹점사업자단체가 협의를 요청할 경우 가맹본부는 다수의 가맹점사업자로 구성된 가맹점사업자단체와 우선적으로 협의한다.

④ 제2항에 따른 협의와 관련하여 가맹점사업자단체는 가맹사업의 통일성이나 본질적 사항에 반하는 거래조건을 요구하는 행위, 가맹본부의 경영 등에 부당하게 간섭하는 행위 또는 부당하게 경쟁을 제한하는 행위를 하여서는 아니 된다.

⑤ 가맹본부는 가맹점사업자단체의 구성·가입·활동 등을 이유로 가맹점사업자에게 불이익을 주는 행위를 하거나 가맹점사업자단체에 가입 또는 가입하지 아니할 것을 조건으로 가맹계약을 체결하여서는 아니 된다.

[본조신설 2013.8.13] [[시행일 2014.2.14]]

제15조 (자율규약) ① 가맹본부 또는 가맹본부를 구성원으로 하는 사업자단체는 가맹사업의 공정한 거래질서를 유지하기 위하여 자율적으로 규약을 정할 수 있다.

② 가맹본부 또는 가맹본부를 구성원으로 하는 사업자단체는 제1항의 규정에 의하여 자율규약을 정하고자 하는 경우 그 규약이 제12조제1항의 규정에 위반하는 지에 대한 심사를 공정거래위원회에 요청할 수 있다.

③ 공정거래위원회는 제2항의 규정에 의하여 자율규약의 심사를 요청받은 때에는 그 요청을 받은 날부터 60일 이내에 심사결과를 신청인에게 통보하여야 한다.

제15조의2 (가맹점사업자피해보상보험계약 등) ① 가맹본부는 가맹점사업자의 피해를 보상하기 위하여 다음 각 호의 어느 하나에 해당하는 계약(이하 "가맹점사업자피해보상보험계약 등"이라 한다)을 체결할 수 있다. [개정 2012.2.17] [[시행일 2012.5.18]]

1. 「보험업법」에 따른 보험계약
2. 가맹점사업자 피해보상금의 지급을 확보하기 위한 「금융위원회의 설치 등에 관한 법률」 제38조에 따른 기관의 채무지급보증계약
3. 제15조의3에 따라 설립된 공제조합과의 공제계약

② 가맹점사업자피해보상보험계약 등에 의하여 가맹점사업자 피해보상금을 지급할 의무가 있는 자는 그 지급사유가 발생한 경우 지체 없이 이를 지급하여야 한다. 이를 지연한 경우에는 지연배상금을 지급하여야 한다.

③ 가맹점사업자피해보상보험계약 등을 체결하고자 하는 가맹본부는 가맹점사업자피해보상보험계약 등을 체결하기 위하여 매출액 등의 자료를 제출함에 있어서 거짓 자료를 제출하여서는 아니 된다.

④ 가맹본부는 가맹점사업자피해보상보험계약 등을 체결함에 있어서 가맹점사업자의 피해보상에 적절한 수준이 되도록 하여야 한다.

⑤ 가맹점사업자피해보상보험계약 등을 체결한 가맹본부는 그 사실을 나타내는 표지를 사용할 수 있다.

⑥ 가맹점사업자피해보상보험계약 등을 체결하지 아니한 가맹본부는 제5항에 따른 표지를 사용하거나 이와 유사한 표지를 제작 또는 사용하여서는 아니 된다.

⑦ 그 밖에 가맹점사업자피해보상보험계약 등에 대하여 필요한 사항은 대통령령으로 정한다.

[본조신설 2007.8.3] [[시행일 2008.8.4]]

제15조의3 (공제조합의 설립) ① 가맹본부는 제15조의2제1항제3호에 따른 공제사업을 영위하기 위하여 공정거래위원회의 인가를 받아 공제조합(이하 "공제조합"이라 한다)을 설립할 수 있다.

② 공제조합은 법인으로 하며, 주된 사무소의 소재지에 설립등기를 함으로써 성립한다.

③ 공제조합에 가입한 가맹본부는 공제사업의 수행에 필요한 출자금 등을 조합에 납부하여야 한다.

④ 공제조합의 기본재산은 조합원의 출자금 등으로 조성한다.

⑤ 공제조합의 조합원의 자격, 임원에 관한 사항 및 출자금의 부담기준에 관한 사항은 정관으로 정한다.

⑥ 공제조합의 설립인가 기준 및 절차, 정관기재사항, 운영 및 감독 등에 관하여 필요한 사항은 대통령령으로 정한다.

⑦ 공제조합이 제1항에 따른 공제사업을 하고자 하는 때에는 공제규정을 정하여 공정거래위원회의 인가를 받아야 한다. 공제규정을 변경하고자 하는 때에도 또한 같다.

⑧ 제7항의 공제규정에는 공제사업의 범위, 공제료, 공제사업에 충당하기 위한 책임준비금 등 공제사업의 운영에 관하여 필요한 사항을 포함하여야 한다.

⑨ 공제조합에 관하여 이 법에 규정된 것을 제외하고는 「민법」 중 사단법인에 관한 규정을 준용한다.

⑩ 이 법에 따른 공제조합의 사업에 대하여는 「보험업법」 을 적용하지 아니한다.

[본조신설 2007.8.3] [[시행일 2008.8.4]]

제15조의4 (가맹본부와 가맹점사업자 간 협약체결의 권장 등) ① 공정거래위원회는 가맹본부와 가맹점사업자가 가맹사업 관계 법령의 준수 및 상호 지원·협력을 약속하는 자발적인 협약을 체결하도록 권장할 수 있다.

② 공정거래위원회는 가맹본부와 가맹점사업자가 제1항에 따른 협약을 체결하는 경우 그 이행을 독려하기 위하여 포상 등 지원시책을 마련하여 시행하여야 한다.

③ 공정거래위원회는 제1항 및 제2항에 따른 협약의 내용·체결절차·이행실적 평가 및 지원시책 등에 필요한 사항을 정한다.

[본조신설 2013.8.13] [[시행일 2014.2.14]]

제 4 장 분쟁의 조정 등

제16조 (가맹사업거래분쟁조정협의회의 설치) 가맹사업에 관한 분쟁을 조정하기 위하여 「독점규제 및 공정거래에 관한 법률」 제48조의2제1항에 따른 한국공정거래조정원(이하 "조정원"이라 한다)에 가맹사업거래분쟁조정협의회(이하 "협의회"라 한다)를 둔다.

[전문개정 2007.8.3] [[시행일 2008.2.4]]

제17조 (협의회의 구성) ① 협의회는 위원장 1인을 포함한 9인의 위원으로 구성한다.

② 위원은 공익을 대표하는 위원, 가맹본부의 이익을 대표하는 위원, 가맹점사업자의 이익을 대표하는 위원으로 구분하되 각각 동수로 한다.

③ 위원은 조정원의 장이 추천한 자와 다음 각 호의 어느 하나에 해당하는 자중 공정거래위원회 위원장이 임명 또는 위촉하는 자가 된다. [개정 2005.12.29 제7796호(국가공무원법). 2007.8.3] [[시행일 2008.2.4]]

1. 대학에서 법률학·경제학·경영학을 전공한 자로서 「고등교육법」 제2조제1호·제2호 또는 제5호에 따른 학교나 공인된 연구기관에서 부교수 이상의 직 또는 이에 상당하는 직에 있거나 있었던 자
2. 판사·검사 직에 있거나 있었던 자 또는 변호사의 자격이 있는 자
3. 독점금지 및 공정거래업무에 관한 경험이 있는 4급 이상 공무원(고위공무원단에 속하는 일반직공무원을 포함한다)의 직에 있거나 있었던 자

④ 위원장은 공익을 대표하는 위원중에서 공정거래위원회 위원장이 위촉한다. [개정 2007.8.3] [[시행일 2008.2.4]]

⑤ 위원의 임기는 3년으로 하고 연임할 수 있다.

⑥ 위원중 결원이 생긴 때에는 제3항의 규정에 의하여 보궐위원을 위촉하여

야 하며, 그 보궐위원의 임기는 전임자의 잔임기간으로 한다.

제18조 (공익을 대표하는 위원의 위촉제한) ① 공익을 대표하는 위원은 위촉일 현재 가맹본부 또는 가맹점사업자의 임원·직원으로 있는 자중에서 위촉될 수 없다.

② 공정거래위원회 위원장은 공익을 대표하는 위원으로 위촉받은 자가 가맹본부 또는 가맹점사업자의 임원·직원으로 된 때에는 즉시 해촉하여야 한다. [개정 2007.8.3] [[시행일 2008.8.4]]

제19조 (협의회의 회의) ① 협의회의 회의는 위원 전원으로 구성되는 회의(이하 "전체회의"라 한다)와 공익을 대표하는 위원, 가맹본부의 이익을 대표하는 위원, 가맹점사업자의 이익을 대표하는 위원 각 1인으로 구성되는 회의(이하 "소회의"라 한다)로 구분한다. [개정 2007.8.3] [[시행일 2008.2.4]]

② 협의회의 전체회의는 다음 각 호의 사항을 심의·의결한다. [신설 2013.8.13] [[시행일 2014.2.14]]

1. 소회의가 전체회의에서 처리하도록 결정한 사항
2. 협의회 운영세칙의 제정·개정에 관한 사항
3. 그 밖에 전체회의에서 처리할 필요가 있다고 인정하는 사항으로서 협의회의 위원장이 전체회의에 부치는 사항

③ 협의회의 소회의는 제2항 각 호 외의 사항을 심의·의결한다. [개정 2013.8.13] [[시행일 2014.2.14]]

④ 협의회의 전체회의는 위원장이 주재하며, 재적위원 과반수의 출석으로 개의하고, 출석위원 과반수의 찬성으로 의결한다. [개정 2007.8.3, 2013.8.13] [[시행일 2014.2.14]]

⑤ 협의회의 소회의는 공익을 대표하는 위원이 주재하며, 구성위원 전원의 출석과 출석위원 전원의 찬성으로 의결한다. 이 경우 소회의의 의결은 협의회의 의결로 보되, 회의의 결과를 전체회의에 보고하여야 한다. [신설 2007.8.3, 2013.8.13] [[시행일 2014.2.14]]

⑥ 위원장이 사고로 직무를 수행할 수 없을 때에는 공익을 대표하는 위원중에서 공정거래위원회 위원장이 지명하는 위원이 그 직무를 대행한다. [개정 2007.8.3, 2013.8.13] [[시행일 2014.2.14]]

⑦ 조정의 대상이 된 분쟁의 당사자인 가맹사업당사자(이하 "분쟁당사자"라 한다)는 협의회의 회의에 출석하여 의견을 진술하거나 관계자료를 제출할 수 있다. [개정 2007.8.3, 2013.8.13] [[시행일 2014.2.14]]

제20조 (위원의 제척 · 기피 · 회피) ① 위원은 다음 각 호의 어느 하나에 해당하는 경우에는 해당 조정사항의 조정에서 제척된다. [개정 2016.3.29] [[시행일 2016.9.30]]

1. 위원 또는 그 배우자나 배우자이었던 자가 해당 조정사항의 분쟁당사자가 되거나 공동권리자 또는 의무자의 관계에 있는 경우
2. 위원이 해당 조정사항의 분쟁당사자와 친족관계에 있거나 있었던 경우
3. 위원 또는 위원이 속한 법인이 분쟁당사자의 법률·경영 등에 대하여 자문이나 고문의 역할을 하고 있는 경우
4. 위원 또는 위원이 속한 법인이 해당 조정사항에 대하여 분쟁당사자의 대리인으로 관여하거나 관여하였던 경우 및 증언 또는 감정을 한 경우

② 분쟁당사자는 위원에게 협의회의 조정에 공정을 기하기 어려운 사정이 있는 때에 협의회에 그 위원에 대한 기피신청을 할 수 있다. [개정 2016.3.29] [[시행일 2016.9.30]]

③ 위원이 제1항 또는 제2항의 사유에 해당하는 경우에는 스스로 해당 조정사항의 조정에서 회피할 수 있다. [개정 2016.3.29] [[시행일 2016.9.30]]

제21조 (협의회의 조정사항) 협의회는 공정거래위원회 또는 분쟁당사자가 요청하는 가맹사업거래의 분쟁에 관한 사항을 조정한다.

제22조 (조정의 신청 등) ① 분쟁당사자는 제21조의 규정에 의하여 협의회에 대통령령이 정하는 사항이 기재된 서면으로 그 조정을 신청할 수 있다.

② 공정거래위원회는 가맹사업거래의 분쟁에 관한 사건에 대하여 협의회에 그 조정을 의뢰할 수 있다.

③ 협의회는 제1항의 규정에 의하여 조정을 신청받은 때에는 즉시 그 조정사항을 분쟁당사자에게 통지하여야 한다. [개정 2007.8.3] [[시행일 2008.2.4]]

④ 제1항에 따른 분쟁조정의 신청은 시효중단의 효력이 있다. 다만, 신청이 취하되거나 각하된 때에는 그러하지 아니하다. [신설 2017.4.18] [[시행일 2017.10.19]]

⑤ 제4항 단서의 경우에 6개월 내에 재판상의 청구, 파산절차참가, 압류 또는 가압류, 가처분을 한 때에는 시효는 최초의 분쟁조정의 신청으로 인하여 중단된 것으로 본다. [신설 2017.4.18] [[시행일 2017.10.19]]

⑥ 제4항 본문에 따라 중단된 시효는 다음 각 호의 어느 하나에 해당하는 때부터 새로이 진행한다. [신설 2017.4.18] [[시행일 2017.10.19]]

1. 분쟁조정이 이루어져 조정조서를 작성한 때
2. 분쟁조정이 이루어지지 아니하고 조정절차가 종료된 때

제23조 (조정 등) ① 협의회는 제22조제1항에 따라 조정을 신청 받거나 같은 조 제2항에 따라 조정을 의뢰 받는 경우에는 대통령령으로 정하는 바에 따라 지체 없이 분쟁조정 절차를 개시하여야 한다. [신설 2016.3.29] [[시행일 2016.9.30]]

② 협의회는 분쟁당사자에게 조정사항에 대하여 스스로 조정하도록 권고하거나 조정안을 작성하여 이를 제시할 수 있다. [개정 2016.3.29] [[시행일 2016.9.30]]

③ 협의회는 다음 각 호의 어느 하나에 해당되는 경우에는 그 조정을 거부하거나 중지할 수 있다. [개정 2007.8.3, 2016.3.29] [[시행일 2016.9.30]]

1. 분쟁당사자의 일방이 조정을 거부한 경우
2. 이미 법원에 소를 제기하였거나 조정의 신청이 있은 후 법원에 소를 제기한 경우 또는 조정의 신청이 있은 후 분쟁당사자가 「중재법」 에 따른 중재합의를 한 경우
3. 신청의 내용이 관계법령 또는 객관적인 자료에 의하여 명백하게 인정되는 등 조정을 할 실익이 없는 것으로서 대통령령이 정하는 사항이 발생하는 경우

④ 협의회는 다음 각 호의 어느 하나에 해당되는 경우에는 조정절차를 종료하여야 한다. [개정 2007.8.3, 2016.3.29] [[시행일 2016.9.30]]

1. 분쟁당사자가 협의회의 권고 또는 조정안을 수락하거나 스스로 조정하는 등 조정이 성립된 경우
2. 조정을 신청 또는 의뢰 받은 날부터 60일(분쟁당사자 쌍방이 기간연장에 동의한 경우에는 90일로 한다)이 경과하여도 조정이 성립하지 아니한 경우
3. 제3항에 의하여 조정이 중지된 경우로서 조정절차를 진행할 실익이 없는 경우

⑤ 협의회는 제3항에 의하여 조정을 거부 또는 중지하거나 제4항에 의하여 조정절차를 종료한 경우에는 대통령령이 정하는 바에 따라 공정거래위원회에 조정의 경위, 조정거부·중지 또는 종료의 사유 등과 관계서류를 서면으로 지체없이 보고하여야 하고 분쟁당사자에게 그 사실을 통보하여야 한다. [개정 2016.3.29] [[시행일 2016.9.30]]

⑥ 협의회는 해당 조정사항에 관한 사실을 확인하기 위하여 필요한 경우 조사를 하거나 분쟁당사자에 대하여 관련자료의 제출이나 출석을 요구할 수 있다. [개정 2016.3.29] [[시행일 2016.9.30]]

⑦ 공정거래위원회는 조정사항에 관하여 조정절차가 종료될 때까지 해당 분쟁당사자에게 시정조치를 권고하거나 명하여서는 아니된다. 다만, 공정거래위원회가 이미 제32조의 규정에 의하여 조사중인 사건에 대하여는 그러하지 아니하다. [개정 2016.3.29] [[시행일 2016.9.30]]

제24조 (조정조서의 작성과 그 효력) ① 협의회는 조정사항에 대하여 조정이 성립된 경우 조정에 참가한 위원과 분쟁당사자가 기명날인한 조정조서를 작성한다. [개정 2016.3.29] [[시행일 2016.9.30]]

② 협의회는 분쟁당사자가 조정절차를 개시하기 전에 조정사항을 스스로 조정하고 조정조서의 작성을 요구하는 경우에는 그 조정조서를 작성하여야 한다. [개정 2016.3.29] [[시행일 2016.9.30]]

③ 제1항 또는 제2항에 따라 조정조서를 작성한 경우 조정조서는 재판상 화해와 동일한 효력을 갖는다. [신설 2016.3.29] [[시행일 2016.9.30]]

제25조 (협의회의 조직 등에 관한 규정) 제16조 내지 제24조의 규정외에 협의회의 조직·운영·조정절차 등에 관하여 필요한 사항은 대통령령으로 정한다.

제26조 삭제 [2007.8.3] [[시행일 2008.2.4]]

제27조 (가맹거래사) ① 공정거래위원회가 실시하는 가맹거래사 자격시험에 합격한 후 대통령령이 정하는 바에 따라 실무수습을 마친 자는 가맹거래사의 자격을 가진다. [개정 2004.1.20, 2007.8.3] [[시행일 2008.2.4]]

② 다음 각 호의 어느 하나에 해당하는 자는 가맹거래사가 될 수 없다. [개정 2007.8.3] [[시행일 2008.2.4]]

1. 미성년자·금치산자 또는 한정치산자
2. 파산선고를 받고 복권되지 아니한 자
3. 금고 이상의 실형의 선고를 받고 그 집행이 종료(종료된 것으로 보는 경우를 포함한다)되거나 집행을 받지 아니하기로 확정된 후 2년이 경과되지 아니한 자
4. 금고 이상의 형의 집행유예를 받고 그 집행유예기간중에 있는 자
5. 제31조의 규정에 의하여 가맹거래사의 등록이 취소된 날부터 2년이 경과되지 아니한 자

③ 제1항에 따른 시험에 응시한 사람이 그 시험에 관하여 부정한 행위를 한 경우에는 해당 시험을 무효로 하고 그 시험의 응시일부터 5년간 시험의 응시자격을 정지한다. [신설 2016.3.29] [[시행일 2016.9.30]]

④ 가맹거래사 자격시험의 시험과목·시험방법, 실무수습의 기간 등 자격시험 및 실무수습에 관하여 필요한 사항은 대통령령으로 정한다. [신설 2004.1.20, 2007.8.3, 2016.3.29] [[시행일 2016.9.30]]

[본조제목개정 2007.8.3] [[시행일 2008.2.4]]

제28조 (가맹거래사의 업무) 가맹거래사는 다음 각 호의 사항에 관한 업무를 수행한다. [개정 2013.8.13, 2017.4.18] [[시행일 2017.10.19]]

1. 가맹사업의 사업성에 관한 검토
2. 정보공개서와 가맹계약서의 작성·수정이나 이에 관한 자문
3. 가맹점사업자의 부담, 가맹사업 영업활동의 조건 등에 관한 자문
4. 가맹사업당사자에 대한 교육·훈련이나 이에 대한 자문
5. 가맹사업거래 분쟁조정 신청의 대행 및 의견의 진술

6. 정보공개서 등록의 대행
[전문개정 2007.8.3] [[시행일 2008.2.4]]
[본조제목개정 2007.8.3] [[시행일 2008.2.4]]

제29조 (가맹거래사의 등록) ① 가맹거래사 자격이 있는 자가 제28조에 따른 가맹거래사의 업무를 개시하고자 하는 경우에는 대통령령이 정하는 바에 따라 공정거래위원회에 등록하여야 한다. [개정 2004.1.20, 2007.8.3] [[시행일 2008.2.4]]

② 제1항의 규정에 의하여 등록을 한 가맹거래사는 공정거래위원회가 정하는 바에 따라 5년마다 등록을 갱신하여야 한다. [개정 2007.8.3] [[시행일 2008.2.4]]

③ 제1항의 규정에 의하여 등록을 한 가맹거래사가 아닌 자는 제27조의 규정에 의한 가맹거래사임을 표시하거나 이와 유사한 용어를 사용하여서는 아니된다. [개정 2007.8.3] [[시행일 2008.2.4]]
[본조제목개정 2007.8.3] [[시행일 2008.2.4]]

제30조 (가맹거래사의 책임) ① 가맹거래사는 성실히 직무를 수행하며 품위를 유지하여야 한다. [개정 2007.8.3] [[시행일 2008.2.4]]

② 가맹거래사는 직무를 수행함에 있어서 고의로 진실을 감추거나 허위의 보고를 하여서는 아니된다. [개정 2007.8.3] [[시행일 2008.2.4]]
[본조제목개정 2007.8.3] [[시행일 2008.2.4]]

제31조 (가맹거래사의 등록취소와 자격정지) ① 공정거래위원회는 제29조의 규정에 의하여 등록을 한 가맹거래사가 다음 각 호의 어느 하나에 해당하는 경우에는 그 등록을 취소할 수 있다. 다만, 제1호 및 제2호에 해당하는 경우에는 그 등록을 취소하여야 한다. [개정 2007.8.3] [[시행일 2008.2.4]]
1. 허위 그 밖의 부정한 방법으로 등록 또는 갱신등록을 한 경우
2. 제27조제2항의 규정에 의한 결격사유에 해당하게 된 경우
3. 업무수행과 관련하여 알게 된 비밀을 다른 사람에게 누설한 경우
4. 가맹거래사 등록증을 다른 사람에게 대여한 경우
5. 업무수행과 관련하여 고의 또는 중대한 과실로 다른 사람에게 중대한 손해를 입힌 경우

② 제29조제2항의 규정에 의한 갱신등록을 하지 아니한 가맹거래사는 그 자격이 정지된다. 이 경우 공정거래위원회가 고시로서 정하는 바에 따라 보수교육을 받고 갱신등록을 한 때에는 그 때부터 자격이 회복된다. [개정 2007.8.3] [[시행일 2008.2.4]]

③ 제1항에 따라 가맹거래사의 등록을 취소하려는 경우에는 청문을 실시하여야 한다. [신설 2012.2.17] [[시행일 2012.5.18]]

[본조제목개정 2007.8.3] [[시행일 2008.2.4]]

제31조의2 (가맹사업거래에 대한 교육 등) ① 공정거래위원회는 공정한 가맹사업거래질서를 확립하기 위하여 다음 각 호의 업무를 수행할 수 있다.

1. 가맹본부에 대한 교육·연수
2. 가맹희망자 및 가맹점사업자에 대한 교육·연수
3. 가맹거래사에 대한 교육·연수(제27조제1항에 따른 실무수습을 포함한다)
4. 가맹본부가 이 법을 자율적으로 준수하도록 유도하기 위한 자율준수프로그램의 보급·확산
5. 그 밖에 공정한 가맹사업거래질서 확립을 위하여 필요하다고 인정하는 업무

② 공정거래위원회는 제1항의 업무를 대통령령으로 정하는 시설·인력 및 교육실적 등의 기준에 적합한 법인으로서 공정거래위원회가 지정하는 기관 또는 단체(이하 "교육기관 등"이라 한다)에 위탁할 수 있다.

③ 교육기관 등은 제1항에 따른 업무를 수행하는데 필요한 재원을 조달하기 위하여 수익사업을 할 수 있다.

④ 공정거래위원회는 교육기관 등이 제1항에 따른 업무를 충실히 수행하지 못하거나 대통령령으로 정하는 기준에 미치지 못하는 경우에는 지정을 취소하거나 3개월 이내의 기간을 정하여 지정의 효력을 정지할 수 있다.

⑤ 교육기관 등의 지정절차 및 방법, 제3항에 따른 수익사업 등에 관하여 필요한 사항은 공정거래위원회가 정하여 고시한다.

[본조신설 2007.8.3] [[시행일 2008.2.4]]

제5장 공정거래위원회의 사건처리절차 등

제32조 (조사개시대상행위의 제한) 이 법의 규정에 의하여 공정거래위원회의 조사개시대상이 되는 가맹사업거래는 그 거래가 종료된 날부터 3년을 경과하지 아니한 것에 한한다. 다만, 그 거래가 종료된 날부터 3년 이내에 신고된 가맹사업거래의 경우에는 그러하지 아니하다.

제32조의2 (서면실태조사) ① 공정거래위원회는 가맹사업거래에서의 공정한 거래질서 확립을 위하여 가맹본부와 가맹점사업자 등 사이의 거래에 관한 서면실태조사를 실시하여 그 결과를 공표하여야 한다. [개정 2016.12.20] [[시행일 2017.3.21]]

② 공정거래위원회가 제1항에 따라 서면실태조사를 실시하려는 경우에는 조사대상자의 범위, 조사기간, 조사내용, 조사방법, 조사절차 및 조사결과 공표범위 등에 관한 계획을 수립하여야 하고, 조사대상자에게 거래실태 등 조사

에 필요한 자료의 제출을 요구할 수 있다.

③ 공정거래위원회가 제2항에 따라 자료의 제출을 요구하는 경우에는 조사대상자에게 자료의 범위와 내용, 요구사유, 제출기한 등을 명시하여 서면으로 알려야 한다.

[본조신설 2013.8.13] [[시행일 2014.2.14]]

제32조의3 (위반행위의 신고 등) ① 누구든지 이 법에 위반되는 사실이 있다고 인정할 때에는 그 사실을 공정거래위원회에 신고할 수 있다. 이 경우 공정거래위원회는 대통령령으로 정하는 바에 따라 신고자가 동의한 경우에는 가맹본부 또는 가맹지역본부에게 신고가 접수된 사실을 통지하여야 한다.

② 공정거래위원회는 제1항 전단에 따른 신고가 있거나 이 법에 위반되는 혐의가 있다고 인정할 때에는 필요한 조사를 할 수 있다.

③ 제1항 후단에 따라 공정거래위원회가 가맹본부 또는 가맹지역본부에게 통지한 때에는 「민법」 제174조에 따른 최고가 있은 것으로 본다. 다만, 신고된 사실이 이 법의 적용대상이 아니거나 제32조 본문에 따른 조사개시대상행위의 제한 기한을 경과하여 공정거래위원회가 심의절차를 진행하지 아니하기로 한 경우, 신고된 사실에 대하여 공정거래위원회가 무혐의로 조치한 경우 또는 신고인이 신고를 취하한 경우에는 그러하지 아니하다.

④ 공정거래위원회는 제2항에 따라 조사를 한 경우에는 그 결과(조사결과 시정조치 명령 등의 처분을 하고자 하는 경우에는 그 처분의 내용을 포함한다)를 서면으로 해당 사건의 당사자에게 통지하여야 한다.

[본조신설 2016.12.20] [[시행일 2017.3.21]]

제33조 (시정조치) ① 공정거래위원회는 제6조의5제1항·제4항, 제7조제3항, 제9조제1항, 제10조제1항, 제11조제1항·제2항, 제12조제1항, 제12조의2제1항·제2항, 제12조의3제1항·제2항, 제12조의4제1항·제3항, 제12조의6제1항, 제14조의2제5항, 제15조의2제3항·제6항을 위반한 가맹본부에 대하여 가맹금의 예치, 정보공개서등의 제공, 점포환경개선 비용의 지급, 가맹금 반환, 위반행위의 중지, 위반내용의 시정을 위한 필요한 계획 또는 행위의 보고 그 밖에 위반행위의 시정에 필요한 조치를 명할 수 있다. [개정 2007.8.3, 2013.8.13, 2016.3.29] [[시행일 2016.9.30]]

② 공정거래위원회는 제24조의 규정에 의하여 협의회의 조정이 이루어진 경우에는 특별한 사유가 없는 한 제1항에 따른 시정조치 및 제34조제1항에 따른 시정권고를 하지 아니한다. [개정 2007.8.3] [[시행일 2008.2.4]]

③ 공정거래위원회는 제1항에 따라 시정명령을 하는 경우에는 가맹본부에게 시정명령을 받았다는 사실을 공표하거나 거래상대방에 대하여 통지할 것을 명할 수 있다. [개정 2007.8.3] [[시행일 2008.2.4]]

제34조 (시정권고) ① 공정거래위원회는 이 법의 규정을 위반한 가맹본부에 대하여 제33조의 규정에 의한 시정조치를 명할 시간적 여유가 없는 경우에는 대통령령이 정하는 바에 따라 시정방안을 마련하여 이에 따를 것을 권고할 수 있다. 이 경우 그 권고를 수락한 때에는 시정조치를 한 것으로 본다는 뜻을 함께 통지하여야 한다. [개정 2016.3.29] [[시행일 2016.9.30]]

② 제1항의 규정에 의한 권고를 받은 가맹본부는 그 권고를 통지받은 날부터 10일 이내에 이를 수락하는 지의 여부에 관하여 공정거래위원회에 통지하여야 한다. [개정 2016.3.29] [[시행일 2016.9.30]]

③ 제1항의 규정에 의한 권고를 받은 가맹본부가 그 권고를 수락한 때에는 제33조의 규정에 의한 시정조치를 받은 것으로 본다. [개정 2016.3.29] [[시행일 2016.9.30]]

제35조 (과징금) ① 공정거래위원회는 제6조의5제1항·제4항, 제7조제3항, 제9조제1항, 제10조제1항, 제11조제1항·제2항, 제12조제1항, 제12조의2제1항·제2항, 제12조의3제1항·제2항, 제12조의4제1항·제3항, 제12조의6제1항, 제14조의2제5항, 제15조의2제3항·제6항을 위반한 가맹본부에 대하여 대통령령으로 정하는 매출액(대통령령으로 정하는 사업자의 경우에는 영업수익을 말한다. 이하 같다)에 100분의 2를 곱한 금액을 초과하지 아니하는 범위에서 과징금을 부과할 수 있다. 다만, 그 위반행위를 한 가맹본부가 매출액이 없거나 매출액의 산정이 곤란한 경우로서 대통령령으로 정하는 경우에는 5억원을 초과하지 아니하는 범위에서 과징금을 부과할 수 있다. [개정 2016.3.29] [[시행일 2016.9.30]]

② 공정거래위원회는 제1항에 따라 과징금을 부과하는 경우에는 다음 각 호의 사항을 고려하여야 한다.

1. 위반행위의 내용 및 정도
2. 위반행위의 기간 및 횟수
3. 위반행위로 취득한 이익의 규모 등

③ 이 법을 위반한 회사인 가맹본부가 합병을 하는 경우에는 그 가맹본부가 한 위반행위는 합병 후 존속하거나 합병으로 설립되는 회사가 한 위반행위로 보아 과징금을 부과·징수할 수 있다.

④ 공정거래위원회는 이 법을 위반한 회사인 가맹본부가 분할되거나 분할합병되는 경우 분할되는 가맹본부의 분할일 또는 분할합병일 이전의 위반행위를 다음 각 호의 어느 하나에 해당하는 회사의 행위로 보고 과징금을 부과·징수할 수 있다.

1. 분할되는 회사
2. 분할 또는 분할합병으로 설립되는 새로운 회사

3. 분할되는 회사의 일부가 다른 회사에 합병된 후 그 다른 회사가 존속하는 경우 그 다른 회사

⑤ 공정거래위원회는 이 법을 위반한 회사인 가맹본부가 「채무자 회생 및 파산에 관한 법률」 제215조에 따라 신회사를 설립하는 경우에는 기존 회사 또는 신회사 중 어느 하나의 행위로 보고 과징금을 부과·징수할 수 있다.

⑥ 제1항에 따른 과징금의 부과기준은 대통령령으로 정한다.

[전문개정 2013.8.13] [[시행일 2014.2.14]]

제36조 (관계행정기관의 장의 협조) 공정거래위원회는 이 법의 시행을 위하여 필요하다고 인정하는 때에는 관계행정기관의 장의 의견을 듣거나 관계행정기관의 장에 대하여 조사를 위한 인원의 지원 그 밖의 필요한 협조를 요청할 수 있다.

제37조 (「독점규제 및 공정거래에 관한 법률」의 준용) ① 이 법에 의한 공정거래위원회의 조사·심의·의결 및 시정권고에 관하여는 「독점규제 및 공정거래에 관한 법률」 제42조, 제43조, 제43조의2, 제44조, 제45조, 제50조제1항 내지 제4항, 제52조, 제52조의2, 제53조, 제53조의2 및 제55조의2의 규정을 준용한다. [개정 2016.12.20] [[시행일 2017.3.21]]

② 이 법에 의한 과징금의 부과·징수에 관하여는 「독점규제 및 공정거래에 관한 법률」 제55조의4부터 제55조의8까지를 준용한다. [개정 2007.8.3, 2013.8.13] [[시행일 2014.2.14]]

③ 이 법에 의한 이의신청, 소의 제기 및 불복의 소의 전속관할, 손해배상에 관하여는 「독점규제 및 공정거래에 관한 법률」 제53조, 제53조의2, 제54조, 제55조, 제56조, 제56조의2, 제57조의 규정을 준용한다. [개정 2007.8.3, 2016.3.29] [[시행일 2016.9.30]]

④ 이 법에 의한 직무에 종사하거나 종사하였던 공정거래위원회의 위원, 공무원 또는 협의회에서 가맹사업거래에 관한 분쟁의 조정업무를 담당하거나 담당하였던 자에 대하여는 「독점규제 및 공정거래에 관한 법률」 제62조의 규정을 준용한다.

⑤ 삭제 [2007.8.3] [[시행일 2008.2.4]]

[본조제목개정 2007.8.3] [[시행일 2008.2.4]]

제37조의2 (손해배상책임) ① 가맹본부는 이 법의 규정을 위반함으로써 가맹점사업자에게 손해를 입힌 경우에는 가맹점사업자에 대하여 손해배상의 책임을 진다. 다만, 가맹본부가 고의 또는 과실이 없음을 입증한 경우에는 그러하지 아니하다.

② 제1항에도 불구하고 가맹본부가 제9조제1항, 제12조제1항제1호를 위반함으로써 가맹점사업자에게 손해를 입힌 경우에는 가맹점사업자에게 발생한 손

해의 3배를 넘지 아니하는 범위에서 배상책임을 진다. 다만, 가맹본부가 고의 또는 과실이 없음을 입증한 경우에는 그러하지 아니하다.

③ 법원은 제2항의 배상액을 정할 때에는 다음 각 호의 사항을 고려하여야 한다.

1. 고의 또는 손해 발생의 우려를 인식한 정도
2. 위반행위로 인하여 가맹점사업자가 입은 피해 규모
3. 위법행위로 인하여 가맹본부가 취득한 경제적 이익
4. 위반행위에 따른 벌금 및 과징금
5. 위반행위의 기간·횟수
6. 가맹본부의 재산상태
7. 가맹본부의 피해구제 노력의 정도

④ 제1항 또는 제2항에 따라 손해배상청구의 소가 제기된 경우 「독점규제 및 공정거래에 관한 법률」 제56조의2 및 제57조를 준용한다.

[본조신설 2017.4.18] [[시행일 2017.10.19]]

제38조 (「독점규제 및 공정거래에 관한 법률」 과의 관계) 가맹사업거래에 관하여 이 법의 적용을 받는 사항에 대하여는「독점규제 및 공정거래에 관한 법률」 제23조제1항제1호(부당하게 거래를 거절하는 행위에 한한다)·제3호(부당하게 경쟁자의 고객을 자기와 거래하도록 유인하는 행위에 한한다)·제4호·제5호(거래의 상대방의 사업활동을 부당하게 구속하는 조건으로 거래하는 행위에 한한다) 및 동법 제29조제1항의 규정을 적용하지 아니한다.

[본조제목개정 2007.8.3] [[시행일 2008.2.4]]

제39조 (권한의 위임과 위탁) ① 이 법에 의한 공정거래위원회의 권한은 그 일부를 대통령령이 정하는 바에 따라 소속기관의 장이나 특별시장 · 광역시장 · 도지사 또는 특별자치도지사에게 위임하거나 다른 행정기관의 장에게 위탁할 수 있다. [개정 2007.8.3] [[시행일 2008.2.4]]

② 공정거래위원회는 다음 각 호의 어느 하나에 해당하는 업무를 대통령령으로 정하는 바에 따라「독점규제 및 공정거래에 관한 법률」 제48조의2에 따라 설립된 한국공정거래조정원이나 관련 법인 · 단체에 위탁할 수 있다. 이 경우 제1호의 위탁관리에 소요되는 경비의 전부 또는 일부를 지원할 수 있다. [개정 2007.8.3, 2012.2.17] [[시행일 2012.5.18]]

1. 제6조의2 및 제6조의3에 따른 정보공개서의 등록, 등록 거부 및 공개 등에 관한 업무
2. 제27조제1항에 따른 가맹거래사 자격시험의 시행 및 관리 업무

제40조 (보고) 공정거래위원회는 제39조의 규정에 의하여 위임 또는 위탁한 사무에 대하여 위임 또는 위탁받은 자에게 필요한 보고를 하게 할 수 있다.

제6장 벌 칙

제41조 (벌칙) ① 제9조제1항의 규정에 위반하여 허위·과장의 정보제공행위나 기만적인 정보제공행위를 한 자는 5년 이하의 징역 또는 3억원 이하의 벌금에 처한다. [개정 2007.8.3, 2013.8.13] [[시행일 2014.2.14]]

② 다음 각 호의 어느 하나에 해당하는 자는 3년 이하의 징역 또는 1억원 이하의 벌금에 처한다. [개정 2007.8.3] [[시행일 2008.2.4]]

1. 제33조제1항에 따른 시정조치의 명령에 따르지 아니한 자
2. 제37조제4항의 규정에 의하여 준용되는 「독점규제 및 공정거래에 관한 법률」 제62조의 규정에 위반한 자

③ 다음 각 호의 어느 하나에 해당하는 자는 2년 이하의 징역 또는 5천만원 이하의 벌금에 처한다. [개정 2007.8.3, 2013.8.13] [[시행일 2014.2.14]]

1. 제6조의5제1항을 위반하여 가맹점사업자로부터 예치가맹금을 직접 수령한 자
2. 제7조제3항을 위반하여 가맹금을 수령하거나 가맹계약을 체결한 자
3. 제15조의2제6항을 위반하여 가맹점사업자피해보상보험계약 등을 체결하였다는 사실을 나타내는 표지 또는 이와 유사한 표지를 제작하거나 사용한 자

④ 제6조의5제4항을 위반하여 거짓이나 그 밖의 부정한 방법으로 예치가맹금의 지급을 요청한 자는 예치가맹금의 2배에 상당하는 금액 이하의 벌금에 처한다. [신설 2007.8.3] [[시행일 2008.2.4]]

제42조 (양벌규정) 법인의 대표자나 법인 또는 개인의 대리인, 사용인, 그 밖의 종업원이 그 법인 또는 개인의 업무에 관하여 제41조의 위반행위를 하면 그 행위자를 벌하는 외에 그 법인 또는 개인에게도 해당 조문의 벌금형을 과(科)한다. 다만, 법인 또는 개인이 그 위반행위를 방지하기 위하여 해당 업무에 관하여 상당한 주의와 감독을 게을리하지 아니한 경우에는 그러하지 아니하다.

[전문개정 2010.3.22]

제43조 (과태료) ① 가맹본부가 제3호 또는 제4호의 규정에 해당하는 경우에는 1억원이하, 제1호 또는 제2호의 규정에 해당하는 경우에는 5천만원 이하의 과태료에 처한다. [개정 2007.8.3, 2013.8.13] [[시행일 2014.2.14]]

1. 제32조의2제2항에 따른 자료를 제출하지 아니하거나 거짓의 자료를 제출한 자
2. 제37조제1항의 규정에 의하여 준용되는 「독점규제 및 공정거래에 관한

법률」 제50조제1항제1호의 규정에 위반하여 정당한 사유 없이 2회이상 출석하지 아니한 자

3. 제37조제1항의 규정에 의하여 준용되는 「독점규제 및 공정거래에 관한 법률」 제50조제1항제3호 또는 동조제3항의 규정에 의한 보고 또는 필요한 자료나 물건의 제출을 정당한 사유없이 하지 아니하거나, 허위의 보고 또는 자료나 물건을 제출한 자
4. 제37조제1항의 규정에 의하여 준용되는 「독점규제 및 공정거래에 관한 법률」 제50조제2항의 규정에 의한 조사를 정당한 사유없이 거부·방해 또는 기피한 자

② 가맹점사업자가 제1항제2호 또는 제3호의 규정에 해당하는 경우에는 1억원 이하, 동항제1호의 규정에 해당하는 경우에는 1천만원 이하의 과태료에 처한다.

③ 가맹본부 또는 가맹점사업자의 임원이 각각 제1항제3호의 규정에 해당하는 경우에는 5천만원 이하, 동항제1호 또는 제2호의 규정에 해당하는 경우에는 1천만원 이하의 과태료에 처한다.

④ 가맹본부 또는 가맹점사업자의 종업원 또는 이에 준하는 법률상 이해관계에 있는 자가 각각 제1항제3호의 규정에 해당하는 경우에는 5천만원 이하, 동항제2호의 규정에 해당하는 경우에는 1천만원 이하, 동항제1호의 규정에 해당하는 경우에는 5백만원 이하의 과태료에 처한다.

⑤ 제37조제1항의 규정에 의하여 준용되는 「독점규제 및 공정거래에 관한 법률」 제43조의2의 규정에 의한 질서유지명령에 응하지 아니한 자는 100만원 이하의 과태료에 처한다. [개정 2007.8.3] [[시행일 2008.2.4]]

⑥ 다음 각 호의 어느 하나에 해당하는 자에게는 1천만원 이하의 과태료를 부과한다. [개정 2007.8.3, 2013.8.13] [[시행일 2014.2.14]]

1. 제6조의2제2항 본문을 위반하여 기한 내에 변경등록을 하지 아니하거나 거짓으로 변경등록을 한 자
2. 제9조제3항을 위반하여 같은 항 각 호의 어느 하나에 해당하는 정보를 서면으로 제공하지 아니한 자
3. 제9조제4항을 위반하여 근거자료를 비치하지 아니하거나 자료요구에 응하지 아니한 자
4. 제9조제5항을 위반하여 예상매출액 산정서를 제공하지 아니한 자
5. 제9조제6항을 위반하여 예상매출액 산정서를 보관하지 아니한 자
6. 제11조제3항을 위반하여 가맹계약서를 보관하지 아니한 자

⑦ 다음 각 호의 어느 하나에 해당하는 자에게는 300만원 이하의 과태료를 부과한다. [개정 2007.8.3, 2013.8.13] [[시행일 2014.2.14]]

1. 제6조의2제2항 단서를 위반하여 신고를 하지 아니하거나 거짓으로 신고한 자
2. 제29조제3항을 위반하여 가맹거래사임을 표시하거나 유사한 용어를 사용한 자

⑧ 제1항부터 제7항까지의 규정에 따른 과태료는 대통령령으로 정하는 바에 따라 공정거래위원회가 부과·징수한다. [신설 2007.8.3] [[시행일 2008.2.4]]

⑨ 삭제 [2010.3.22]

⑩ 삭제 [2010.3.22]

⑪ 삭제 [2010.3.22]

제44조 (고발) ① 제41조제1항·제2항제1호 및 제3항의 죄는 공정거래위원회의 고발이 있어야 공소를 제기할 수 있다.

② 공정거래위원회는 제41조제1항·제2항제1호 및 제3항의 죄중 그 위반의 정도가 객관적으로 명백하고 중대하다고 인정하는 경우에는 검찰총장에게 고발하여야 한다.

③ 검찰총장은 제2항의 규정에 의한 고발요건에 해당하는 사실이 있음을 공정거래위원회에 통보하여 고발을 요청할 수 있다. [개정 2013.8.13] [[시행일 2014.2.14]]

④ 공정거래위원회가 제2항에 따른 고발요건에 해당하지 아니한다고 결정하더라도 감사원장, 중소기업청장은 사회적 파급효과, 가맹희망자나 가맹점사업자에게 미친 피해 정도 등 다른 사정을 이유로 공정거래위원회에 고발을 요청할 수 있다. [신설 2013.8.13] [[시행일 2014.2.14]]

⑤ 제3항 또는 제4항에 따른 고발요청이 있는 때에는 공정거래위원회 위원장은 검찰총장에게 고발하여야 한다. [신설 2013.8.13] [[시행일 2014.2.14]]

⑥공정거래위원회는 공소가 제기된 후에는 고발을 취소하지 못한다. [개정 2013.8.13] [[시행일 2014.2.14]]

부칙 [2002.5.13 제6704호]

①(시행일) 이 법은 2002년 11월 1일부터 시행한다.

②(시정조치·과징금 및 벌칙에 관한 경과조치) 이 법 시행전의 종전의 독점규제및공정거래에관한법률 제23조제1항제1호(부당하게 거래를 거절하는 행위에 한한다)·제3호(부당하게 경쟁자의 고객을 자기와 거래하도록 유인하는 행위에 한한다)·제4호·제5호(거래의 상대방의 사업활동을 부당하게 구속하는 조건으로 거래하는 행위에 한한다) 및 동법 제29조제1항의 규정에 위반한 행위에 대한 시정조치·과징금 및 벌칙의 적용에 있어서는 동법의 규정에 의한다.

부칙 [2004.1.20 제7109호]

이 법은 공포한 날부터 시행한다.

부칙 [2004.12.31 제7315호(독점규제및공정거래에관한법률)]

제1조 (시행일) 이 법은 2005년 4월 1일부터 시행한다. 〈단서 생략〉

제2조 내지 제9조 생략

제10조 (다른 법률의 개정) ①가맹사업거래의공정화에관한법률중 다음과 같이 개정한다.

제37조제2항중 "제55조의3 내지 제55조의6"을 "제55조의3 내지 제55조의7"로 한다.

②내지 ⑤생략

부칙 [2005.12.29 제7796호(국가공무원법)]

제1조 (시행일) 이 법은 2006년 7월 1일부터 시행한다.

제2조 내지 제5조 생략

제6조 (다른 법률의 개정) ① 가맹사업거래의공정화에관한법률 일부를 다음과 같이 개정한다.

제17조제3항제3호중 "3급 이상의 공무원"을 "3급 이상의 공무원 또는 고위공무원단에 속하는 일반직공무원"으로 한다.

② 내지 〈68〉 생략

부칙 [2007.8.3 제8630호]

제1조(시행일) 이 법은 공포 후 6개월이 경과한 날부터 시행한다. 다만, 제37조제2항의 개정규정은 공포 후 3개월이 경과한 날부터 시행하고, 제6조의5, 제15조의2 및 제15조의3의 개정규정은 공포 후 1년이 경과한 날부터 시행한다.

제2조(가맹금에 관한 적용례) 제2조제6호의 개정규정은 이 법 시행 후 지급하는 가맹금부터 적용한다.

제3조(불공정거래행위의 금지에 관한 적용례) 제12조제4호의 개정규정은 이 법 시행 이후 체결되거나 갱신된 가맹계약부터 적용한다.

제4조(가맹계약의 갱신에 관한 적용례) 제13조의 개정규정은 이 법 시행 이후

체결되거나 갱신된 가맹계약부터 적용한다.

제5조(가맹계약 해지의 제한에 관한 적용례) 제14조제1항 본문의 개정규정은 이 법 시행 후 계약의 위반 사실이 발생하여 계약을 해지하는 경우부터 적용한다.

제6조(정보공개서에 관한 특례) 가맹본부는 이 법 시행일부터 6개월까지는 제6조의2와 제7조제1항·제2항의 개정규정에도 불구하고 종전의 정보공개서를 제공할 수 있다.

제7조(가맹계약 종료 사실 통지 등에 관한 경과조치) 이 법 시행 전에 체결되거나 갱신된 가맹계약의 종료 사실 통지 등에 관하여는 종전의 규정에 따른다.

제8조(가맹금의 반환에 관한 경과조치) 이 법 시행 전에 가맹본부가 종전의 제9조제1항을 위반하여 거짓 또는 과장된 정보를 제공하거나 종전의 제8조제2항에 따른 중요한 사항을 누락한 경우 또는 정당한 사유 없이 가맹사업을 일방적으로 중단한 경우에 있어서 가맹금의 반환에 관하여는 종전의 규정에 따른다. 이 경우 이 법 시행 전에 지급된 가맹금의 반환 범위에 관하여는 종전의 제2조제6호와 제10조에 따른다.

제9조(협의회 등에 관한 경과조치) ① 이 법 시행 당시 종전의 가맹사업거래분쟁조정협의회는 제16조의 개정규정에 따른 협의회로 본다.

② 이 법 시행 당시 종전의 가맹사업거래분쟁조정협의회에 신청되거나 조정 중인 사건은 제16조의 개정규정에 따른 협의회에 신청되거나 조정 중인 사건으로 본다.

③ 이 법 시행 당시 종전의 가맹사업거래분쟁조정협의회의 위원은 제17조제3항의 개정규정에 따라 임명되거나 위촉된 자로 본다. 이 경우 위원의 임기는 잔여기간으로 한다.

제10조(가맹사업거래상담사에 대한 경과조치) ① 이 법 시행 당시 종전의 규정에 따라 가맹사업거래상담사 자격시험을 합격한 자, 가맹사업거래상담사 자격을 가지거나 등록을 한 자는 이 법에 따른 가맹거래사 자격시험에 합격한 자, 가맹거래사 자격을 가지거나 등록을 한 자로 본다.

② 이 법 시행 당시 종전의 규정에 따라 가맹사업거래상담사 등록이 취소되거나 자격이 정지된 자는 이 법에 따라 가맹거래사 등록이 취소되거나 자격이 정지된 자로 본다.

제11조(벌칙과 과태료에 관한 경과조치) 이 법 시행 전의 행위에 대한 벌칙과 과태료의 적용은 종전의 규정에 따른다.

부 칙[2010.3.22 제10168호]

이 법은 공포한 날부터 시행한다.

부 칙[2012.2.17 제11323호]

이 법은 공포 후 3개월이 경과한 날부터 시행한다.

부 칙[2013.8.13 제12094호]

제1조(시행일) 이 법은 공포 후 6개월이 경과한 날부터 시행한다. 다만, 제12조의4의 개정규정은 공포 후 1년이 경과한 날부터 시행한다.

제2조(정보공개서 등록에 관한 경과조치) 이 법 시행 전에 등록한 정보공개서는 제2조제10호 및 제6조의2제1항의 개정규정에 따라 등록한 것으로 본다. 다만, 가맹본부는 이 법 시행 후 최초의 변경등록 시 제2조제10호의 개정규정에 따라 추가되는 사항을 수록하여 변경등록하여야 한다.

제3조(영업지역 설정에 관한 경과조치) 이 법 시행 전에 제11조제2항제5호에 따라 영업지역의 설정에 관한 사항을 가맹계약서에 포함한 경우에는 제12조의4제1항의 개정규정에도 불구하고 종전의 규정에 따른다. 다만, 가맹본부는 이 법 시행 후 최초의 가맹계약 갱신 시 제12조의4제1항의 개정규정에 따른 영업지역을 설정하여 가맹계약서에 기재하여야 한다.

부 칙[2016.3.29 제14135호]

제1조(시행일) 이 법은 공포 후 6개월이 경과한 날부터 시행한다.

제2조(영업지역 변경에 관한 적용례) 제12조의4제2항의 개정규정은 이 법 시행 후 갱신되는 가맹계약부터 적용한다.

제3조(광고 · 판촉행사 관련 집행 내역 통보 등에 관한 적용례) 제12조의6제1항의 개정규정은 이 법 시행 후 실시되는 광고나 판촉행사부터 적용한다.

제4조(조정 및 조정조서 효력에 관한 적용례) 제23조 및 제24조의 개정규정은 이 법 시행 후 최초로 신청되거나 의뢰된 분쟁조정부터 적용한다.

제5조(손해배상에 관한 적용례) 제37조제3항의 개정규정은 이 법 시행 후 최초로 제기되는 손해배상 소송부터 적용한다.

부 칙[2016.12.20 제14454호]

제1조(시행일) 이 법은 공포 후 3개월이 경과한 날부터 시행한다.

제2조(최고의 효력에 관한 적용례) 제32조의3제3항의 개정규정은 이 법 시행 후 최초로 신고된 위반행위부터 적용한다.

부 칙[2017.4.18 제14811호]

제1조(시행일) 이 법은 공포 후 6개월이 경과한 날부터 시행한다.

제2조(가맹계약서 제공시기에 관한 적용례) 제11조제1항의 개정규정은 이 법 시행 이후에 최초로 체결되거나 갱신되는 가맹계약부터 적용한다.

제3조(시효중단의 효력에 관한 적용례) 제22조제4항부터 제6항까지의 개정규정은 이 법 시행 후 최초로 신청된 분쟁조정부터 적용한다.

제4조(손해배상책임에 관한 적용례) 제37조의2의 개정규정은 이 법 시행 후에 최초로 가맹본부가 제9조제1항, 제12조제1항제1호를 위반하여 가맹점사업자에게 손해를 입힌 경우의 손해배상청구분부터 적용한다.

제5조(금치산자 등에 대한 경과조치) 제27조제2항제1호의 개정규정에 따른 피한정후견인 또는 피성년후견인에는 법률 제10429호 민법 일부개정법률 부칙 제2조에 따라 금치산 또는 한정치산 선고의 효력이 유지되는 사람을 포함하는 것으로 본다.

부록 5. 가맹사업거래의 공정화에 관한 법률시행령

대통령령 제27946호 일부개정 2017. 03. 20.

제1조 (목적) 이 영은 「가맹사업거래의 공정화에 관한 법률」에서 위임한 사항과 그 시행에 관하여 필요한 사항을 규정함을 목적으로 한다. [개정 2008.1.31] [[시행일 2008.2.4]]

제2조 삭제 [2008.1.31] [[시행일 2008.2.4]]

제3조 (가맹금의 정의) ① 「가맹사업거래의 공정화에 관한 법률」(이하 "법"이라 한다) 제2조제6호 각 목 외의 부분 단서에서 "대통령령으로 정하는 대가"란 다음 각 호의 어느 하나에 해당하는 대가를 말한다. [개정 2008.1.31] [[시행일 2008.2.4]]

1. 소비자가 신용카드를 사용하여 가맹점사업자의 상품이나 용역을 구매한 경우에 가맹점사업자가 신용카드사에 지불하는 수수료
2. 소비자가 상품권을 사용하여 가맹점사업자의 상품이나 용역을 구매한 경우에 가맹점사업자가 상품권 발행회사에 지급하는 수수료나 할인금
3. 소비자가 「전자금융거래법」 제2조제11호에 따른 직불전자지급수단·선불전자지급수단 또는 전자화폐를 사용하거나 「전자금융거래법」 제2조제19호에 따른 전자지급결제대행 서비스를 이용하여 가맹점사업자의 상품이나 용역을 구매한 경우에 가맹점사업자가 지급수단 발행회사나 지급결제 대행회사에 지급하는 수수료나 할인금
4. 법 제2조제6호다목에 따라 가맹본부에 지급하는 대가 중 적정한 도매가격(도매가격이 형성되지 아니하는 경우에는 가맹점사업자가 정상적인 거래관계를 통하여 해당 물품이나 용역을 구입·임차 또는 교환할 수 있는 가격을 말하며 가맹본부가 해당 물품이나 용역을 다른 사업자로부터 구입하여 공급하는 경우에는 그 구입가격을 말한다. 이하 같다)
5. 그 밖에 가맹본부에 귀속되지 아니하는 금전으로서 소비자가 제3의 기관에 지불하는 것을 가맹본부가 대행하는 것

② 법 제2조제6호라목에서 "대통령령으로 정하는 것"이란 다음 각 호의 어느 하나에 해당하는 대가를 말한다. [신설 2008.1.31] [[시행일 2008.2.4]]

1. 가맹점사업자가 상표 사용료, 리스료, 광고 분담금, 지도훈련비, 간판류 임차료·영업지역 보장금 등의 명목으로 정액 또는 매출액·영업이익 등의 일정 비율로 가맹본부에 정기적으로 또는 비정기적으로 지급하는 대가

2. 가맹점사업자가 가맹본부로부터 공급받는 상품·원재료·부재료·정착물·설비 및 원자재의 가격 또는 부동산의 임차료에 대하여 가맹본부에 정기적으로 또는 비정기적으로 지급하는 대가 중 적정한 도매가격을 넘는 대가. 다만 가맹본부가 취득한 자신의 상품 등에 관한 「특허법」 에 따른 권리에 대한 대가는 제외한다.

③ 공정거래위원회는 제1항제4호 및 제2항제2호에 따른 적정한 도매가격을 정하여 고시할 수 있다. [개정 2008.1.31] [[시행일 2008.2.4]]

제 4 조 (정보공개서의 기재사항) ① 법 제2조제10호 각 목 외의 부분에서 "대통령령으로 정하는 사항"이란 별표 1의 기재사항(이하 "정보공개사항"이라 한다)을 말한다. [개정 2008.1.31] [[시행일 2008.2.4]]

② 정보공개서는 표지·목차 및 정보공개사항으로 구성하되 그 내용이 명확하고 구체적이며 가맹희망자가 이해하기 쉽도록 영업표지별로 별도의 문서로 작성되어야 한다. [개정 2008.1.31] [[시행일 2008.2.4]]

③ 가맹본부는 가맹사업의 경영에 필요한 내용으로서 별표 1에 규정되지 아니한 사항을 정보공개서에 기재할 수 있다. [신설 2008.1.31] [[시행일 2008.2.4]]

④ 공정거래위원회는 필요하다고 인정하는 경우 정보공개사항에 대하여 업종별·업태별 또는 용도별로 세부적인 사항을 정하여 고시할 수 있다. [개정 2008.1.31] [[시행일 2008.2.4]]

제 5 조 (적용배제) ① 법 제3조제1항제1호에서 "대통령령으로 정하는 금액"이란 100만원을 말한다. [개정 2012.5.7, 2014.2.11]

② 법 제3조제1항제2호본문에서 "대통령령으로 정하는 일정규모"란 5천만원을 말한다. 다만, 해당 가맹본부가 가맹사업을 시작하기 전에 해당 가맹사업과 같은 품질기준이나 영업방식에 따라 상품이나 용역을 판매하는 직영점을 개설하여 1년 이상 운영하고 있는 경우에는 2억원(직영점의 매출액을 포함한다)으로 한다. [개정 2008.1.31, 2012.5.7, 2014.2.11]

③ 제2항에 따른 금액의 산정은 바로 전 사업연도의 손익계산서상의 매출액으로 한다. 다만, 가맹본부가 손익계산서를 작성하지 아니하는 경우에는 「부가가치세법」 에 따른 바로 전 2개 과세기간의 부가가치세확정신고서상의 과세표준과 면세수입금액을 합한 금액으로 한다. [신설 2008.1.31, 2010.10.13]

④ 가맹본부가 가맹사업을 시작한 후 1년이 지나지 아니한 경우에는 사업을 시작한 때부터 마지막으로 부가가치세확정신고를 한 때까지의 부가가치세확정신고서(부가가치세확정신고를 하지 아니한 경우에는 부가가치세예정신고서)상의 과세표준과 면세수입금액을 합한 금액을 제3항 단서의 금액으로 본

다. [신설 2008.1.31, 2010.10.13]

⑤ 법 제3조제1항제2호단서에서 "대통령령으로 정하는 수"란 5개를 말한다. [신설 2014.2.11]

제5조의2 (정보공개서의 등록 등) ① 가맹본부는 법 제6조의2제1항에 따라 정보공개서를 등록하려는 경우에는 별지 제1호서식의 정보공개서 신규등록 신청서에 다음 각 호의 서류를 첨부하여 공정거래위원회에 제출하여야 한다. [개정 2010.10.13, 2012.5.7] [[시행일 2012.5.18]]

1. 정보공개서[문서 형태의 정보공개서와 함께 「정보통신망 이용촉진 및 정보보호 등에 관한 법률」 제2조제1항제1호에 따른 정보통신망(이하 "정보통신망"이라 한다)을 이용하여 전자적 파일을 제출하여야 한다]
2. 바로 전 3개 사업연도의 대차대조표 및 손익계산서(가맹본부가 재무제표를 작성하지 아니하는 경우에는 바로 전 3개 사업연도의 매출액을 확인할 수 있는 서류)
3. 바로 전 사업연도 말 현재 운영 중인 직영점 및 가맹점 목록(대표자, 소재지, 가맹계약 체결일 및 전화번호를 기재하여야 한다)
4. 가맹계약서 양식 사본
5. 바로 전 사업연도 말 현재 근무 중인 임직원 수를 확인할 수 있는 서류
6. 그 밖에 정보공개서 내용과 관련있는 서류로서 공정거래위원회가 제출하도록 요구하는 서류

② 제1항에 따라 신청서를 제출받은 공정거래위원회는 「전자정부법」 제36조제1항에 따른 행정정보의 공동이용을 통하여 다음 각 호의 서류를 확인하여야 한다. 다만, 신청인이 제2호 및 제3호의 확인에 동의하지 아니하는 때에는 그 서류(제3호의 경우에는 사본)를 제출하도록 하여야 한다. [개정 2010.10.13] [[시행일 2011.1.14]]

1. 법인 등기사항증명서(가맹본부가 법인인 경우로 한정한다)
2. 해당 법인의 설립등기 전에 등록신청하는 때에는 법인을 설립하려는 발기인의 주민등록표 등본
3. 사업자등록증(제3항에 따라 정보공개서 등록증을 내준 날부터 30일 이내에 공정거래위원회가 확인하거나 신청인이 제출할 수 있다)

③ 공정거래위원회는 제1항에 따른 등록신청이 있으면 등록신청일부터 30일(법 제6조의4에 따라 등록이 취소된 가맹본부가 다시 등록을 신청한 경우에는 2개월) 이내에 가맹본부에 별지 제2호서식의 정보공개서 등록증(이하 "등록증"이라 한다)을 내주어야 하며, 법 제6조의2제5항에 따른 가맹사업정보제공시스템(이하 "가맹정보시스템" 이라 한다)에 등록에 관한 사항을 관리하여야 한다. [신설 2010.10.13, 2014.2.11]

④ 공정거래위원회는 제3항에도 불구하고 다음 각 호의 어느 하나에 해당하면 1회에 한하여 상당한 기간을 정하여 가맹본부에 필요한 내용의 변경 또는 보완을 요구하거나 정보공개서의 등록을 거부할 수 있다. [개정 2010.10.13] [[시행일 2011.1.14]]

1. 정보공개서의 기재 사항이 사실과 다르거나 일부 내용이 빠진 경우
2. 제1항제2호부터 제6호까지의 첨부 서류를 제출하지 아니한 경우
3. 제2항제2호 및 제3호의 확인에 동의하지 아니하고 서류를 제출하지 아니한 경우

⑤ 공정거래위원회는 다음 각 호의 어느 하나에 해당하면 정보공개서의 등록을 거부하여야 하고, 그 사실을 가맹본부에 통지하여야 한다. [개정 2010.10.13] [[시행일 2011.1.14]]

1. 정보공개서의 기재사항이나 첨부서류에 거짓이 있는 경우
2. 제4항에 따른 변경 또는 보완 요구에 가맹본부가 따르지 아니한 경우

⑥ 가맹본부가 제4항에 따른 변경 또는 보완 요구에 따른 경우에는 그 요구에 따른 날을 등록신청을 한 날로 본다. [개정 2010.10.13] [[시행일 2011.1.14]]

⑦ 가맹본부는 가맹정보시스템을 통하여 제1항에 따른 정보공개서 등록신청을 할 수 있다. [신설 2010.10.13] [[시행일 2011.1.14]]

[본조신설 2008.1.31] [[시행일 2008.2.4]]

제5조의3 (정보공개서의 변경등록 및 변경신고) ① 법 제6조의2제2항 본문에서 "대통령령으로 정하는 사항"이란 별표 1의2에 따른 변경등록사항을 말한다. [신설 2014.2.11]

② 법 제6조의2제2항 본문에서 "대통령령으로 정하는 기한"이란 별표 1의2에 따른 기한을 말한다. [신설 2014.2.11]

③ 가맹본부는 별표 1의2에서 정한 변경등록사항이 변경된 경우에는 같은 표에서 정한 기한 내에 별지 제4호서식의 정보공개서 변경등록 신청서에 다음 각 호의 서류를 첨부하여 공정거래위원회에 제출하여야 한다. 이 경우 공정거래위원회는 「전자정부법」 제36조제1항에 따른 행정정보의 공동이용을 통하여 법인 등기사항증명서와 사업자등록증을 확인(변경등록에 필요한 경우만 해당한다)하여야 하며, 신청인이 사업자등록증의 확인에 동의하지 아니하는 경우에는 그 서류를 첨부하도록 하여야 한다. [개정 2012.5.7, 2014.2.11]

1. 변경된 정보공개서
2. 변경내용을 증명하는 서류
3. 등록증(등록증 기재사항을 변경하는 경우만 해당한다)

④ 변경등록 및 거부절차에 관하여는 제5조의2제2항부터 제6항까지의 규정을 준용한다. 이 경우 제5조의2제3항 중 "30일"은 "20일"로 본다. [개정 2010.10.13, 2014.2.11]

⑤ 법 제6조의2제2항 단서에서 "대통령령으로 정하는 경미한 사항"이란 별표 1의2에 따른 변경신고사항을 말한다. [개정 2010.10.13, 2014.2.11]

⑥ 가맹본부는 별표 1의2에서 정한 변경신고사항이 변경된 경우에는 같은 표에서 정한 기한 내에 별지 제4호서식의 정보공개서 변경신고서에 변경내용을 증명하는 서류를 첨부하여 공정거래위원회에 제출하여야 한다. 이 경우 공정거래위원회는 「전자정부법」 제36조제1항에 따른 행정정보의 공동이용을 통하여 법인 등기사항증명서와 사업자등록증을 확인(변경신고에 필요한 경우만 해당한다)하여야 하며, 신고인이 사업자등록증의 확인에 동의하지 아니하는 경우에는 그 서류를 첨부하도록 하여야 한다. [개정 2010.10.13, 2012.5.7, 2014.2.11]

⑦ 공정거래위원회는 제3항에 따른 변경등록 신청 또는 제6항에 따른 변경신고가 있으면 가맹정보시스템에 변경등록 또는 변경신고에 관한 사항을 관리하여야 한다. [개정 2010.10.13, 2014.2.11]

⑧ 가맹본부는 정보공개서를 변경등록하거나 변경신고하는 경우에는 정보통신망을 이용하여 전자적 파일 형태의 정보공개서를 함께 제출하여야 한다. [개정 2014.2.11]

⑨ 삭제 [2016.9.29]

⑩ 삭제 [2016.9.29]

⑪ 가맹본부는 가맹정보시스템을 통하여 제3항에 따른 변경등록을 신청하거나 제6항에 따른 변경신고를 할 수 있다. [신설 2016.9.29]

[본조신설 2008.1.31] [[시행일 2008.2.4]]

제5조의4 (정보공개서의 공개 등) ① 삭제 [2017.3.20]

② 공정거래위원회는 정보공개서를 공개하는 경우에는 법 제6조의2제4항에 따라 다음 각 호의 사항을 적은 서면으로 공개일 10일 전까지 가맹본부에 이를 미리 알려야 한다. [개정 2014.2.11]

1. 공개 목적과 공개 기간
2. 공개 내용
3. 공개 방법
4. 가맹본부의 정정 또는 비공개 요구 방법

③ 제2항에 따른 통지를 받은 가맹본부는 공개하는 내용 중 사실과 다른 내용이 있거나 법 제6조의2제3항 단서에 해당하는 내용이 있으면 통지를 받은 날부터 7일 이내에 그 사실을 증명하는 서류를 첨부한 서면으로 공정거래위

원회에 그 내용의 정정 또는 비공개를 요구할 수 있다. 이 경우 공정거래위원회는 가맹본부의 요구가 정당하다고 인정되면 정보공개서의 공개 내용을 변경하거나 공개하지 아니하여야 한다. [개정 2017.3.20]

④ 삭제 [2012.5.7] [[시행일 2012.5.18]]

[본조신설 2008.1.31] [[시행일 2008.2.4]]

제5조의5 (정보공개서 등록의 취소 등) ① 공정거래위원회는 법 제6조의4제1항제1호 또는 제2호에 해당하는 사유로 정보공개서의 등록을 취소한 경우에는 취소한 날 부터 7일 이내에 해당 가맹본부에 서면으로 그 사실과 취소 사유를 알려야 한다. [개정 2014.2.11, 2017.3.20]

② 법 제6조의4제1항제3호에서 "대통령령으로 정하는 중요한 사항"(이하 "중요사항"이라 한다)이란 다음 각 호의 어느 하나에 해당하는 사항을 말한다. [개정 2010.10.13, 2014.2.11, 2016.9.29, 2017.3.20]

1. 별표 1 제1호
2. 별표 1 제2호가목, 나목(가맹본부와 관련된 사항만 해당한다), 다목부터 바목까지, 사목(대표자와 관련된 사항만 해당한다), 아목부터 차목까지
3. 별표 1 제3호나목부터 카목까지
4. 별표 1 제4호부터 제6호까지, 제8호 및 제9호

③ 공정거래위원회는 법 제6조의4제1항제3호에 해당하는 사유가 있는 경우에는 상당한 기간을 정하여 누락된 중요사항의 보완을 가맹본부에 요구하여야 한다. 다만, 다음 각 호의 어느 하나에 해당하는 경우에는 가맹본부의 귀책정도, 회생가능성, 가맹희망자가 입을 피해가능성, 기존 가맹점사업자에게 미치는 영향 등을 모두 고려하여 보완 요구 없이 정보공개서의 등록을 취소할 수 있다. [개정 2014.2.11, 2017.3.20]

1. 가맹본부가 휴업 또는 폐업 신고를 한 경우
2. 가맹본부가 파산을 신청한 경우
3. 가맹본부에 대하여 강제집행절차 또는 회생절차가 개시된 경우
4. 가맹본부가 발행한 어음·수표가 부도 등으로 지급거절된 경우
5. 가맹본부가 대표자의 사망·소재불명 등의 사유로 영업을 중단한 경우
6. 그 밖에 제1호부터 제5호까지의 규정에 준하는 경우로서 가맹본부가 가맹사업을 정상적으로 경영하기 어렵다고 공정거래위원회가 판단하는 경우

④ 가맹본부는 제3항 각 호 외의 부분 본문에 따른 보완 요구를 받은 경우에는 누락된 중요사항을 보완하여 제5조의3에 따라 정보공개서의 변경등록을 신청하여야 한다.

[본조신설 2008.1.31] [[시행일 2008.2.4]]

제5조의6 (가맹금의 예치기관) 법 제6조의5제1항 본문에서 "대통령령으로 정

하는 기관"(이하 "예치기관"이라 한다)이란 다음 각 호의 기관을 말한다. [개정 2008.7.29 제20947호(「자본시장과 금융투자업에 관한 법률 시행령」), 2010.10.13] [[시행일 2011.1.14]]

1. 「은행법」 제2조제1항제2호 및 같은 법 제5조에 따른 금융회사
2. 「우체국 예금·보험에 관한 법률」에 따른 체신관서
3. 「보험업법」에 따른 보험회사
4. 「자본시장과 금융투자업에 관한 법률」에 따른 신탁업자

[본조신설 2008.1.31] [[시행일 2008.8.1]]

제5조의7 (가맹금의 예치 등) ① 가맹본부는 법 제6조의5제1항 본문에 따라 가맹점사업자(가맹희망자를 포함한다. 이하 이 조, 제5조의8 및 제16조의2에서 같다)로 하여금 가맹금을 예치하도록 할 경우에는 예치기관을 지정하여 가맹금의 예치에 관한 계약을 체결하여야 한다. [개정 2010.10.13]

② 가맹본부는 가맹점사업자에게 별지 제5호서식의 가맹금예치신청서(이하 "예치신청서"라 한다)를 내주어야 하며, 가맹점사업자는 예치신청서와 함께 법 제6조의5제1항 본문에 따른 예치가맹금(이하 "예치가맹금"이라 한다)을 예치하여 줄 것을 지정된 예치기관에 신청하여야 한다.

③ 가맹본부는 제2항에 따라 예치신청서를 내주는 경우에는 법 제6조의5제3항 각 호의 어느 하나에 해당하면 예치가맹금이 가맹본부에 귀속된다는 사실을 가맹점사업자에게 알려야 한다.

④ 예치기관의 장은 제2항에 따른 예치신청을 받은 경우에는 예치가맹금을 예치기관의 명의로 예치하여야 하고, 이를 다른 금융자산과 분리하여 관리하여야 한다.

⑤ 예치기관의 장은 제4항에 따라 예치가맹금을 예치한 경우에는 가맹본부와 가맹점사업자에게 각각 별지 제6호서식의 가맹금 예치증서(이하 "예치증서"라 한다)를 내주어야 한다.

[본조신설 2008.1.31] [[시행일 2008.8.1]]

제5조의8 (예치가맹금의 지급 및 반환) ① 가맹본부는 법 제6조의5제3항에 따라 예치가맹금의 지급을 요청하려는 경우에는 별지 제7호서식의 예치가맹금 지급(반환) 요청서(이하 "가맹금지급요청서"라 한다)를 예치기관의 장에게 제출하여야 한다. 이 경우 법 제6조의5제3항제1호의 사유에 해당하면 가맹점사업자가 영업을 시작하였다는 사실을 증명하는 서류 또는 가맹점사업자의 확인서를 첨부하여야 한다. [개정 2012.5.7] [[시행일 2012.5.18]]

② 가맹점사업자는 법 제6조의5제5항제1호부터 제3호까지의 사유가 발생한 경우에는 그 사실을 증명하는 서류를 첨부하여 별지 제8호서식의 예치가맹금 지급보류 요청서를 예치기관의 장에게 제출하여야 한다.

③ 가맹본부 또는 가맹점사업자는 법 제6조의5제6항에 따라 예치가맹금의 지급 또는 반환을 요청하려는 경우에는 그 사실을 증명하는 서류를 첨부하여 가맹금지급요청서를 예치기관의 장에게 제출하여야 한다.

④ 가맹점사업자는 법 제6조의5제7항에 따라 예치가맹금의 반환을 요청하려는 경우에는 가맹본부의 동의서를 첨부하여 가맹금지급요청서를 예치기관의 장에게 제출하여야 한다.

⑤ 예치기관의 장은 정보통신망을 이용하여 가맹금의 예치신청·지급 및 반환 등에 필요한 절차를 수행할 수 있다. 이 경우 예치기관의 장은 가맹본부와 가맹점사업자로 하여금 그 신원을 파악하기 위하여 「전자서명법」 제2조제8호에 따른 공인인증서를 사용하도록 할 수 있다.

⑥ 예치기관의 장은 가맹본부 또는 가맹점사업자가 제1항부터 제4항까지의 규정에 따라 제출한 증명서류 등을 해당 예치가맹금을 지급 또는 반환한 날부터 3개월간 보관하여야 한다.

⑦ 공정거래위원회는 예치기관의 장에게 가맹금의 예치·지급 및 반환 현황 등에 관한 업무 자료를 요청할 수 있다.

⑧ 그 밖에 가맹금의 예치·지급 및 반환 등에 필요한 세부사항은 공정거래위원회가 정하여 고시할 수 있다.

[본조신설 2008.1.31] [[시행일 2008.8.1]]

제6조 (정보공개서의 제공 등) ① 가맹본부(가맹지역본부 또는 가맹중개인이 가맹점사업자를 모집하는 경우를 포함한다. 이하 같다)는 법 제7조제1항에 따라 가맹희망자에게 정보공개서를 제공할 경우에는 다음 각 호의 어느 하나에 해당하는 방법에 따라야 한다. 다만, 제3호 및 제4호의 경우에는 문서의 형태로 인쇄 또는 출력이 가능하도록 하는 조치를 취하여야 한다. [개정 2008.1.31, 2014.2.11, 2015.1.6]

1. 가맹희망자에게 정보공개서를 직접 전달하는 방법. 이 경우 다음 각 목의 모든 사항을 적은 서면을 작성(가목부터 다목까지의 사항은 가맹희망자가 자필로 작성하는 것을 말한다)하여 가맹희망자에게 주어야 한다.
   가. 정보공개서를 제공받았다는 사실, 제공받은 일시 및 장소
   나. 가맹희망자의 성명·주소 및 전화번호
   다. 가맹희망자의 서명 또는 기명날인
   라. 가맹본부의 서명 또는 기명날인
2. 가맹희망자에게 정보공개서의 제공시점을 확인할 수 있는 내용증명우편으로 제공하는 방법
3. 정보통신망을 이용하여 정보공개서의 내용을 게시한 후 게시사실을 가맹희망자에게 알리는 방법. 이 경우 가맹본부는 특정 가맹희망자가 정보공

개서의 내용을 읽어 본 시간을 그 가맹희망자 및 가맹본부가 확인할 수 있는 시스템을 마련하여야 한다.

4. 가맹희망자의 전자우편 주소로 정보공개서의 내용이 포함된 전자적 파일을 보내는 방법. 이 경우 가맹본부는 전자우편의 발송시간과 수신시간의 확인이 가능한 방법으로 하여야 한다.

② 가맹본부는 제1항의 규정에 불구하고 가맹희망자의 편의를 위하여 필요하다고 인정하는 때에는 정보공개사항의 일부에 관하여 별도의 문서(이하 "설명서"라 한다)를 작성하여 이를 제공할 수 있다. 이 경우 설명서에 수록되는 정보공개사항의 목차는 정보공개서에 수록하여야 한다.

③ 가맹본부는 정보공개서를 제공한 후 가맹계약 체결 전에 중요사항이 변경된 경우에는 변경된 내용을 제1항 각 호의 어느 하나에 해당하는 방법으로 가맹희망자에게 지체 없이 알려야 한다. [개정 2008.1.31] [[시행일 2008.2.4]]

④ 삭제 [2014.2.11]

⑤ 삭제 [2014.2.11]

제7조 (정보공개서의 표준양식) 공정거래위원회는 법 제7조제4항에 따라 각 업종별·업태별 또는 용도별로 정보공개서의 표준양식을 정하여 고시할 수 있다. [개정 2010.10.13, 2014.2.11]

제8조 (허위 · 과장의 정보제공행위 등의 유형) ① 법 제9조제1항제1호에 따른 허위·과장의 정보제공행위의 유형은 다음 각 호와 같다.

1. 객관적인 근거 없이 가맹희망자의 예상수익상황을 과장하여 제공하거나 사실과 다르게 가맹본부가 최저수익 등을 보장하는 것처럼 정보를 제공하는 행위
2. 가맹희망자의 점포 예정지 상권의 분석 등과 관련하여 사실 여부가 확인되지 아니한 정보를 제공하는 행위
3. 가맹본부가 취득하지 아니한 지식재산권을 취득한 것처럼 정보를 제공하는 행위
4. 제1호부터 제3호까지의 규정에 따른 행위에 준하여 사실과 다르게 또는 사실을 부풀려 정보를 제공하는 행위로서 공정거래위원회가 정하여 고시하는 행위

② 법 제9조제1항제2호에 따른 기만적인 정보제공행위의 유형은 다음 각 호와 같다.

1. 중요사항을 적지 아니한 정보공개서를 가맹희망자에게 제공하는 행위
2. 가맹본부가 가맹점사업자에게 지원하는 금전, 상품 또는 용역 등이 일정 요건이 충족되는 경우에만 지원됨에도 불구하고 해당 요건을 제시하지

아니하면서 모든 경우에 지원되는 것처럼 정보를 제공하는 행위
3. 제1호 또는 제2호에 따른 행위에 준하여 계약의 체결·유지에 중대한 영향을 미치는 사실을 은폐하거나 축소하는 방법으로 정보를 제공하는 행위로서 공정거래위원회가 정하여 고시하는 행위

[본조신설 2014.2.11]

제9조 (예상수익상황에 대한 정보제공 등) ① 법 제9조제4항에서 "대통령령으로 정하는 자료"란 다음 각 호의 자료를 말한다. [개정 2008.1.31, 2010.10.13, 2014.2.11]

1. 현재수익 또는 예상수익의 산출에 사용된 사실적인 근거와 예측에 관한 자료
2. 현재수익 또는 예상수익의 산출근거가 되는 가맹사업의 점포(직영점과 가맹점을 포함한다. 이하 같다)의 수와 그 비율
3. 최근의 일정기간 동안에 가맹본부나 가맹중개인이 표시 또는 설명하는 현재수익 또는 예상수익과 같은 수준의 수익을 올리는 가맹점사업자의 수와 그 비율(이 경우 최근의 일정기간에 대하여 시작하는 날짜와 끝나는 날짜를 표시하여야 한다)

② 공정거래위원회는 제1항의 규정에 의한 자료에 대하여 업종별·업태별 또는 용도별로 세부적인 사항을 정하여 고시할 수 있다.

③ 법 제9조제5항 각 호 외의 부분에서 "대통령령으로 정하는 예상매출액의 범위"란 가맹희망자의 점포 예정지에서 영업개시일부터 1년간 발생할 것으로 예상되는 매출액의 최저액과 최고액으로 획정된 범위를 말한다. 이 경우 그 매출액의 최고액은 그 매출액의 최저액의 1.7배를 초과해서는 아니 된다. [신설 2014.2.11]

④ 제3항에도 불구하고 가맹희망자의 점포 예정지가 속한 해당 특별시·광역시·특별자치시·도·특별자치도에 해당 가맹본부의 가맹점(직전 사업연도의 영업기간이 6개월 이상인 가맹점으로 한정한다. 이하 이 항에서 같다)이 5개 이상 있는 경우에는 그 점포 예정지에서 가장 인접한 가맹점 5개 중 별표 1의3에 따른 직전 사업연도 매출환산액이 가장 작은 가맹점과 가장 큰 가맹점을 제외한 나머지 3개 가맹점의 같은 표에 따른 직전 사업연도 매출환산액 중 최저액과 최고액으로 획정된 범위로 제3항에 따른 범위를 갈음할 수 있다. [신설 2014.2.11]

⑤ 법 제9조제5항제2호에서 "대통령령으로 정하는 수"란 100개를 말한다. [신설 2014.2.11]

[본조제목개정 2014.2.11]

제10조 (가맹금 반환의 요구) 법 제10조제1항에 따라 가맹금의 반환을 요구하

고자 하는 가맹점사업자 또는 가맹희망자는 다음 각 호의 사항이 기재된 서면으로 요구하여야 한다. [개정 2008.1.31] [[시행일 2008.2.4]]

1. 가맹금의 반환을 요구하는 가맹점사업자 또는 가맹희망자의 주소·성명
2. 가맹본부가 허위 또는 과장된 정보를 제공하거나 중요사항을 누락한 사실
3. 가맹본부가 허위 또는 과장된 정보를 제공하거나 중요사항을 누락하여 계약체결에 중대한 영향을 준 것으로 인정되는 사실
4. 가맹본부가 정당한 이유없이 가맹사업을 일방적으로 중단한 사실과 그 일자
5. 반환대상이 되는 가맹금의 금액
6. 가맹본부가 정보공개서를 제공하지 아니한 사실 또는 정보공개서를 제공한 날부터 14일(가맹희망자가 정보공개서에 대하여 변호사 또는 법 제27조에 따른 가맹거래사의 자문을 받은 경우에는 7일)이 지나지 아니한 상태에서 가맹희망자로부터 가맹금을 수령하거나 가맹희망자와 가맹계약을 체결한 사실과 그 날짜

제11조 (가맹사업의 중단일) 법 제10조제1항제4호에서 “대통령령으로 정하는 가맹사업의 중단일”이란 다음 각 호의 어느 하나에 해당하는 날을 말한다. [개정 2008.1.31] [[시행일 2008.2.4]]

1. 가맹본부가 가맹점사업자에게 가맹사업의 중단일을 통지하는 경우에는 그 통지가 가맹점사업자에게 도달된 날
2. 가맹본부가 가맹점사업자에게 미리 통지함이 없이 가맹사업을 영위하는데 중대한 영향을 미치는 부동산·용역·설비·상품 등의 거래를 10일 이상 중단하고 가맹점사업자가 서면으로 거래재개일을 정하여 거래재개를 요청하였음에도 불구하고 가맹본부가 이에 응하지 아니한 경우에는 위 서면으로 정한 거래재개일

제12조 (가맹사업당사자의 권리 · 의무에 관한 사항) 법 제11조제2항제11호에서 “대통령령이 정하는 사항”이란 다음 각 호의 어느 하나에 해당하는 사항을 말한다. [개정 2003.6.13, 2008.1.31, 2010.10.13] [[시행일 2011.1.14]]

1. 가맹금 등 금전의 반환조건에 관한 사항
2. 가맹점사업자의 영업설비·집기 등의 설치와 유지·보수 및 그 비용의 부담에 관한 사항
3. 가맹계약의 종료 및 해지에 따른 조치 사항
4. 가맹본부가 가맹계약의 갱신을 거절할 수 있는 정당한 사유에 관한 사항
5. 가맹본부의 영업비밀에 관한 사항
6. 가맹계약 위반으로 인한 손해배상에 관한 사항
7. 가맹본부와 가맹점사업자 사이의 분쟁 해결 절차에 관한 사항

8. 가맹본부가 다른 사업자에게 가맹사업을 양도하는 경우에는 종전 가맹점사업자와의 계약에 관한 사항
9. 가맹본부의 지식재산권 유효기간 만료 시 조치에 관한 사항

[본조제목개정 2003.06.13.]

제12조의2 (위약금의 부당성 판단기준) 법 제12조제1항제5호에서 "계약의 목적과 내용, 발생할 손해 등 대통령령으로 정하는 기준"이란 다음 각 호의 기준을 말한다.

1. 계약의 목적과 내용
2. 발생할 손해액의 크기
3. 당사자 간 귀책사유 유무 및 정도
4. 해당 업종의 정상적인 거래관행

[본조신설 2014.2.11]

제13조 (불공정거래행위의 유형 또는 기준) ① 법 제12조제2항의 규정에 의한 불공정거래행위의 유형 또는 기준은 별표 2와 같다.

② 공정거래위원회는 필요하다고 인정하는 경우에 별표 2의 유형 또는 기준의 범위내에서 특정업종 또는 특정행위에 적용되는 세부적인 불공정거래행위의 유형 또는 기준을 정하여 고시할 수 있다.

제13조의2 (점포환경개선 비용부담의 범위 및 절차 등) ① 법 제12조의2제1항에서 "대통령령으로 정하는 정당한 사유"란 다음 각 호의 어느 하나에 해당하는 경우를 말한다.

1. 점포의 시설, 장비, 인테리어 등의 노후화가 객관적으로 인정되는 경우
2. 위생 또는 안전의 결함이나 이에 준하는 사유로 인하여 가맹사업의 통일성을 유지하기 어렵거나 정상적인 영업에 현저한 지장을 주는 경우

② 법 제12조의2제2항 각 호 외의 부분 본문에서 "대통령령으로 정하는 비용"이란 다음 각 호의 비용을 말한다.

1. 간판 교체비용
2. 인테리어 공사비용(장비·집기의 교체비용을 제외한 실내건축공사에 소요되는 일체의 비용을 말한다). 다만, 가맹사업의 통일성과 관계 없이 가맹점사업자가 추가 공사를 함에 따라 드는 비용은 제외한다.

③ 법 제12조의2제2항 각 호 외의 부분 본문에서 "대통령령으로 정하는 비율"이란 다음 각 호의 구분에 따른 비율을 말한다.

1. 점포의 확장 또는 이전을 수반하지 아니하는 점포환경개선의 경우: 100분의 20
2. 점포의 확장 또는 이전을 수반하는 점포환경개선의 경우: 100분의 40

④ 가맹점사업자는 법 제12조의2제2항 각 호 외의 부분 본문에 따른 금액

(이하 "가맹본부부담액"이라 한다)의 지급을 청구하려면 가맹본부에 공사계약서 등 공사비용을 증명할 수 있는 서류를 제출하여야 한다.

⑤ 가맹본부는 제4항에 따른 지급청구일부터 90일 이내에 가맹본부부담액을 가맹점사업자에게 지급하여야 한다. 다만, 가맹본부와 가맹점사업자 간에 별도의 합의가 있는 경우에는 1년의 범위에서 가맹본부부담액을 분할하여 지급할 수 있다.

⑥ 가맹본부는 점포환경개선이 끝난 날부터 3년 이내에 가맹본부의 책임 없는 사유로 계약이 종료(계약의 해지 또는 영업양도를 포함한다)되는 경우에는 가맹본부부담액 중 나머지 기간에 비례하는 부담액은 지급하지 아니하거나 이미 지급한 경우에는 환수할 수 있다.

[본조신설 2014.2.11]

제13조의3 (부당한 영업시간 구속 금지의 판단기준) ① 법 제12조의3제2항제1호에서 "대통령령으로 정하는 심야 영업시간대"란 오전 1시부터 오전 6시까지를 말한다.

② 법 제12조의3제2항제1호에서 "대통령령으로 정하는 일정한 기간"이란 가맹점사업자가 영업시간 단축을 요구한 날이 속한 달의 직전 6개월을 말한다.

[본조신설 2014.2.11]

제13조의4 (영업지역 변경사유) 법 제12조의4제2항에서 "상권의 급격한 변화 등 대통령령으로 정하는 사유가 발생하는 경우"란 다음 각 호의 어느 하나에 해당하는 경우를 말한다.

1. 재건축, 재개발 또는 신도시 건설 등으로 인하여 상권의 급격한 변화가 발생하는 경우
2. 해당 상권의 거주인구 또는 유동인구가 현저히 변동되는 경우
3. 소비자의 기호변화 등으로 인하여 해당 상품·용역에 대한 수요가 현저히 변동되는 경우
4. 제1호부터 제3호까지의 규정에 준하는 경우로서 기존 영업지역을 그대로 유지하는 것이 현저히 불합리하다고 인정되는 경우

[본조신설 2014.2.11] [[시행일 2014.8.14]]

제13조의5 (광고 · 판촉행사 관련 집행 내역 통보 절차 등) ① 가맹본부는 법 제12조의6제1항에 따라 매 사업연도 종료 후 3개월 이내에 가맹점사업자에게 다음 각 호의 사항을 통보하여야 한다.

1. 해당 사업연도에 실시한 광고나 판촉행사(해당 사업연도에 일부라도 비용이 집행된 경우를 포함한다. 이하 같다)별 명칭, 내용 및 실시기간
2. 해당 사업연도에 광고나 판촉행사를 위하여 전체 가맹점사업자로부터 지급받은 금액

3. 해당 사업연도에 실시한 광고나 판촉행사별로 집행한 비용 및 가맹점사업자가 부담한 총액

② 가맹본부가 가맹점사업자에게 제1항에 따른 통보를 하는 경우에는 제6조제1항 각 호의 어느 하나에 해당하는 방법을 준용한다. 다만, 제6조제1항제3호후단은 준용하지 아니한다.

③ 가맹본부는 법 제12조의6제1항에 따라 가맹점사업자가 집행 내역의 열람을 요구하는 경우 열람의 일시 및 장소를 정하여 해당 자료를 열람할 수 있도록 하여야 한다.

[본조신설 2016.9.29]

第14조 (가맹계약의 갱신거절사유 등) ① 법 제13조제1항제3호다목에서 "대통령령으로 정하는 사항"이란 다음 각 호의 어느 하나에 해당하는 사항을 말한다.

1. 가맹본부의 가맹사업 경영에 필수적인 지식재산권의 보호에 관한 사항
2. 가맹본부가 가맹점사업자에게 정기적으로 실시하는 교육·훈련의 준수에 관한 사항. 다만, 가맹점사업자가 부담하는 교육·훈련 비용이 같은 업종의 다른 가맹본부가 통상적으로 요구하는 비용보다 뚜렷하게 높은 경우는 제외한다.

② 법 제13조제4항 단서에서 "대통령령으로 정하는 부득이한 사유"란 다음 각 호의 어느 하나에 해당하는 경우를 말한다.

1. 가맹본부나 가맹점사업자에게 파산 신청이 있거나 강제집행절차 또는 회생절차가 개시된 경우
2. 가맹본부나 가맹점사업자가 발행한 어음·수표가 부도 등으로 지급거절된 경우
3. 가맹점사업자에게 중대한 일신상의 사유 등이 발생하여 더 이상 가맹사업을 경영할 수 없게 된 경우

[전문개정 2008.1.31] [[시행일 2008.2.4]]

第15조 (가맹계약의 해지사유) 법 제14조제1항 단서에서 "대통령령이 정하는 경우"란 다음 각 호의 어느 하나에 해당하는 경우를 말한다. [개정 2008.1.31, 2010.10.13, 2015.3.30]

1. 가맹점사업자에게 파산 신청이 있거나 강제집행절차 또는 회생절차가 개시된 경우
2. 가맹점사업자가 발행한 어음·수표가 부도 등으로 지불정지된 경우
3. 천재지변, 중대한 일신상의 사유 등으로 가맹점사업자가 더 이상 가맹사업을 경영할 수 없게 된 경우
4. 다음 각 목의 어느 하나에 해당하여 가맹사업에 중대한 장애를 초래한 경

우

가. 가맹점사업자가 공연히 허위사실을 유포함으로써 가맹본부의 명성이나 신용을 뚜렷이 훼손한 경우

나. 가맹점사업자가 가맹점 운영과 관련되는 법령을 위반하여 다음의 어느 하나에 해당하는 행정처분을 받음으로써 가맹본부의 명성이나 신용을 뚜렷이 훼손한 경우

1) 그 위법사실을 시정하라는 내용의 행정처분

2) 그 위법사실을 처분사유로 하는 과징금·과태료 등 부과처분

3) 그 위법사실을 처분사유로 하는 영업정지 명령

다. 가맹점사업자가 가맹본부의 영업비밀 또는 중요정보를 유출한 경우

5. 가맹점사업자가 가맹점 운영과 관련되는 법령을 위반하여 이를 시정하라는 내용의 행정처분(과징금·과태료 등의 부과처분을 포함한다)을 통보받고도 행정청이 정한 시정기한(시정기한을 정하지 아니한 경우에는 통보받은 날부터 10일) 내에 시정하지 않는 경우

6. 가맹점사업자가 가맹점 운영과 관련되는 법령을 위반하여 자격·면허·허가 취소 또는 영업정지 명령(15일 이내의 영업정지 명령을 받은 경우는 제외한다) 등 그 시정이 불가능한 성격의 행정처분을 받은 경우. 다만, 법령에 근거하여 행정처분을 갈음하는 과징금 등의 부과 처분을 받은 경우는 제외한다.

7. 가맹점사업자가 법 제14조제1항 본문에 따른 가맹본부의 시정요구에 따라 위반사항을 시정한 날부터 1년(계약갱신이나 재계약된 경우에는 종전 계약기간에 속한 기간을 합산한다) 이내에 다시 같은 사항을 위반하는 경우. 다만, 가맹본부가 시정을 요구하는 서면에 다시 같은 사항을 1년 이내에 위반하는 경우에는 법 제14조제1항의 절차를 거치지 아니하고 가맹계약이 해지될 수 있다는 사실을 누락한 경우는 제외한다.

8. 가맹점사업자가 가맹점 운영과 관련된 행위로 형사처벌을 받은 경우

9. 가맹점사업자가 공중의 건강이나 안전에 급박한 위해를 일으킬 염려가 있는 방법이나 형태로 가맹점을 운영하는 경우

10. 가맹점사업자가 정당한 사유 없이 연속하여 7일 이상 영업을 중단한 경우

제16조 (자율규약의 심사요청) 가맹본부 또는 가맹본부를 구성원으로 하는 사업자단체는 법 제15조제2항의 규정에 의하여 자율규약의 심사를 요청하고자 하는 때에는 공정거래위원회에 다음 각호의 사항을 기재한 서면과 심사요청의 대상이 되는 자율규약의 사본을 제출하여야 한다.

1. 심사요청인의 주소와 성명

2. 자율규약의 제정배경
3. 자율규약의 주요골자와 그 취지

제16조의2 (가맹점사업자피해보상보험계약 등) ① 법 제15조의2제1항에 따라 가맹본부가 체결하는 가맹점사업자피해보상보험계약 등(이하 "피해보상보험계약 등"이라 한다)은 다음 각 호의 사항을 충족하여야 한다.

1. 가맹본부의 가맹금반환의무의 불이행 등으로 인한 가맹점사업자의 피해를 보상하는 내용일 것
2. 피보험자·채권자 또는 수익자는 해당 가맹본부와 가맹계약을 체결하거나 체결할 예정인 가맹점사업자 또는 가맹점사업자가 지정한 자로 할 것
3. 계약금액은 예치가맹금 이상으로 할 것
4. 정당한 사유 없이 가맹점사업자의 의사표시 방법을 제한하거나 가맹점사업자에게 지나친 입증책임을 지우지 아니할 것
5. 정당한 사유 없이 피해보상의 범위나 보험자·보증인·공제조합 또는 가맹본부의 책임을 한정하지 아니할 것
6. 계약기간은 2개월 이상으로 하고, 정당한 사유 없이 쉽게 계약을 해지할 수 있도록 하여 가맹점사업자에게 불이익을 주지 아니할 것
7. 그 밖에 가맹점사업자에게 예상하기 어려운 위험이나 손해를 줄 염려가 있거나 부당하게 불리한 약정을 두지 아니할 것
8. 보험금·보증금 또는 공제금은 해당 가맹본부와 가맹계약을 체결하거나 체결할 예정인 가맹점사업자 또는 가맹점사업자가 지정한 자가 직접 수령할 수 있도록 할 것

② 제1항 외에 가맹본부가 경영하는 가맹사업의 특성에 따른 피해보상보험계약 등의 구체적인 기준이나 피해보상의 내용·절차와 보험의 표지 사용 등에 필요한 세부사항은 공정거래위원회가 정하여 고시할 수 있다.

[본조신설 2008.1.31] [[시행일 2008.2.4]]

제16조의3 (공제조합의 인가 등) ① 법 제15조의3제1항에 따른 공제조합을 설립하려는 때에는 10명 이상이 발기인이 되어 정관을 작성하고 창립총회의 의결을 거쳐 공정거래위원회에 인가를 신청하여야 한다.

② 제1항에도 불구하고 특정 업종에 속하는 가맹본부만을 조합원으로 하는 공제조합을 설립하려는 때에는 발기인이 10명 미만이라도 해당 업종에 속하는 가맹본부 총수의 10분의 1 이상의 발기인이 있으면 제1항에 따른 절차를 진행할 수 있다.

③ 공정거래위원회는 제1항에 따른 인가를 한 때에는 이를 공고하여야 한다.

[본조신설 2008.1.31] [[시행일 2008.2.4]]

제16조의4 (공제조합의 정관기재사항) ① 법 제15조의3제6항에 따른 정관기재

사항은 다음 각 호와 같다.

1. 목적
2. 명칭
3. 사무소의 소재지
4. 출자금과 그 납부방법 및 그 지분계산에 관한 사항
5. 조합원의 자격과 가입·탈퇴에 관한 사항
6. 조합원의 권리·의무에 관한 사항
7. 자산 및 회계에 관한 사항
8. 총회에 관한 사항
9. 운영위원회에 관한 사항
10. 임원 및 직원에 관한 사항
11. 융자에 관한 사항
12. 업무와 그 집행에 관한 사항
13. 정관의 변경에 관한 사항
14. 해산과 남은 재산의 처리에 관한 사항
15. 공고의 방법에 관한 사항

② 공제조합이 정관을 변경하려는 때에는 민법 제42조제2항에 따른다.

[본조신설 2008.1.31] [[시행일 2008.2.4]]

제16조의5 (공제조합의 운영 및 감독) ① 공제조합은 매 사업연도가 지난 후 2개월 이내에 결산을 마치고 해당 사업연도의 공제실적 등을 포함한 사업실적보고서 및 대차대조표·손익계산서를 포함한 결산보고서를 3월 31일까지 공정거래위원회에 제출하여야 한다.

② 공제조합은 제1항에 따라 공정거래위원회에 제출한 대차대조표와 손익계산서를 주사무소(지부가 있으면 포함한다)에 갖추어 두고, 대차대조표는 공고하여야 한다.

[본조신설 2008.1.31] [[시행일 2008.2.4]]

제17조 삭제 [2008.1.31] [[시행일 2008.2.4]]

제18조 (협의회의 회의) ① 법 제16조에 따라 가맹사업거래분쟁조정협의회(이하 "협의회"라 한다)의 위원장이 법 제19조제1항에 따른 전체회의를 소집하거나 공익을 대표하는 위원이 같은 항에 따른 소회의를 소집하려는 때에는 관계 위원들에게 회의개최 7일전까지 회의의 일시·장소 및 안건을 서면으로 통지하여야 한다. 다만, 긴급을 요하는 경우에는 그러하지 아니하다. [개정 2008.1.31] [[시행일 2008.2.4]]

② 협의회의 회의는 공개하지 아니한다. 다만, 위원장이 필요하다고 인정하는 때에는 분쟁당사자 그 밖의 이해관계인에게 방청하게 할 수 있다.

제19조 (분쟁조정의 신청) ① 법 제22조제1항의 규정에 의하여 분쟁의 조정을 신청하고자 하는 자는 다음 각호의 사항이 기재된 서면을 협의회에 제출하여야 한다.

1. 신청인과 피신청인의 성명 및 주소(분쟁당사자가 법인인 경우에는 법인의 명칭, 주된 사무소의 소재지, 그 대표자의 성명 및 주소를 말한다)
2. 대리인이 있는 경우에는 그 성명 및 주소
3. 신청의 이유

② 제1항의 규정에 의한 서면에는 다음 각호의 서류를 첨부하여야 한다.

1. 분쟁조정신청의 원인 및 사실을 증명하는 서류
2. 대리인이 신청하는 경우 그 위임장
3. 그 밖에 분쟁조정에 필요한 증거서류 또는 자료

제20조 (대표자의 선정) ① 다수인이 공동으로 분쟁의 조정을 신청하는 때에는 신청인중 3인 이내의 대표자를 선정할 수 있다.

② 제1항의 규정에 의하여 신청인이 대표자를 선정하지 아니한 경우 위원장은 신청인에게 대표자를 선정할 것을 권고할 수 있다.

③ 신청인은 대표자를 변경하는 때에는 그 사실을 지체없이 위원장에게 통지하여야 한다.

제21조 (분쟁조정신청의 보완 등) ① 위원장은 제19조의 규정에 의한 분쟁조정의 신청에 대하여 보완이 필요하다고 인정될 때에는 상당한 기간을 정하여 그 보완을 요구하여야 한다.

② 제1항에 따른 보완에 소요된 기간은 법 제23조제4항제2호에 따른 기간에 이를 산입하지 아니한다. [개정 2016.9.29]

제21조의2 (분쟁조정 절차의 개시) 협의회는 법 제23조제1항에 따라 분쟁조정 절차를 개시하는 경우에는 조정번호, 조정개시일 등을 지체 없이 분쟁당사자에게 통보하여야 하며, 분쟁당사자와 분쟁의 구체적 내용을 관리대장에 기록하여야 한다.

[본조신설 2016.9.29]

제22조 (분쟁조정의 거부 및 중지하는 내용 등) 법 제23조제3항제3호에서 "대통령령이 정하는 사항이 발생하는 경우"란 다음 각 호의 어느 하나에 해당하는 경우를 말한다. [개정 2008.1.31, 2016.9.29]

1. 신청인이 정당한 사유없이 기한내에 분쟁조정신청을 보완하지 아니한 경우
2. 신청의 내용과 직접적인 이해관계가 없는 자가 조정신청을 한 경우
3. 신청인이 부당한 이익을 얻을 목적으로 조정신청을 한 것으로 인정되는 경우

4. 분쟁의 성격상 조정을 하는 것이 적당하지 아니하다고 인정되는 경우
5. 신청인이 같은 사안에 대하여 같은 취지로 2회 이상 조정신청을 한 경우
6. 신청인이 협의회에서 이미 끝난 분쟁조정과 같은 사안을 공정거래위원회에 신고하여 다시 협의회에 넘겨진 경우

제23조 (분쟁조정의 종료 등) 협의회는 법 제23조제5항에 따라 조정을 거부 또는 중지하거나 조정절차를 종료한 경우에는 다음 각 호의 사항이 기재된 분쟁조정종료서를 작성한 후 그 사본을 첨부하여 공정거래위원회에 보고하여야 한다. [개정 2016.9.29]

1. 조정신청인의 주소·성명
2. 조정대상 분쟁의 개요
   가. 가맹사업거래 당사자의 일반현황
   나. 가맹사업거래의 개요
   다. 분쟁의 경위
   라. 조정의 쟁점(가맹사업거래 당사자의 의견을 기술한다)
3. 조정의 거부·중지 또는 종료사유(법 제23조제3항 각 호 및 같은 조 제4항 각 호에 규정된 사유별로 상세하게 기술한다)

제24조 (분쟁당사자의 사실확인 등) ① 협의회는 법 제23조제6항에 따라 분쟁당사자에 대하여 출석을 요구하고자 하는 때에는 시기 및 장소를 정하여 출석요구일 7일전까지 분쟁당사자에게 통지하여야 한다. 다만, 긴급을 요하거나 출석의 통지를 받은 자가 동의하는 경우에는 그러하지 아니하다. [개정 2016.9.29]

② 제1항의 통지를 받은 분쟁당사자는 협의회에 출석할 수 없는 부득이한 사유가 있는 경우에는 미리 서면으로 의견을 제출할 수 있다.

제25조 (분쟁의 조정 등) 협의회는 법 제24조제1항의 규정에 의한 분쟁의 조정이 성립된 경우에는 다음 각호의 사항이 기재된 조정조서를 작성한 후 그 사본을 첨부하여 조정결과를 공정거래위원회에 보고하여야 한다.

1. 조정신청인의 주소·성명
2. 조정대상 분쟁의 개요
   가. 가맹사업거래 당사자의 일반현황
   나. 가맹사업거래의 개요
   다. 분쟁의 경위
   라. 조정의 쟁점(가맹사업거래 당사자의 의견을 기술한다)
3. 조정의 결과(조정의 쟁점별로 기술한다)

제26조 (분쟁당사자의 지위승계) ① 협의회는 조정절차가 종료되기 전에 분쟁당사자가 사망하거나 능력의 상실 그 밖의 사유로 절차를 계속할 수 없는

경우에는 법령에 의하여 그 지위를 승계한 자가 분쟁당사자의 지위를 승계하게 할 수 있다.

② 제1항의 규정에 의하여 분쟁당사자의 지위를 승계하고자 하는 자는 서면으로 협의회에 신청하여야 한다.

③ 협의회가 제2항의 규정에 의한 신청을 받은 때에는 지체없이 이를 심사하여 승계여부를 결정하고, 그 내용을 신청인에게 서면으로 통지하여야 한다.

제27조 (소제기 등의 통지) 분쟁당사자는 분쟁조정 신청 후 해당 사건에 대하여 소를 제기하거나 「중재법」 제8조에 따른 중재합의를 한 때에는 지체없이 이를 협의회에 통지하여야 한다. [개정 2008.1.31, 2016.9.29]

[본조제목개정 2008.1.31] [[시행일 2008.2.4]]

제27조의2 (협의회의 운영세칙) 이 영에 규정된 것 외에 협의회의 조직·운영·조정절차 등에 필요한 사항은 협의회의 심의·의결을 거쳐협의회의 위원장이 정한다.

[본조신설 2008.1.31] [[시행일 2008.2.4]]

제28조 (가맹거래사 자격시험) ① 공정거래위원회는 법 제27조에 따른 가맹거래사 자격시험(이하 "시험"이라 한다)을 제1차시험과 제2차시험으로 구분하여 매년 1회 이상 실시한다. [개정 2008.1.31] [[시행일 2008.2.4]]

② 공정거래위원회는 시험을 시행하고자 할 때에 시험의 일시·장소·방법·과목·응시자격 및 응시절차 등 필요한 사항을 시험시행일 3개월 전에 「신문 등의 진흥에 관한 법률」 제9조제1항에 따라 전국을 보급지역으로 등록한 일반일간신문 등에 공고하여야 한다. [개정 2008.1.31, 2010.1.27 제22003호(신문 등의 진흥에 관한 법률 시행령), 2012.5.7] [[시행일 2012.5.18]]

③ 제2차시험은 제1차시험에 합격한 자 또는 제1차시험을 면제받은 자에 한하여 응시할 수 있다.

④ 시험방법은 다음 각호에 의한다.

1. 제1차시험은 선택형으로 하되, 기입형을 가미할 수 있다.
2. 제2차시험은 논문형으로 하되, 기입형을 가미할 수 있다.

⑤ 제1차시험 및 제2차시험의 과목은 별표 3과 같다.

⑥ 제1차시험에 합격한 자에 대하여는 다음 회의 시험에 한하여 제1차시험을 면제한다.

⑦ 시험의 합격자는 매과목 100점을 만점으로 하여 매과목 40점 이상, 전과목 평균 60점 이상을 득점한 자로 한다.

⑧ 공정거래위원회는 시험의 합격자가 결정된 때에는 이를 관보에 게재하고, 합격자에 대하여는 합격증서를 교부하여야 한다.

⑨ 삭제 [2016.9.29]

⑩ 시험의 응시자격, 시험방법, 시험문제의 출제, 시험합격자의 결정 등 시험의 시행에 관하여 필요한 사항을 심의하기 위하여 공정거래위원회에 가맹거래사시험위원회를 둘 수 있다. [개정 2008.1.31] [[시행일 2008.2.4]]

⑪ 그 밖에 시험관리에 관하여 필요한 사항은 공정거래위원회가 정하여 고시한다.

[전문개정 2004.3.22]

[본조제목개정 2008.1.31] [[시행일 2008.2.4]]

제29조 (응시수수료) ① 시험에 응시하고자 하는 자는 공정거래위원회가 정하는 금액의 응시수수료를 납부하여야 한다.

② 공정거래위원회는 제1항에 따른 응시수수료를 납부한 자가 시험 응시 의사를 철회할 경우에는 응시수수료의 전부 또는 일부를 반환하여야 한다. [개정 2008.1.31] [[시행일 2008.2.4]]

③ 응시수수료의 반환에 필요한 사항은 공정거래위원회가 정하여 고시한다. [신설 2008.1.31] [[시행일 2008.2.4]]

[전문개정 2004.3.22]

제29조의2 삭제 [2004.3.22]

제30조 (가맹거래사의 실무수습) ① 가맹거래사의 실무수습 기간은 100시간 이상으로 한다. [개정 2008.1.31] [[시행일 2008.2.4]]

② 실무수습의 구체적인 내용, 기간 및 방법 등은 공정거래위원회가 정하여 고시한다.

[전문개정 2004.3.22]

[본조제목개정 2008.1.31] [[시행일 2008.2.4]]

제31조 (자격증의 교부) ① 공정거래위원회는 가맹거래사의 자격을 갖춘 자에게 자격증을 교부한다. [개정 2008.1.31] [[시행일 2008.2.4]]

② 가맹거래사 자격증의 교부에 관하여 필요한 사항은 공정거래위원회가 정하여 고시한다. [개정 2008.1.31] [[시행일 2008.2.4]]

[전문개정 2004.3.22]

제32조 (가맹거래사의 등록 등) ① 법 제29조제1항에 따라 가맹거래사등록을 하려는 자는 공정거래위원회가 정하는 바에 의하여 등록신청서를 공정거래위원회에 제출하여야 한다. [개정 2008.1.31] [[시행일 2008.2.4]]

② 공정거래위원회는 제1항에 따른 등록신청이 있는 때에는 가맹거래사등록부에 다음 각호의 사항을 기재하고 신청인에게 등록증을 교부하여야 한다. [개정 2008.1.31] [[시행일 2008.2.4]]

1. 가맹거래사의 주소·성명 및 주민등록번호

2. 사무소의 명칭 및 소재지

3. 등록번호

4. 그 밖에 공정거래위원회가 정하는 사항

③ 가맹거래사등록을 한 자가 제2항에 따라 교부받은 등록증을 잃어버리거나 그 등록증이 못쓰게 된 때에는 재교부신청서를 공정거래위원회에 제출하여야 한다. [개정 2008.1.31] [[시행일 2008.2.4]]

④ 제3항의 규정에 의하여 등록증의 재교부를 받은 후 잃어버렸던 등록증을 발견한 때에는 지체없이 이를 반환하여야 한다.

⑤ 그 밖에 가맹거래사의 등록 및 등록갱신에 필요한 세부사항은 공정거래위원회가 정하여 고시한다. [신설 2008.1.31] [[시행일 2008.2.4]]

[본조제목개정 2008.1.31] [[시행일 2008.2.4]]

제32조의2 (교육기관의 지정기준) 법 제31조의2제2항에서 "대통령령으로 정하는 시설·인력 및 교육실적 등의 기준"은 별표 4와 같다.

[본조신설 2008.1.31] [[시행일 2008.2.4]]

제32조의3 (위반행위의 신고 및 신고의 통지) ① 법 제32조의3제1항 전단에 따라 신고를 하려는 자는 다음 각 호의 사항을 적은 서면(전자문서를 포함한다. 이하 이 조에서 같다)을 공정거래위원회에 제출하여야 한다. 다만, 긴급하거나 부득이한 경우에는 구두로 신고할 수 있다.

1. 신고자의 성명·주소
2. 가맹본부 또는 가맹지역본부의 성명 또는 명칭(법인인 경우에는 그 대표자의 성명을 포함한다)과 그 주소
3. 위반행위의 내용과 이를 입증할 수 있는 자료

② 공정거래위원회는 제1항에 따른 신고를 접수한 날부터 15일 이내에 신고자가 다음 각 호의 동의를 하는지 여부를 확인하기 위한 서면을 신고자에게 직접 발급하거나 송부하여야 한다.

1. 신고가 접수된 사실을 공정거래위원회가 가맹본부 또는 가맹지역본부에 통지하는 것에 대한 동의
2. 제1호의 통지를 하는 경우 신고자 및 신고내용도 함께 통지하는 것에 대한 동의

③ 신고자는 제2항 각 호 외의 부분에 따른 서면을 발급받거나 송부받은 날부터 15일 이내에 제2항 각 호의 동의 여부를 공정거래위원회에 서면으로 통지하여야 하며, 그 기간 내에 통지하지 아니한 경우에는 동의를 하지 아니한 것으로 본다.

④ 공정거래위원회는 제3항에 따라 신고자로부터 동의한다는 통지를 받은 경우에는 그 통지를 받은 날부터 7일 이내에 신고접수 사실, 신고자 및 신고

내용을 기재한 서면을 가맹본부 또는 가맹지역본부에 직접 발급하거나 송부하여야 한다.

[본조신설 2017.3.20 종전의 제32조의3은 제32조의4로 이동]

제32조의4 (시정명령을 받은 사실의 공표방법) ① 공정거래위원회는 법 제33조제3항에 따라 해당 가맹본부에 대하여 시정명령을 받은 사실의 공표를 명하려는 경우에는 다음 각 호의 사항을 고려하여 공표의 내용, 매체의 종류·수 및 지면 크기 등을 정하여 명하여야 한다.

1. 위반행위의 내용과 정도
2. 위반행위의 기간과 횟수

② 공정거래위원회가 제1항에 따라 시정명령을 받은 사실의 공표를 명할 때에는 해당 가맹본부에 대하여 미리 그 문안(文案) 등에 관하여 공정거래위원회와 협의하도록 할 수 있다.

[본조신설 2015.1.6] [[시행일 2015.4.7]]

[본조개정 2017.3.20 제32조의3에서 이동]

제33조 (시정권고절차) 법 제34조제1항의 규정에 의한 시정권고는 다음 각호의 사항을 명시한 서면으로 하여야 한다.

1. 법위반내용
2. 권고사항
3. 시정기한
4. 수락여부통지기한
5. 수락거부시의 조치

제34조 (과징금의 산정방법 등) ① 법 제35조제1항 본문에서 "대통령령으로 정하는 매출액"이란 해당 가맹본부가 위반기간(위반행위의 개시일부터 종료일까지의 기간을 말한다. 이하 이 조에서 같다) 동안 관련 가맹점사업자 또는 가맹희망자에게 판매한 상품이나 용역의 매출액 또는 이에 준하는 금액(이하 "관련매출액"이라 한다)을 말한다. [개정 2014.2.11]

② 법 제35조제1항 본문에서 "대통령령으로 정하는 사업자"란 상품 또는 용역의 대가의 합계액을 재무제표 등에서 영업수익으로 적는 사업자를 말한다. [신설 2014.2.11]

③ 법 제35조제1항 단서에서 "대통령령으로 정하는 경우"란 다음 각 호의 어느 하나에 해당하는 경우를 말한다. [신설 2014.2.11]

1. 영업중단 등으로 인하여 영업실적이 없는 경우
2. 위반기간 등을 확정할 수 없어 관련매출액의 산정이 곤란한 경우
3. 재해 등으로 인하여 매출액 산정자료가 소멸 또는 훼손되는 등 객관적인 매출액의 산정이 곤란한 경우

④ 법 제35조제1항에 따른 과징금의 부과기준은 별표 4의2와 같다. [신설 2014.2.11]

⑤ 그 밖에 과징금의 부과절차에 필요한 세부사항은 공정거래위원회가 정하여 고시한다. [개정 2014.2.11]

[전문개정 2008.1.31] [[시행일 2008.2.4]]

제35조 삭제 [2016.9.29]

제36조 (업무의 위탁) ① 공정거래위원회는 법 제39조제2항제1호에 따라 정보공개서의 등록, 등록 거부 및 공개 등에 관한 업무를 「독점규제 및 공정거래에 관한 법률」 제48조의2에 따른 한국공정거래조정원이나 가맹사업 분야의 전문성을 갖춘 법인·단체 중 해당 업무를 수행할 수 있다고 공정거래위원회가 인정하여 고시하는 기관에 위탁할 수 있다. [개정 2012.5.7] [[시행일 2012.5.18]]

② 공정거래위원회는 법 제39조제2항제2호에 따라 가맹거래사 자격시험의 시행 및 관리 업무를 「한국산업인력공단법」 에 따른 한국산업인력공단에 위탁한다.

[전문개정 2008.1.31] [[시행일 2008.2.4]]

[본조제목개정 2012.5.7] [[시행일 2012.5.18]]

제36조의2 (고유식별정보의 처리) 공정거래위원회(제36조에 따라 공정거래위원회의 권한을 위탁받은 자를 포함한다)는 다음 각 호의 사무를 수행하기 위하여 불가피한 경우 「개인정보 보호법 시행령」 제19조제1호 또는 제4호에 따른 주민등록번호 또는 외국인등록번호가 포함된 자료를 처리할 수 있다. [개정 2015.1.6]

1. 법 제6조의2제1항 및 제2항에 따른 정보공개서의 등록, 변경등록 및 변경신고에 관한 사무

1의2. 법 제31조에 따른 가맹거래사 등록취소와 자격정지에 관한 사무

2. 제28조에 따른 가맹거래사 자격시험에 관한 사무
3. 제30조에 따른 가맹거래사 실무수습에 관한 사무
4. 제31조에 따른 가맹거래사 자격증 교부에 관한 사무
5. 제32조에 따른 가맹거래사 등록 등에 관한 사무

[본조신설 2012.1.6 제23488호(민감정보 및 고유식별정보 처리 근거 마련을 위한 과세자료의 제출 및 관리에 관한 법률 시행령 등)]

제36조의3 (규제의 재검토) ① 공정거래위원회는 제15조에 따른 가맹계약의 해지사유에 대하여 2014년 1월 1일을 기준으로 5년마다(매 5년이 되는 해의 1월 1일 전까지를 말한다) 그 타당성을 검토하여 개선 등의 조치를 하여야 한다. [개정 2014.2.11]

② 공정거래위원회는 다음 각 호의 사항에 대하여 다음 각 호의 기준일을 기준으로 3년마다(매 3년이 되는 해의 기준일과 같은 날 전까지를 말한다) 그 타당성을 검토하여 개선 등의 조치를 하여야 한다. [신설 2014.2.11]

1. 제8조에 따른 허위·과장의 정보제공행위 등의 유형: 2014년 2월 14일
2. 제9조제3항 및 제4항에 따른 예상매출액의 범위: 2014년 2월 14일
3. 제13조의2제1항에 따른 점포환경개선 요구 허용사유: 2014년 2월 14일
4. 제13조의2제2항 및 제3항에 따른 점포환경개선 시 가맹본부의 비용부담 항목 및 비율: 2014년 2월 14일
5. 제13조의3제1항 및 제2항에 따른 부당한 영업시간 구속 금지의 적용대상 심야 영업시간대 및 영업손실이 발생하는 일정한 기간: 2014년 2월 14일

③ 공정거래위원회는 다음 각 호의 사항에 대하여 다음 각 호의 기준일을 기준으로 3년마다(매 3년이 되는 해의 기준일과 같은 날 전까지를 말한다) 그 타당성을 검토하여 개선 등의 조치를 하여야 한다. [신설 2014.12.9 제25840호(규제 재검토기한 설정 등 규제정비를 위한 건축법 시행령 등), 2016.12.30 제27751호(규제 재검토기한 설정 등을 위한 가맹사업거래의 공정화에 관한 법률 시행령 등)]

1. 제5조에 따른 법 적용배제 기준: 2017년 1월 1일
2. 제5조의2제1항 및 제2항에 따른 정보공개서의 등록 시 제출서류: 2017년 1월 1일
3. 제5조의7 및 제5조의8에 따른 가맹금의 예치 및 예치가맹금의 지급·반환: 2017년 1월 1일
4. 제6조제1항에 따른 정보공개서의 제공방법: 2017년 1월 1일
5. 삭제 [2016.12.30 제27751호(규제 재검토기한 설정 등을 위한 가맹사업거래의 공정화에 관한 법률 시행령 등)]
6. 제9조제1항에 따른 현재수익 또는 예상수익에 관한 자료: 2017년 1월 1일
7. 제10조에 따른 가맹금 반환의 요구: 2017년 1월 1일
8. 제11조에 따른 가맹사업의 중단일: 2017년 1월 1일
9. 제28조에 따른 가맹거래사 자격시험: 2017년 1월 1일
10. 제29조에 따른 응시수수료: 2017년 1월 1일
11. 제30조제1항에 따른 가맹거래사의 실무수습 기간: 2017년 1월 1일

[본조신설 2013.12.30 제25050호(행정규제기본법 개정에 따른 규제 재검토기한 설정을 위한 주택법 시행령 등)]

제37조 (과태료의 부과기준) 법 제43조제6항 및 제7항에 따른 과태료의 부과기준은 별표 5와 같다.

[전문개정 2014.2.11]

부칙 [2002.11.6]

이 영은 공포한 날부터 시행한다.

부칙 [2003.06.13.]

이 영은 공포한 날부터 시행한다.

부칙 [2004.3.22.]

이 영은 공포한 날부터 시행한다.

부칙 [2008.1.31 제20594호]

제1조 (시행일) 이 영은 2008년 2월 4일부터 시행한다. 다만, 제5조의6부터 제5조의8까지의 개정규정은 이 영 시행 후 6개월이 경과한 날부터 시행한다.

제2조 (가맹금에 관한 적용례) 제3조의 개정규정은 이 영 시행 후 최초로 지급하는 가맹금부터 적용한다.

제3조 (가맹계약서 기재사항에 관한 적용례) 제12조의 개정규정은 이 영 시행 후 최초로 체결되거나 갱신되는 가맹계약부터 적용한다.

제4조 (가맹계약 갱신거절 등에 관한 적용례) 제14조의 개정규정은 이 영 시행 후 최초로 체결되거나 갱신되는 가맹계약부터 적용한다.

제5조 (가맹계약 해지의 제한에 관한 적용례) 제15조의 개정규정은 이 영 시행 후 최초로 계약의 위반 사실이 발생하여 계약을 해지하는 경우부터 적용한다.

제6조 (가맹거래사의 수습기간에 관한 적용례) 제30조의 개정규정은 이 영 시행 후 최초로 가맹거래사 자격시험에 합격한 자부터 적용한다.

제7조 (시험과목의 개정에 관한 적용례) 별표 3 중 시험과목에 관한 개정규정은 2009년 1월 1일 이후에 최초로 시행되는 시험부터 적용한다.

제8조 (정보공개서 내용에 관한 특례) 가맹본부는 이 영 시행일부터 6개월까지는 제4조 및 별표 1의 개정규정에도 불구하고 종전의 정보공개서를 제공할 수 있다.

제9조 (정보공개서 제공에 관한 특례) 가맹본부는 이 영 시행일부터 6개월까지는 제6조제4항의 개정규정에도 불구하고 가맹희망자의 장래 점포 예정지 인

근 점포에 대한 문서를 제공하지 아니할 수 있다.

제10조 [삭제 2010.10.13] [[시행일 2011.1.14]]

부칙 [2008.7.29 제20947호(자본시장과 금융투자업에 관한 법률 시행령)]

제1조(시행일) 이 영은 2009년 2월 4일부터 시행한다. 〈단서 생략〉

제2조부터 제25조까지 생략

제26조(다른 법령의 개정) ① 가맹사업거래의 공정화에 관한 법률 시행령 일부를 다음과 같이 개정한다.

제5조의6제4호를 다음과 같이 한다.

4. 「자본시장과 금융투자업에 관한 법률」에 따른 신탁업자

② 부터 〈113〉 까지 생략

제27조 및 제28조 생략

부 칙[2010.1.27 제22003호(신문 등의 진흥에 관한 법률 시행령)]

제1조(시행일) 이 영은 2010년 2월 1일부터 시행한다.

제2조 및 제3조 생략

제4조(다른 법령의 개정) ① 가맹사업거래의 공정화에 관한 법률 시행령 일부를 다음과 같이 개정한다.

제28조제2항 중 "「신문 등의 자유와 기능보장에 관한 법률」 제12조제1항"을 "「신문 등의 진흥에 관한 법률」 제9조제1항"으로 한다.

② 부터 〈45〉 까지 생략

제5조 생략

부 칙[2010.5.4 제22151호(전자정부법 시행령)]

제1조(시행일) 이 영은 2010년 5월 5일부터 시행한다.

제2조 및 제3조 생략

제4조(다른 법령의 개정) ① 부터 ⑤ 까지 생략

⑥ 가맹사업거래의 공정화에 관한 법률 시행령 일부를 다음과 같이 개정한다.

제5조의2제1항 각 호 외의 부분 단서 및 별지 제1호서식 앞쪽 중 "「전자정부법」 제21조제1항"을 각각 "「전자정부법」 제36조제1항"으로 한다.

⑦ 부터 〈192〉 까지 생략

부 칙[2010.10.13 제22446호]

제1조(시행일) 이 영은 공포 후 3개월이 경과한 날부터 시행한다. 다만, 제5조 및 제5조의7의 개정규정은 공포한 날부터 시행한다.

제2조(가맹계약서 기재사항에 관한 적용례) 제12조의 개정규정은 이 영 시행 후 최초로 체결되거나 갱신된 가맹계약부터 적용한다.

제3조(가맹계약 해지의 제한에 관한 적용례) 제15조의 개정규정은 이 영 시행 후 최초로 가맹계약 해지 사유가 발생한 경우부터 적용한다.

제4조(정보공개서 등록에 관한 특례) 공정거래위원회는 이 영 시행 후 가맹본부가 별표 1 제2호바목 · 아목, 제3호다목부터 바목까지 · 사목3) 및 아목의 기재사항을 변경하려는 경우에는 제5조의3제2항의 개정규정에도 불구하고 30일 이내에 등록절차를 수행할 수 있다.

제5조(과태료 부과기준에 관한 경과조치) 이 영 시행 전의 행위에 대하여 과태료의 부과기준을 적용할 때에는 종전의 예에 따른다.

부 칙[2011.9.29 제23169호(개인정보 보호법 시행령)]

제1조(시행일) 이 영은 2011년 9월 30일부터 시행한다. 〈단서 생략〉

제2조부터 제6조까지 생략

제7조(다른 법령의 개정) ① 가맹사업거래의 공정화에 관한 법률 시행령 일부를 다음과 같이 개정한다.

제5조의4제1항 중 "「공공기관의 개인정보보호에 관한 법률」 제2조제2호"를 "「개인정보 보호법」 제2조제1호"로 한다.

②부터 ⑥까지 생략

제8조 생략

부 칙[2012.1.6 제23488호(민감정보 및 고유식별정보 처리 근거 마련을 위한 과세자료의 제출 및 관리에 관한 법률 시행령 등)]

제1조(시행일) 이 영은 공포한 날부터 시행한다. 〈단서 생략〉

제2조 생략

부 칙[2012.2.29 제23644호(대학교원 자격기준 등에 관한 규정)]

제1조(시행일) 이 영은 공포한 날부터 시행한다. 다만, …〈생략〉… 부칙 제2조 및 제3조의 개정규정은 2012년 7월 22일부터 시행한다.

제2조 생략

제3조(다른 법령의 개정) ① 가맹사업 거래의 공정화에 관한 법률 시행령 일부를 다음과 같이 개정한다.

별표 4 제2호나목1) 중 "전임강사"를 "조교수"로 한다.

②부터 〈69〉까지 생략

제4조 생략

부 칙[2012.5.7 제23775호]

제1조(시행일) 이 영은 2012년 5월 18일부터 시행한다.

제2조(시험공고의 개정에 관한 적용례) 제28조제2항의 개정규정은 2013년 1월 1일 이후에 최초로 시행되는 시험부터 적용한다.

제3조(정보공개서 내용에 관한 특례) 가맹본부는 이 영 시행 이후 최초로 제6조제1항에 따른 정보공개서의 변경등록 또는 변경신고를 신청할 때까지는 별표 1의 개정규정에도 불구하고 종전의 정보공개서를 제공할 수 있다.

부 칙[2013.12.30 제25050호(행정규제기본법 개정에 따른 규제 재검토기한 설정을 위한 주택법 시행령 등)]

이 영은 2014년 1월 1일부터 시행한다. 〈단서 생략〉

부 칙[2014.2.11 제25175호]

제1조(시행일) 이 영은 2014년 2월 14일부터 시행한다. 다만, 제13조의4의 개정규정은 2014년 8월 14일부터 시행한다.

제2조(과징금의 산정방법 등에 관한 경과조치) 이 영 시행 전의 위반행위에 대하여 과징금을 부과할 때에는 제34조 및 별표 4의2의 개정규정에도 불구하고 종전의 규정에 따른다.

부 칙[2014.12.9 제25840호(규제 재검토기한 설정 등 규제정비를 위한 건축법 시행령 등)]

제1조(시행일) 이 영은 2015년 1월 1일부터 시행한다.
제2조부터 제16조까지 생략

부 칙[2015.1.6 제26034호]

제1조(시행일) 이 영은 공포한 날부터 시행한다. 다만, 제32조의3의 개정규정은 공포 후 3개월이 경과한 날부터 시행한다.
제2조(가맹본부의 변경등록 신청에 관한 적용례) 별표 1의2의 개정규정은 이 영 시행 당시 직전 사업연도가 끝난 후 120일이 지나지 아니한 재무제표를 작성하는 개인사업자인 가맹본부가 이 영 시행 이후 정보공개서 변경등록을 신청하는 경우에도 적용한다.

부 칙[2015.3.30 제26176호]

제1조(시행일) 이 영은 공포한 날부터 시행한다.
제2조(가맹계약의 해지사유에 관한 적용례) 제15조제4호나목의 개정규정은 이 영 시행 이후 가맹점사업자가 가맹점 운영과 관련되는 법령을 위반하는 경우부터 적용한다.

부 칙[2016.9.29 제27528호]

제1조(시행일) 이 영은 2016년 9월 30일부터 시행한다.
제2조(정보공개서 기재사항에 관한 적용례) 별표 1의 개정규정은 이 영 시행 이후 정보공개서를 등록하거나 변경등록을 하는 경우부터 적용한다.
제3조(정보공개서 변경등록에 관한 적용례) 별표 1의2의 개정규정은 이 영 시행 이후 변경사유가 발생하는 경우부터 적용한다.
제4조(변경등록의 사실 통지 등에 관한 경과조치) ① 이 영 시행 전에 가맹본부가 정보공개서를 변경등록한 경우에는 제5조의3제9항의 개정규정에도 불구하고 종전의 규정에 따른다.
② 이 영 시행 전에 가맹점사업자가 가맹본부에 변경등록된 정보공개서를 요구한 경우에는 제5조의3제10항의 개정규정에도 불구하고 종전의 규정에

따른다.

제5조(가맹거래사 응시자격 정지에 관한 경과조치) 이 영 시행 전에 부정행위를 한 자에 대해서는 제28조제9항의 개정규정에도 불구하고 종전의 규정에 따른다.

부 칙[2016.12.30 제27751호(규제 재검토기한 설정 등을 위한 가맹사업거래의 공정화에 관한 법률 시행령 등)]

제1조(시행일) 이 영은 2017년 1월 1일부터 시행한다. 〈단서 생략〉

제2조부터 제12조까지 생략

부 칙[2017.3.20 제27946호]

제1조(시행일) 이 영은 2017년 3월 21일부터 시행한다.

제2조(위반행위 신고의 통지에 관한 적용례) 제32조의3제2항부터 제4항까지의 개정규정은 이 영 시행 이후 공정거래위원회가 신고를 접수하는 경우부터 적용한다.

별 표 서 식

별표1 정보공개서의 기재사항(제4조제1항 관련)

별표1의2 정보공개서의 변경 사항 및 변경 기한(제5조의3제1항 관련)

별표1의3 직전 사업연도 매출환산액의 계산방법(제9조제4항 관련)

별표2 불공정거래행위의 유형 또는 기준(제13조제1항관련)

별표3 가맹거래사 시험과목(제28조제5항관련)

별표4 교육기관 등의 지정기준(제32조의2 관련)

별표4의2 과징금의 부과기준(제34조제4항 관련)

참고문헌

고창룡(2010), 『매출활성화 전략』, 두남.
한국공정거래조정원(2017), 2016년 기준 가맹본부 정보공개서 등록 현황.
권용주 · 변광인 · 손흥규(2005), 『외식창업실무론』, 형설.
김광점 · 박노윤 · 설현도(2010), 『조직행동론』, 시그마프레스.
김헌희 · 박인수 · 강석우 · 성기협(2008), 『사례로 본 외식프랜차이즈 경영전략』, 백산출판사.
박주영 · 노기엽 · 김현순(2009), 『프랜차이즈창업론』, 학현사.
박주영 · 박경원(2011), 『프랜차이즈 슈퍼바이징원론』, 인플로우.
변명식(2006), 『유통과 프랜차이즈』, 학문사.
변명식 · 장재남(2011), 『프랜차이즈신경영론』, 두남.
브랜드 네이밍 사전(2003), 아이서브.
신봉구 · 박재호(2005), 『외식창업 실무 매뉴얼』, 백산출판사.
안광호 · 권익현 · 임병훈(2010), 『마케팅』, 북넷.
안광호 · 하영원 · 박흥수(2008), 『마케팅원론』, 학현사.
어윤선 · 박승영 · 김종택(2008), 『외식산업경영론』, 대왕사.
오세조 · 윤홍근 · 이수동 · 변명식 · 임영균((2006), 『프랜차이즈경영원론』, 두남.
임영균 · 안광호 · 김상용(2011), 『유통관리』, 학현사.
엄태성(2010), 『프랜차이즈시스템의 이해』, 백산출판사.
엄태성 · 성태종 · 김민석(2012), 『프랜차이즈가맹점 관리론』, 청목출판사.
이광종(2008), 『소매머천다이징』, 두남.
이상윤(2010), 『매장관리론』, 두남.
이상호(2010), 『조직과 리더십』, 북넷.
이수동 · 여동기(2006), 『소매경영』, 학현사.
이승근 · 이종영(2003), 『유통 서비스 정보』, 학문사.
임종원 · 김재일 · 홍성태 · 이유재(2006), 『소비자 행동론』, 경문사.
임창희(2010), 『인적자원관리』, 비엔엠북스.
장재남 · 아라이 미찌나리(2009), 『슈퍼바이징의 이해』, 대진.
전병길 · 최수근(2003), 『레스토랑 창업론』, 지구문화사.
프랜차이즈 경영 가이드 연구 총서(2004), 한국프랜차이즈협회.

찾아보기

[저자 소개]

• 성백순

경영학박사(마케팅)

장안대학교 유통물류학부 프랜차이즈경영과 교수

한국중소기업학회 이사

한국프랜차이즈학회 이사

프랜차이즈연구회 회장

유망프랜차이즈화 육성사업 정책자문단

프랜차이즈수준평가 운영위원

• 서정석

경영학박사(마케팅)

장안대학교 유통물류학부 프랜차이즈경영과 교수

중소기업 기술정보진흥원 심사위원

프랜차이즈 가맹점관리론

2022년 8월 20일 중판인쇄

2022년 8월 25일 중판발행

저 자 성백순 · 서정석

발행인 유 성 열

발행처 청목출판사

서울특별시 영등포구 신길로 40길 20

전화 (02) 849-6157(代) · 2820 / 833-6091

FAX (02) 849-0817

등록 제318-1994-000090호

파본은 바꾸어 드립니다. 값 20,000원

http : //www.chongmok.co.kr

ISBN 978-89-5565-738-8